EUGÈNE TAVERNIER

# Du

# Journalisme

## son Histoire,

## son rôle politique et religieux

H. OUDIN, éditeur

10, rue de Mézières

# Du Journalisme

## son Histoire,

### son rôle politique et religieux

EUGÈNE TAVERNIER

# Du
# Journalisme

son Histoire,

son rôle politique et religieux

PARIS

**H. OUDIN, éditeur**

10, rue de Mézières

1902

# INTRODUCTION

## I

Lecture du journal, première occupation de la vie civilisée.

L'oisif, dans son lit ; le bourgeois, dans sa salle à manger ; l'ouvrier et l'ouvrière, dans la rue, allant au travail, déplient la feuille imprimée qui leur apporte des nouvelles envoyées de tous les endroits de la terre.

Traçant le *Tableau de Paris* sous Louis XVI, Mercier nous montre les « liseurs de gazettes, assis sur » un banc, aux Tuileries, au Palais-Royal, à l'Arse- » nal, sur le quai des Augustins et ailleurs, *trois fois* » *la semaine* assidus à cette lecture ». Nous sourions de ces curieux qui ne possédaient que tous les deux jours des informations et des chroniques : cependant ils étaient bien plus favorisés que les contemporains de Renaudot (1631), qui ne connaissaient que la *Gazette* hebdomadaire, petit recueil où les événements se suivaient sans ordre, dépourvus d'explications.

Il nous semble que nous ne pouvons pas concevoir une existence dont l'horizon ordinaire fut très long-temps restreint à celui de la cité, du village, du quartier... Au fond, le contraste entre les deux époques est-il si complet?

Du temps de Louis XIV, nous voyons à Paris une institution qui a excité la verve des écrivains satiriques ou comiques et la mauvaise humeur des auteurs sérieux. Il y avait alors, et d'ancienne date, des gens qui faisaient métier de distribuer des nouvelles. Sur divers points de Paris existaient des centres d'information, non seulement pour les affaires de France, mais aussi pour les choses extérieures : c'étaient le jardin du Luxembourg, le jardin du Palais-Royal, le jardin des Tuileries, la grande salle du Palais de Justice, l'Arsenal, le cloître des Célestins, le cloître des Augustins et un grand nombre de cafés. Le fondateur du *Mercure galant*, Donneau de Visé, a décrit l'aspect de ces réunions en 1672, pendant la guerre de Hollande.

« Les uns, disait-il, apportent des lettres de leurs amis, les autres de leurs parents. Les autres ont commerce avec quelques commis des ministres et les autres avec des gens attachés au service des princes, et qui sont même quelquefois dans leur confidence. Il s'en trouve aussi qui ont des parents auprès des ambassadeurs que le Roi a dans les pays étrangers ; et il y en a même qui connaissent ceux des autres souverains qui sont auprès de Sa Majesté, et ceux-là apprennent souvent d'eux beaucoup de choses qu'il serait difficile de savoir par d'autres voies. J'ai vu, pendant cette campagne, des nouvellistes qui avaient, toutes les semaines, deux fois, des lettres de banquiers de Hollande, qui apprenaient des choses fort curieuses et qui ne pouvaient venir de l'armée que long-

temps après, parce que les courriers n'étaient pas obligés
de se détourner, comme ceux qui venaient des armées
du Roi ; et les nouvellistes ont su par ces lettres le passage de Tolüys trois jours avant qu'il y eût à Paris aucune
lettre de la cour qui parlât de cette belle action, qui en
contient tant d'autres mémorables. »

Les agences d'information étaient si prospères que
la rivalité s'établit entre elles. La preuve s'en est
conservée, dans une pièce singulière intitulée: *Nouveau règlement général pour les Nouvellistes*[1], et re-
montant à la seconde moitié du XVII° siècle. Alors on
voulait affermir le prestige de la corporation ; et les
représentants des différentes maisons avaient décidé
de se réunir en assemblée générale. Mais une étonnante question s'éleva parmi les nouvellistes : celle
de la préséance ! Et une discussion eut lieu dont voici
le résumé :

« La plus grande difficulté fut de s'ajuster sur le
» lieu et la manière de s'assembler. » Les nouvellistes des Tuileries prétendaient que tous les autres
devaient s'y rendre et leur céder la préséance, « à
cause que c'était la maison du Roi ». Le président du
Luxembourg soutint son droit, « à cause du bon air
» qui fait ordinairement la substance des partisans
» de nouveautés ». Celui du Palais-Royal rappela que
« son fondateur avait été le plus grand politique de
» son siècle ». Le président du cloître des Grands-
Augustins, signalant le grand nombre de « boutiques
» qui en dépendent », et dans lesquelles on faisait
une « continuelle lecture de toutes les gazettes qui

1. *Histoire politique et littéraire*, par Eugène Hatin, tome I⁰⁰.
Le document est tiré des *Variétés historiques et littéraires* où
l'a publié Edouard Fournier.

» s'impriment en Europe », conclut que ce lieu célèbre était comme « le tronc copieux de toutes les nou-
» velles, et dont les branches s'étendent et fleurissent
» dans tous les autres bureaux ». Le président des Célestins se flatta que son jardin était, « par privi-
» lège, destiné pour les nouvellistes de distinction »;
il tira un argument du fait qu'Antoine Pérez, secrétaire d'État des dépêches universelles de Philippe II, voulut être enterré dans le cloître où l'on voit encore son épitaphe, « qui doit imprimer un vrai respect
» dans l'esprit des savants nouvellistes ».

« Ceux du Palais, qui ne sont nourris que d'un lait qui ne saurait jamais se cailler, » alléguaient « le long usage où ils étaient de parler de tout sans règle et sans connaissance, en soutenant que les saillies d'esprit et l'invention avaient bien plus de beauté et d'agrément qu'une froide relation de faits et d'événements; que ce style n'était bon que pour les marchands, qui ne comptent que sur leur propre fonds, au lieu que les personnes d'un génie vif et heureux savaient trouver dans l'imagination un plaisir et un applaudissement qu'on ne goûtait point dans un récit simple et uni; en un mot, que l'inclination des Français était toujours d'aller bien loin, sans s'embarrasser de la science des chemins, et qu'il suffisait d'avoir une langue et du courage pour gagner bien du pays.

« Le député des cafés remontra... qu'on ne pouvait pas nier que, présentement, les cafés ne fussent le rendez-vous le plus ordinaire des nouvellistes d'esprit et de distinction.

» Les barbiers, informés de ce qui se passait, ne manquèrent pas de venir à la réunion et réclamèrent la supériorité, « fondés sur ce que... c'était dans leurs boutiques que *se raffinaient* les plus curieuses nouveautés avant que de se répandre dans le public ; qu'au reste, ils avaient soin de prendre régulièrement les gazettes toutes les semaines, dont la lecture ne coûtait rien qu'un peu de patience, en attendant son rang d'être rasé, en y ajoutant *aussi gratis des commentaires considérables.* »

Le Palais l'emporta, non seulement « à cause que c'est le *magasin général des nouvelles* et où il en vient moins qu'il ne s'en fabrique, mais encore *pour n'avoir point de procès qui achèveraient de gâter l'esprit* s'ils étaient joints avec le négoce des nouvelles ».

Ainsi, vers 1680, le journalisme était déjà coupable de gâter l'esprit. Or, les gazettes imprimées grandissaient à peine, et les principales ressources étaient encore la correspondance manuscrite (ce qu'on appelait alors les *nouvelles à la main*) et le commentaire oral. Il semble bien que les accusations répandues alors portaient plus loin que le journalisme. Si elles avaient été justifiées, elles auraient atteint jusqu'au droit que les hommes s'attribuent, non sans raison, d'échanger leurs impressions et de mener une existence sociale.

Les populations de l'ancien monde ne vivaient pas absolument isolées les unes des autres. Il y eut toujours des colporteurs de nouvelles et de commérages. On a même voulu retrouver jusqu'au sein des époques primitives des indices de communications écrites, sinon régulières, du moins relativement fréquentes, entre les habitants d'un même pays et aussi entre peuples différents. D'après certains érudits ingénieux, une espèce de journalisme rudimentaire aurait fonctionné dès la plus haute antiquité. Vous doutiez-vous

que, selon l'historien Josèphe, les Babyloniens avaient
des historiographes chargés de raconter, jour par
jour, les événements publics, et que ce serait avec ces
documents que Bérose composa son *Histoire de la
Chaldée?* La thèse a été soutenue. Il serait encore plus
difficile de la réfuter. A l'égard des Grecs, pourtant
mieux connus, l'imagination a été plus réservée.
Qu'ils fussent très curieux et qu'ils eussent éminem-
ment le goût du bavardage, c'est un lieu commun.
Pourtant, rien ne permet de supposer qu'ils aient
cherché un moyen quelconque d'augmenter les sa-
tisfactions que leur offrait l'Agora. Comme Démos-
thènes le leur a reproché dans un discours célèbre,
ils se contentaient de se réunir pour s'interroger :
« Dites-moi, citoyens, voulez-vous toujours aller et
» venir en vous demandant : y a-t-il du nouveau? »
Chez les Romains, par exemple, on trouve d'autres
indications. Le grand pontife notait les faits considérables, dont la liste, dressée sur un tableau blanc,
était exposée dans son domicile. Là, le peuple venait
apprendre les noms des consuls et des autres magistrats, les décisions des aruspices, les détails des
grandes cérémonies, les délibérations des comices,
les nouvelles de l'armée. Les triomphes et les honneurs de la statue, la dédicace des temples, les fléaux,
les éclipses, étaient ainsi annoncés. On connut même,
sous le nom d'*Acta publica,* de véritables gazettes
manuscrites. Puis, lorsque César eut ordonné de
publier les faits et les gestes des sénateurs, parut un
recueil périodique, les *Acta diurna,* qui étendirent
rapidement leur cadre pour raconter les faits divers,
les incidents du théâtre et ceux du cirque. Le succès
de cette innovation fut tel qu'il parvint un jour à dé-

rider Tacite. Le plus grave des historiens constate l'ardeur avec laquelle on se précipitait sur les *Diurna*, pour y voir par quelle abstention Thraséas s'était si-gnalé. Quel parti la vanité pouvait tirer de cet instru-ment? ce ne fut pas long à deviner. Traits de muni-ficence, distinctions décernées, même les honneurs du petit lever accordés par Livie et par Agrippine, tout cela et mille autres choses figurèrent dans les *Acta diurna*. Les Gaulois, grands amateurs de nou-velles (César l'a observé), retenaient de force les voyageurs pour recueillir d'eux des récits. Mais les magistrats se défiaient de ce simple journal parlé, et ils le soumettaient à l'autorisation préalable; de sorte que les adversaires de la presse pourraient invoquer de très vieux exemples en faveur de la censure préventive.

Entre le jour où Théophraste Renaudot, ou-vrant à l'imprimerie un champ immense, fit de la nouvelle une marchandise régulière, entre ce jour, qui vit surgir une partie de la civilisation moderne, et la longue période durant laquelle se forma notre peuple au sein de la vie gallo-romaine dont nous nous faisons une idée si incomplète et si vague, il y a un espace de temps encore considérable. Quels étaient les moyens d'information dont disposaient nos pères, par exemple, avant Louis XI, organisateur de la poste royale, la poste officielle comme nous dirions aujourd'hui ?

On songe d'abord au rôle que la guerre devait remplir dans la diffusion des nouvelles. Les soldats qui traversaient si souvent le territoire, les chefs surtout, colportaient l'annonce des événements qui les avaient mis en marche.

Une autre circulation toute différente, non moins

ancienne, plus large et, pour ainsi dire continuelle,
s'était établie. Des pèlerins parcouraient l'intérieur
du pays et les routes qui reliaient l'Occident à l'O-
rient. On a maintes fois noté le développement qu'ils
donnaient aux relations commerciales. Derrière eux
venaient les clercs instruits et les artistes, avides de
voir et disposés à raconter. Leurs récits, tracés sur
parchemins ou transmis de bouche en bouche, s'appliquaient au présent comme au passé et décrivaient,
outre les monuments, les détails de mœurs. Dans
son ouvrage si intéressant sur *Les Français de divers états*, Alexis Monteil constate que la plupart des
villes avaient un hôpital des pèlerins. Exposant en
détail la vie domestique du Chevalier, Léon Gautier
montre l'empressement des habitants du château à
questionner les pèlerins tout en les hébergeant:
« Venez-vous de Saint-Martin de Tours, de Saint-
» Michel au péril de la mer, ou de Saint-Gilles?
» Avez-vous été jusqu'à Cologne ou jusqu'à Saint-
» Jacques de Compostelle? Avez-vous rapporté des
» images en plomb (ou en étain), des enseignes,
» des coffrets, des étoffes? »

Écoutons ce pèlerin de Saint-Jacques dont Alexis
Monteil résume et anime la narration :

« Les pèlerins lient entre elles toutes les contrées
des états chrétiens, car, bien que les diverses universités aient chacune de nombreux messagers qui vont
porter les lettres des écoliers dans toutes les parties
de la France et de l'Europe ; bien que des milliers de
pénitents de tous les pays aillent vers l'évêque ou
vers le Pape... nous nous servons plus souvent de la
voie des pèlerins que de toute autre[1]. »

1. *Les Français de divers états*, tome I.

Combien d'hommes errants encore parmi les troubadours, les trouvères, les jongleurs et même les ménestrels ! Tous ces nomades mélangeaient dans leurs vers les exploits antiques et les exploits récents. Ils passaient d'un manoir à l'autre, distribuant des nouvelles au vilain comme au seigneur. Ces « poètes voyageurs, la citole ou la harpe en sau- » toir, étaient naturellement les peintres de la so- » ciété : ce qu'ils voyaient, ce qu'ils entendaient, les » coutumes, les modes, les opinions dominantes, » les passions modifiées en tant de manières deve- » naient, sans qu'ils pensassent à en instruire la » postérité, le fond et l'ornement de leurs pièces [1] ». La narration épique et familière était soigneusement recueillie par quelques habiles parleurs, qui la reproduisaient dans l'assemblée de la communauté, certains dimanches, après la messe ou les vêpres.

Par la circulation qu'elles entretenaient, souvent sur un rayon très étendu, les grandes écoles ne pouvaient manquer d'alimenter le besoin de récits et de nouvelles. Dès le début du douzième siècle, « des professeurs, suivis d'une foule d'auditeurs de tout âge et de toute condition, parcouraient le pays, donnant des leçons sur les places publiques et même en pleine campagne ; puis l'enseignement finit par se concentrer à Paris. De nombreux étudiants y venaient des états qui entouraient l'île de France, d'Italie, d'Angleterre, d'Allemagne, de Suède, de Danemark, etc. [2] ».

1. *Histoire des troubadours du Vivarais, du Gévaudan et du Dauphiné*, par Henry Vaschalde.
2. *La vie privée*, Franklin, tome X.

Naturellement, les messagers existaient d'ancienne date. Alexis Monteil a retrouvé des pièces du xv⁰ siè-cle concernant un service de messagers à pied, de messagers à cheval ; de femmes qui vivaient de ce métier. Il y avait des messagers de la ville, des messagers fiéfés. D'après l'expression de Brussel[1] tout était donné en fief par les principaux seigneurs ; et il indique un extrait du cartulaire de Montfort conte-nant une inféodation de l'office de courrier[2].

Et les messagers des Universités ! Suivant sa mé-thode, Alexis Monteil en met un en scène, qui décrit ainsi leur emploi, conformément aux textes recueil-lis par l'historien. Monteil prouve que « de tout temps ou du moins depuis on ne sait quel temps » il y eut des messagers d'Université qui conduisaient à la ville les écoliers et plus tard les ramenaient dans les familles[1] quand les études étaient terminées. D'autres messagers, ceux des sénéchaussées et des bailliages, qui portaient au Parlement les pièces des procès en appel, n'étaient que des imitateurs ; il fallut les ordonnances de 1576 et de 1582 pour qu'ils eussent le droit de se charger des lettres du public, *en concurrence* avec les commissionnaires de l'Université.

C'est vraiment au sein de ces vieilles et glorieuses institutions que se forma la première organisation de la poste. Leurs correspondances étaient souvent confiées à de « petits messagers » dénommés dans les chartes *nuntii volantes*[3] et pourvus de privilèges

<hr>

1. *Usage des fiefs*, livre 2, chap. 7.
2. *Histoire des Français de divers états*, Alexis Monteil, tome III.
3. *Id.*, tome I.

que mentionne l'histoire de l'administration et du
droit. De Paris, plus de cent messagers universitai-
res entretenaient « la correspondance générale de la
France et de l'Europe [1] ».

Ainsi aux soldats, aux religieux, aux pèlerins, aux
poètes, aux étudiants, aux artisans, aux compagnons
s'ajoutaient les employés des hautes écoles pour
faire fonction d'informateurs publics. On éprouve un
plaisir particulier à rappeler ce fait, en résumant et
en complétant ici le cours de conférences sur la presse
établi, pour la première fois dans *l'Enseignement
supérieur*, à l'Institut catholique de Lille.

## II

Engendrée par le goût et par le besoin de nouvelles, la presse ne s'est pas contentée d'envahir la
poste, de transformer une bonne partie de l'industrie
et de susciter des industries spéciales : elle a étendu
son empire sur le vaste domaine des opinions. Aussi,
de tout temps, des voix nombreuses l'ont traitée
d'usurpatrice. Elle était encore bien peu de chose
lorsque la Bruyère croyait opportun de rappeler les
*nouvellistes* à la modestie de leur condition mépri-
sée : « Le devoir du nouvelliste est de dire : — Il y a
» un tel livre qui court et qui est imprimé chez
» Cramoisy, en tel caractère ; il est bien relié et en
» beau papier ; il se vend tant. — Le nouvelliste doit
» savoir jusqu'à l'enseigne du libraire qui le débite.

1. *Histoire de l'Université*, Du Boulay.

» Sa folie est de vouloir faire le critique. » Ce jugement dédaigneux n'a pas tardé d'être tout entier réformé. Sans parler de la critique littéraire proprement dite, qui fut l'une des gloires du journalisme français, et même en tenant compte de l'inclination récente à imiter la presse d'Angleterre ou d'Amérique, on doit noter qu'en France le public ne se contente pas de faits purs et simples. Il veut des commentaires. Il veut de la pensée, fût-elle falsifiée ou même empoisonnée.

Chez nous, la politique remue continuellement les idées. Il y a chaque jour des incidents qui donnent une secousse à l'esprit. Une pièce de théâtre, opéra, comédie ou drame ; le drame de la rue, même réduit à un accident vulgaire ; la mort d'un personnage ; l'apparition d'un livre ; la chronique des arts, du parlement, des tribunaux, du sport ; n'oublions pas le crime du jour, indispensable, ni l'article de fond, moins intéressant que solennel, ce sont les matériaux de l'« exemplaire » quotidien : ils produisent une série d'impressions qui, si rapides qu'elles soient et même quand il s'en perdrait les trois quarts, laissent quelque trace sensible, un abrégé de réflexion. Comme le journal a sa tendance et son but, il présente, soit d'instinct, soit de propos délibéré, les mêmes événements... et aussi des événements très divers, sous un aspect à peu près uniforme. Par ce moyen, la disposition du lecteur est coup sur coup excitée. Certaines feuilles, graves ou virulentes, envisagent presque tous les incidents au point de vue du parti qu'elles en peuvent tirer pour l'opinion qu'elles soutiennent ; parfois le « numéro » est d'un bout à l'autre une démonstration où la logique de la volonté, brutalisant la logique naturelle, triture, broie, refond, amalgame les faits dans un moule auquel ils devront se conformer quand même.

Dans le *Livre du centenaire du Journal des Débats* (1889), où les rédacteurs de la troisième et de la quatrième génération ont consacré à leurs anciens une série de notices, la plupart remarquables, John Lemoinne, parlant des Bertin, comparait la presse d'autrefois avec la presse d'aujourd'hui. Il constatait qu'Armand Bertin débuta dans la politique comme secrétaire de Chateaubriand, alors ambassadeur à Londres (1823). Déjà le futur directeur pouvait observer la différence entre le public français et le public anglais en matière de journaux : le second, amateur d'informations; le premier, de discussions et de théories. Chateaubriand lui faisait observer que pour nous, ce n'est pas assez de représenter, comme fait le *Times* et au risque de se démentir sans cesse, l'opinion de chaque jour. « Chose curieuse ajoutait-il, la France, plus mobile, exige cependant plus de consistance dans les publicistes qui occupent l'avant-scène de la politique. Un tel système y trouverait plus de difficultés qu'ici et surtout de bien plus sérieux inconvénients. Il faut, chez nous, n'obéir à l'opinion que pour la maintenir, la ramener, la placer en face du pouvoir, afin d'éclairer celui-ci, ou pour les marier pacifiquement l'un à l'autre. Or, cette dernière tâche de la presse est moins facile à accomplir à Paris qu'à Londres. Votre père et votre oncle, mon cher Armand, vous donnent de beaux exemples de ce talent de direction, qui tient au caractère et au bon goût autant qu'à la plume. Ils ont fondé pour leur journal une influence durable...

Croyez-moi, l'alliance de la publicité avec l'autorité, voilà le problème politique le plus laborieux à résoudre en France. »

Comme instrument de publicité et d'information, disait John Lemoinne, le journal anglais est supérieur au journal français : il a plus de correspondances, plus de nouvelles, plus de rapports ; il a surtout plus d'annonces. Il est plus riche. John Lemoinne a prolongé la comparaison : « Je ne crois pas qu'il (le journal anglais) ait au même degré que le journal français l'action politique proprement dite. Le journal français peut être un instrument inférieur de publicité, il est un organe supérieur de l'opinion. Dans un journal anglais, vous verrez des correspondances de tous les pays absolument contraires à l'opinion de la feuille qui les publie ; ce sont des informations et, à ce titre, elles sont accueillies. Nous sommes plus doctrinaires, plus philosophiques, plus logiciens. Nos journaux forment un corps de doctrine. Nous n'admettons pas, dans les correspondances, dans les communications du dehors, ce qui est contraire à l'opinion religieuse, morale, politique de notre maison. Nous agissons plus par la prédication que par l'information. Nous professons et nous pratiquons un principe d'unité tout à fait opposé à la diversité et à l'indifférence philosophique du journalisme anglais. »

Chez nous, même l'ironie, mordante ou plaisante, est enrégimentée au service de l'apostolat, puisque les traits courts et légers ne sont pas ceux qui entrent le moins profondément dans le cerveau.

Paul-Louis Courier s'est plu à signaler la force pénétrante de la brièveté railleuse. Condamné pour un pamphlet contre la souscription qui allait donner le domaine de Chambord au duc de Bordeaux, il se vengea en récidivant et composa le *Pamphlet des pamphlets*. Avec sa fausse bonhomie et sa malice appliquée, il se paraît de l'appellation méprisante qui venait d'être dirigée contre lui pendant les débats. Le procureur du roi l'avait apostrophé : « Vil pamphlétaire ! » Courier feint d'avoir été très surpris ; puis il prouve comme il se rend bien compte de la portée de sa méthode. Il imagine une conversation qu'il aurait tenue avec un de ses jurés, en quittant la Cour d'assises :

« Sorti de là, je me trouvai sur le grand degré avec M. Artus Bertrand, libraire, un de mes jurés, qui s'en allait dîner, m'ayant déclaré coupable. Je le saluai, il m'accueillit, car c'est le meilleur homme du monde, et, chemin faisant, je le priai de vouloir bien me dire ce qui lui semblait à reprendre dans le *Simple Discours* condamné. — Je ne l'ai point lu, me dit-il, mais c'est un pamphlet, cela me suffit.

» — Si, au lieu de ce pamphlet sur la souscription de Chambord, j'eusse fait un volume, un ouvrage, l'auriez-vous condamné ? — Selon. — J'entends ; vous l'eussiez lu d'abord, pour voir s'il était condamnable. — Oui, je l'aurais examiné. — Mais le pamphlet, vous ne le lisez pas ? — Non, parce que le pamphlet ne saurait être bon ; qui dit pamphlet dit un écrit tout plein de poison... — C'est sans doute qu'avec ce poison il y a dans les pamphlets quelque chose... — Oui, des sottises, des calembours, de méchantes plaisanteries. Que voulez-vous, mon cher Monsieur, que voulez-vous mettre de bon sens en une misérable feuille ? Quelles idées s'y peuvent développer ? Dans les ouvrages raisonnés, au sixième volume à peine entrevoit-on où l'auteur veut en venir. — Une feuille, dis-je, il est vrai, ne saurait contenir grand'-chose. — Rien qui vaille, me dit-il, et je n'en lis aucune. — Vous ne lisez donc pas les mandements de Mgr l'évêque pour le Carême et pour l'Avent ? — Ah ! vraiment, ceci diffère fort. — Ni les pastorales de Toulouse sur la suprématie papale ? — Ah ! c'est autre chose, cela... — Donc, à votre avis, une simple feuille... et les *Provinciales* de Pascal ? — Oh ! livre admirable, divin, le chef-d'œuvre de notre langue. — Eh bien ! ce chef-d'œuvre divin, ce sont pourtant des pamphlets, des feuilles qui parurent... — Voilà quatre heures et demie : votre humble serviteur. — Moi le vôtre. »

Courier s'amuse ensuite à expliquer le malheur qu'il a d'être pamphlétaire et de ne pouvoir être autre chose, et, soudain, son orgueil éclate :

« Dans tout ce qui s'imprime, il y a du poison plus ou moins délayé, selon l'étendue de l'ouvrage, plus ou moins malfaisant, mortel. De l'acétate de morphine un grain dans une cuve se perd, n'est point senti ; dans une tasse, fait vomir ; en une cuillerée, tue. Et voilà le pamphlet. »

Mais sans doute il n'y a pas que du poison dans les petits écrits ; et les principes vrais ne sont pas plus encombrants que les sophismes. On s'aperçoit bien vite que les longs ouvrages ont pour but de démontrer des théories qui se résument en peu de mots. Elle ne tient pas beaucoup de place la somme des vérités élucidées et définies qui alimente nos bavardages ou nos méditations. Aisément le journal s'en impreigne. Flexible et léger, il peut la glisser partout. Un homme très instruit, devant qui l'on parlait de l'inutilité de la presse, répondait : « Bah ! sait-on où va un article de journal ? »

Et puis l'excitant quotidien est-il donc superflu ? Très peu d'hommes se conduisent d'après un plan complet, d'après une méthode réfléchie. En général, même quand nous savons le mieux ce que nous voulons, nous ne cessons guère d'agir par tâtonnements ; il y a des hésitations, des repos, des reculs ; la confusion dissipée avec peine est toujours prête à se reformer ; la fatigue se fait sentir ; le découragement nous guette. L'excitation causée par le journal entretient la marche des esprits. Il replace en pleine lumière l'idée qui se voilait, il rappelle le but à poursuivre, il suggère des moyens.

## III

Le journaliste est condamné à l'improvisation : voilà sa destinée périlleuse où, pour comble, on désigne encore une indignité sans excuse. Que peut valoir la besogne intellectuelle accomplie en deux heures ou même en une heure, et avec précipitation ? Pourtant, il y a des auteurs qui travaillent à leur aise et qui ne se donnent pas la peine d'éclaircir préalablement leurs pensées. Sterne disait : « Si je savais » ce que je veux dire lorsque je prends la plume, je » croirais manquer de confiance envers la Provi- » dence ! » Le journaliste ne s'en tire pas à si bon compte. Il lui faut d'abord débrouiller à peu près son sujet, car il n'a pas le loisir de recommencer. Il doit s'habituer à réfléchir vite.

Si grande qu'elle soit, cette rapidité laisse encore plus de ressources que la conversation engagée dans un salon ou pendant une promenade. Le journaliste dispose d'un peu de temps pour mettre un certain ordre dans ses idées. Il peut se reprendre, d'un coup de plume se corriger, et éviter les principaux écarts de la discussion orale ouverte à l'improviste.

Ainsi raisonnait jadis Alfred Nettement, qui fut, aux yeux de ses adversaires comme de ses amis, un homme d'honneur, de savoir, un véritable écrivain :

« Il y eut un temps où tout le monde devint journaliste : lorsque, le grand seigneur, le magistrat, le militaire, le savant, l'ancien pair, l'ancien député, l'étudiant sortant des bancs de l'école, tous étendaient la main pour saisir le levier de la presse périodique, alors si puissant. C'est une tribune si commode qu'un journal! La presse, ce dialogue de chaque jour de l'intelligence individuelle avec l'intelligence publique, donne des émotions si vives à ceux qui deviennent ainsi les interlocuteurs de l'opinion! Le livre est froid et lent comme un monologue d'élite en vue d'un spectateur absent. On s'ennuie à parler seul et longtemps, sans que rien vous dise si vos paroles arriveront sous les yeux de lecteurs problématiques, et si elles ne seront pas étouffées sous l'indifférence et le dédain. Dans le journal, au contraire, l'effet suit l'action. Cette idée que vous jetez sur le papier fera demain le tour de la France. Ce sentiment qui jaillit de votre cœur fera battre bien des cœurs à l'unisson. A ce souvenir, des têtes se relèveront. A cet espoir, des âmes se sentiront ranimées. Votre parti, insulté et malheureux, se redressera vengé par cette parole aiguë comme la pointe de l'épée, qui va frapper en pleine poitrine les heureux et les puissants. Vous donnerez des victoires morales à la défaite de votre opinion ; vous sonnerez la charge après une déroute ; et, semblable à ce montagnard écossais, qui longtemps après la bataille de Culloden, revenait chaque soir, avec sa cornemuse, jouer les pibroks de son clan, resté tout entier enseveli dans cette plaine de deuil, vous recommencerez la lutte, vous ranimerez les blessés, vous consolerez les morts et vous rallierez les vivants..... Le journal est, à proprement parler, une improvisation écrite qui supporte les études incomplètes et rapides ; le journaliste apprend, tout en écrivant, plus de choses qu'il n'en sait sur la question qu'il traite ; et il en devine encore plus qu'il n'en apprend. Il acquiert, au milieu de ce conflit perpétuel d'idées et d'intérêts, un don singulier qui naît de l'application continuelle de son esprit aux questions les plus diverses et de la nécessité de former sur-le-champ son opinion, le don de l'intuition. Il voit vite et loin, comme ces pilotes qui ont longtemps exercé leur vue... Le journaliste ne laisse rien à la postérité et n'a point travaillé pour elle.

» ... La presse, cette improvisation écrite, n'en est pas moins une des formes de la littérature contemporaine [1]. »

Le journaliste ne laisse rien à la postérité... Mon Dieu ! combien d'auteurs offrirent à cette Dame leurs volumes en tribut, sans obtenir qu'elle daignât s'en apercevoir !

Si les journalistes sont souvent critiqués, n'oublions pas qu'ils ont parfois la consolation d'être plaints. Circonstance originale : c'est l'Académie qui leur témoigne le plus de compassion. Chaque fois, en effet, qu'un de nos confrères prend place sous la coupole, il recueille des condoléances pour le talent sa-

---

1. *Histoire de la littérature française sous le gouvernement de Juillet,* tome I, pages 212, 213. Alfred Nettement.

crifié à la besogne quotidienne, laquelle prend tout et ne restitue presque jamais rien.

Recevant Jules Janin, Camille Doucet lui disait (selon le mot de Sainte-Beuve) qu'il avait chaque jour travaillé à faire un livre et qu'il en avait « trop ôté ». Maxime du Camp à Hervé: « La somme de talent qui se dépense dans les journaux est prodigieuse; et plus d'une fois je me suis attristé en pensant qu'il n'en fallait pas tant pour produire une de ces œuvres dont le rayonnement éclaire les contemporains et se projette sur la postérité. » Ailleurs [1] le même écrivain avait assuré que l'on attribue aux journaux une importance qu'ils n'ont pas : combien d'articles ont laissé trace dans les souvenirs? *Deux* · celui d'Étienne Béquet en juillet 1830 et terminé par l'exclamation: « Malheureuse France! Malheu-» reux roi! »; puis, le « Confiance! Confiance! » de Girardin, en mars 1848; et ce serait tout. « Une phrase et un titre. » Six mots, en cinquante années! Maxime du Camp aurait bien dû reculer de quelques pas et compter encore le mot historique et officiel dont bénéficia Charles X *(Il n'y a rien de changé en France, il n'y a qu'un Français de plus)* et qui fut composé par Beugnot après un travail appliqué, avec la collaboration de Pasquier et de Talleyrand [2]. Un

1. *Souvenirs littéraires*, par Maxime du Camp, tome II, pages 56, 57.

2. Le comte d'Artois avait fait dans Paris une entrée vraiment triomphale. Rien n'avait manqué qu'une belle parole; elle était sans doute dans tous les cœurs, mais elle n'en était pas sortie. M. Beugnot, qui avait suivi le Prince partout, ne le quitta que sur les onze heures du soir, pour aller chez M. de Talleyrand : « Je le trouvai, dit-il, s'entretenant de la journée, avec MM. Pasquier, Dupont de Nemours et Anglès. On s'accordait à

de plus, ce n'est pas à négliger dans un total si restreint. Hélas ! presque tout ce labeur est condamné à

la trouver parfaite. M. de Talleyrand rappelle qu'il fallait un
article au *Moniteur*. Dupont s'offrit de le faire : — « Non pas,
» reprit M. de Talleyrand, vous y mettriez de la poésie : je vous
» connais ; B... suffit pour cela, qu'il passe dans la bibliothèque
» et qu'il broche bien vite un article pour que nous l'envoyions à
» Sauvo. » Je me mets à la besogne, qui n'était pas fort épineuse ;
mais parvenu à la mention de la réponse du Prince à M. de Talleyrand, j'y suis embarrassé. Quelques mots échappés à un sentiment profond produisent de l'effet, par le ton dont ils sont prononcés ; par la présence des objets qui les ont provoqués ; mais
quand il s'agit de les traduire sur le papier, dépouillés de ces
entours, ils ne sont plus que froids, et trop heureux s'ils ne sont
pas ridicules. Je reviens à M. de Talleyrand et je lui fais part
de la difficulté : — « Voyons, me répond-il, qu'a dit Monsieur ? —
Je n'ai pas entendu grand'chose ; il me paraissait ému, et fort
curieux de continuer sa route. — Mais, si ce qu'il a dit ne vous
convient pas, faites-lui une réponse. — Et comment faire un discours que Monsieur n'a pas tenu ? — La difficulté n'est pas là :
faites le bon, convenable à la personne et au moment, et je vous
promets que Monsieur l'acceptera, et si bien qu'au bout de deux
jours, il croira l'avoir fait ; et il l'aura fait, vous n'y serez plus
pour rien. — A la bonne heure.

» Je rentre, j'essaie une première version et je la porte à la censure. — Ce n'est pas cela, dit M. de Talleyrand : Monsieur ne
fait point d'antithèses et pas la plus petite fleur de rhétorique.
Soyez court, soyez simple et dites ce qui convient davantage à
ceux qui parlent et à ceux qui écoutent : voilà tout. — Il me
semble, reprit M. Pasquier, que ce qui agite bon nombre d'esprits
est la crainte des changements que doit occasionner le retour des
Princes de la maison de Bourbon ; il faudrait peut-être toucher
ce point, mais avec délicatesse. — Bien ! et je le recommande »,
dit M. de Talleyrand.

» J'essaye une nouvelle version, et je suis renvoyé une seconde
fois, parce que j'ai été trop long et que le style est apprêté.
Enfin, j'accouche de celle qui est au *Moniteur*, et où je fais dire
au Prince : « Plus de divisions, la paix et la France ; je la
» revois enfin ! et *rien n'y est changé* si ce n'est qu'il s'y trouve

l'anéantissement, comme le contenu d'un herbier.
« Qu'est-ce le plus souvent qu'un recueil d'articles
» de journal? Un herbier », répondait Camille Rousset
en prononçant son discours de réception et en faisant l'éloge de Prévost-Paradol : « Vous vous rap-
pelez une fleur que vous avez admirée un jour ; vous
avez encore la sensation toute fraîche de son vif éclat,
de son parfum pénétrant ; elle vous a causé tant de
plaisir que vous l'avez conservée. Si vous m'en
croyez, ne la recherchez pas et contentez-vous de
votre souvenir ; autrement, vous ne retrouveriez plus
qu'un document botanique. » Cependant l'honorable
historien admettait que tous les recueils d'articles
ne sont pas des herbiers et que la littérature sauve-
rait une partie de l'œuvre de Prévost-Paradol.

Il n'est pas jusqu'au débonnaire Labiche qui, installé dans le fauteuil de Sacy, ne dénonce le journalisme comme le Minotaure des intelligences :

» un *Français de plus !* » « Pour cette fois, je me rends, reprit
» enfin le grand censeur : c'est bien là le discours de Monsieur ;
» et je vous réponds que c'est lui qui l'a fait ; vous pouvez être
» tranquille à présent. »

» Et, en effet, le mot fit fortune ; les journaux s'en emparèrent
comme d'un à-propos heureux ; on le reproduisit aussi comme
un engagement, pris par le Prince ; et le mot du *Français de
plus* devint le passeport obligé des harangues... »

Le comte d'Artois, lisant le lendemain le compte rendu de
son entrée, s'écria : « Mais, je n'ai pas dit cela ! » On lui fit observer qu'il était nécessaire qu'il l'eût dit ; et la phrase demeura
historique [1].

1. Tout ce récit, rédigé par Beugnot, est complété par Edouard
Fournier : *L'Esprit dans l'Histoire* (pages 365 et suivantes), d'après
l'*Histoire des Deux Restaurations*, de Vaulabelle; les *Mémoires* de Beugnot (*Revue contemporaine*, 15 février 1854), la *Revue rétrospective* (2ᵉ série, tome IX, page 459).

« Regrettons, ce n'est pas assez, gémissons de voir
tant de grands et de beaux esprits ne pas faire le
livre qu'ils nous doivent, éparpiller, émietter leur
talent, leur verve, leur bon sens... » ; et s'efforçant
d'émouvoir en faisant rire, sans néanmoins surpasser beaucoup le style employé par les personnages de ses pièces, le doux vaudevilliste demande
ce qu'il serait advenu de... Corneille et de Racine,
au cas où le journalisme les eût entrainés : « Je vois
Corneille, qui aimait la politique, se jetant dans la
mêlée avec son impétueuse ardeur, brisant ses
hémistiches, broyant ses fières tirades... Et Racine,
votre Racine, vous le figurez-vous laissant Andro-
maque inachevée et taillant sa plume d'or pour
écrire, quoi ? que sais-je ? un rapport peut-être sur
la revision du cadastre ? »

C'est le pathétique de la *Cagnotte*.

Pourtant nos confrères devenus immortels furent
parfois mieux traités, entre autres, Prévost-Paradol,
et non point par un bénisseur ni par un humo-
riste, mais par le doctrinaire Guizot, qui le félicitait
ainsi de n'avoir pas dédaigné l'éphémère labeur
quotidien : « Ne regrettez pas, Monsieur, de vous y
être engagé. On s'est plaint souvent, non sans raison,
tantôt des excès, tantôt des défaillances de pensée et
de parole où tombe quelquefois la presse périodique ;
le public voudrait avoir les services qu'elle lui rend
et les plaisirs qu'elle lui procure, sans en courir les
risques et en supporter les fautes. C'est une vaine et
utopique prétention : le bien et le mal se mêlent
dans toutes les institutions et les forces de ce
monde. Que le bien, la vérité, les bonnes passions
aient des champions dévoués et persévérants ; que

chez les interprètes des idées et des tendances
diverses le niveau général et le ton habituel de la
polémique s'élèvent ; qu'ils s'appliquent, chacun
dans sa ligne, à être les représentants de la portion
la plus éclairée, non de la tourbe, du parti qu'ils
servent... Je fais mon journal pour cinq cents personnes en Europe, disait Bertin de Veaux. »

Avec M. Brunetière le compliment a un autre
goût ; et si les journalistes sont plaints c'est comme
des coupables et des coupables impénitents, tout au
plus des victimes peu intéressantes ou des malades
pour qui n'existe guère de remède. La leçon est
dure, mais il faut l'entendre, car l'illustre critique
possède l'avantage singulier de n'avoir, dans une
œuvre abondante, rien écrit qui ne mérite d'être lu
avec attention et qui ne soit examiné avec profit.
Écoutons ce réquisitoire académique prononcé par le
successeur de John Lemoinne... un journaliste précisément :

« La presse a fait beaucoup de bien, elle en fait tous
les jours encore... je dirais d'elle ce qu'Esope le Phry-
gien disait de la langue à son maître Xanthus: « Eh!
qu'y a-t-il de meilleur que la langue! C'est le lien de la
vie civile, la clef des sciences, l'organe de la vérité et
de la raison... — Mais — la langue est aussi la mère de
tous les débats, la nourrice des procès, la source des
divisions et des guerres... par elle on détruit les villes,
on persuade de méchantes choses... — Et nos journalistes, qui ont bien plus d'esprit que Xanthus,
ne s'en fâcheraient sans doute point... Ils me
remercieraient encore, bien loin de m'en garder
rancune, si je regrettais avec eux ce qu'ils dépen-
sent quotidiennement, ce qu'ils dissipent, ce qu'ils

gaspillent de verve, d'esprit, de talent inutiles...

» La connaissance de l'histoire, celle d'une ou deux langues étrangères, la connaissance des intérêts généraux de la politique européenne, une certaine expérience des hommes, une instruction littéraire étendue, telles étaient les moindres qualités que réclamaient de leurs collaborateurs le journal d'Armand Carrel et celui des Bertin. Vous rappelez-vous l'histoire des débuts de Littré? Trois ans entiers, Messieurs, — je dis trois ans — sous l'œil d'Armand Carrel, la besogne de cet helléniste, de ce philologue, de ce philosophe, ce fut d'*extraire* les journaux étrangers. Voilà sans doute un long apprentissage ; et on n'estimait pas alors, on ne s'était pas avisé que de tous les dons du journaliste, le premier fût celui de l'improvisation...

« Et comme on avait raison ! Car enfin, messieurs, sait-on bien, lorsque l'on s'en vante, sait-on ce que c'est qu'improviser ? Mais l'orateur même, dont il semble que ce soit le métier, n'improvise pas. Il improvise une réplique, il n'improvise pas un discours. Cicéron écrivait les siens, et nous avons les brouillons des sermons de Bossuet ! Encore, quand on parle et que l'on s'anime, l'expression du ton et de la voix, l'éloquence physique du geste, la circulation d'émotion qui va de l'orateur à l'auditoire et de l'auditoire à l'orateur peuvent-elles suppléer à l'insuffisance des mots, qui sont alors comme devinés avant qu'on les prononce ou suscités au besoin par la sympathie du public. Mais dès que l'on écrit ! Ah ! quand on écrit, je crains que l'improvisation ne soit la déplorable, la redoutable, la détestable facilité de parler de tout sans rien avoir appris, et quel-

que question qui vienne à s'élever — de politique ou
d'histoire, de littérature ou d'art, de science ou d'administration, d'hygiène ou de voirie, de droit ou de
morale, de toilette, messieurs, ou de cusine, — je
crains que l'improvisation ne se réduise à l'art de
donner le change, par un vain cliquetis de mots, sur
l'étendue, la profondeur, l'universalité de notre
ignorance !

» Comme l'orateur politique, c'est aux intérêts ou
aux passions qu'il faut que le journaliste s'adresse ;
et nos passions ou nos intérêts mais surtout les
moyens de les satisfaire, n'ayant rien que d'instable
et de quotidiennement changeant, c'est ainsi que la
presse est devenue l'esclave de l'actualité. Elle ne
nous donne et nous ne lui demandons que des informations.

» On n'est un écrivain qu'à la condition de vouloir
se survivre, mais, pour se survivre, il faut que
l'on commence par détacher sa pensée du présent
et soi-même se soustraire à la tyrannie de l'*actualité*. Tant de livres qui naissent mais qui meurent
aussi tous les ans n'en sont-ils pas la preuve ! Ou-
blieux des conditions et de l'objet de l'art d'écrire,
l'auteur a confondu l'existence et la vie. »

La leçon est sévère mais pas plus au fond que la
mercuriale prononcée au sujet d'Armand Carrel, par
Barbey d'Aurevilly. Le spirituel et mordant critique
n'avait pas la philosophie ni l'imposante et rigoureuse méthode de M. Brunetière ; néanmoins, par
instinct de l'équilibre, il s'est souvent placé au point
de vue d'où l'on argumente juste et ferme :

« Qui se donne *exclusivement* au journalisme y perd
son talent, s'il en a, et mange en herbe le blé de sa

gloire, s'il était vraiment fait pour recueillir cette noble moisson... Le journalisme, qui fait litière pour l'histoire, n'est jamais de l'histoire, et voilà pourquoi, quand elle commence, lui n'est déjà plus.

» Et comment durerait-il? La première condition de toute durée dans l'inspiration de l'esprit humain, c'est le renouvellement de la vie par le travail, l'étude, la lecture, la méditation, tout cet entretien de la pensée. Or, le journalisme *ne se renouvelle pas. Il se répète.* Engoulevent qui vit d'air et qui, après avoir fait du bruit, expire au bout... dans le silence ! Quand donc un homme livré au journalisme n'a pas de facultés plus hautes que son métier et n'apporte pas la main souveraine et incontestable d'un maître dans le pétrissage de cette pensée qu'il jette sur la place tous les jours, il est bientôt dévoré par sa fonction même, et le temps n'est pas loin où il sera oublié [1]. »

En somme, quelque respect qui soit dû au style, l'improvisation funeste c'est surtout celle qui se pratique sur les idées. Sans doute, les sophismes qui ont contaminé la foule furent d'abord élaborés non pas dans des bureaux de rédaction mais dans des cabinets de travail et présentés sous la forme de gros volumes par des gens aux allures solennelles ; mais si le sophisme improvisé vient renouveler quotidiennement les déprédations des faux prophètes et des pontifes pervers, alors il y a un formidable et désastreux excès de bavardage et de déraison. Si au lieu de s'irriter contre des reproches très durs à l'orgueil

1. *Les Œuvres et les Hommes*, Barbey d'Aurevilly, *(Journalistes et polémistes*, page 17).

professionnel, les journalistes, se piquant d'amour-propre et les recevant comme un défi, se juraient de ne pas les mériter, la profession en retirerait un bénéfice certain.

Dans sa *Biographie des journalistes* (1858), Edmond Texier a ironiquement blâmé la presse de s'être appelée elle-même le troisième pouvoir de l'Etat. Trop de modestie ! En dépit de la Constitution, un seul pouvoir fonctionne : « C'est le sérénissime pouvoir de l'Opinion, représentée par les journaux. » L'exécutif et le législatif pourraient, disait-il, batailler long-temps sans qu'on y prît garde, tant que la presse n'intervient pas. La foule demeure flegmatique devant César et Pompée, qui sont aux prises. « Mais si un petit carré de papier s'avise de déclarer que César est un traître, voilà le peuple qui retrousse ses manches et se met de la partie... » De là découle une responsabilité, dont le journalisme ne saurait être trop soucieux.

Il représente simultanément les divers aspects de la vie sociale ; et il en est fier : or, il ne perdrait rien, il gagnerait beaucoup s'il s'appliquait à comprendre cette vie sociale et à se comprendre lui-même en étudiant la fonction qu'il y remplit depuis qu'il improvise, depuis qu'il gouverne, depuis qu'il existe.

# A PROPOS DU JOURNALISME

---

## DE 1631 A LA RÉVOLUTION

On a revendiqué pour l'Allemagne, pour la Hollande, pour l'Angleterre (pour Venise même, quoique sans preuves suffisantes) le mérite d'avoir inventé le journalisme. Il y eut en effet sur divers points de l'Europe, dès le seizième siècle et peut-être plus tôt, un système de nouvelles imprimées, fondé ou bien entretenu par de grosses maisons commerciales. Mais ces publications, dans lesquelles les événements politiques et militaires se glissaient parmi les annonces, manquaient du caractère essentiel au véritable journal : la périodicité. Malgré leur titre, les *Nouvelles hebdomadaires* que Londres vit circuler, en 1622, ne paraissaient pas du tout régulièrement. Feuilles volantes, placards, autres imprimés surgissaient suivant les circonstances. De nombreux recueils, des mémoriaux tels que les *chronologies* de Palma Cayet et plus tard le *Mercure français* (1611) réussirent à pratiquer la régularité, mais seulement année par année.

Le premier, un médecin, Théophraste Renaudot
s'imposa la loi, qu'il sut observer, de mettre en vente
à jour fixe, de semaine en semaine, le journal créé
par lui : la *Gazette de France*. Depuis le mois de
mai 1631 jusqu'en 1792, cette périodicité ne subit
aucune interruption, aucun retard.

La *Gazette de France* parut d'abord le *vendredi*,
puis le samedi, en quatre pages in-quarto. Dès la
seconde année, sa contenance fut doublée. Les huit
pages étaient divisées en deux cahiers, intitulés: l'un
*Gazette*, l'autre *Nouvelles ordinaires de divers endroits*. Bientôt le journal se compléta par un supplément mensuel, sous le titre de *Relations des nouvelles
du monde reçues dans tout le mois*, puis par des
annexes qui s'appelaient *extraordinaires*. On disait
l'*Extraordinaire* de telle date. Le prix du numéro
était d'un parisis (sans doute un sou parisis, de
quinze deniers, environ six centimes, représentant
une valeur actuelle de près du triple)[1]. Pour le prix
et le mode d'abonnement, les indications certaines
font défaut.

Quelques lignes des numéros du début suffisent
à faire apprécier le genre suivant lequel était rédigée et composée la première feuille périodique
française :

« *De Constantinople, le 2 avril 1631*. — Le roy de
Perse, avec 15 mille chevaux et 50 mille hommes de pied,
assiège Dille, à deux journées de la ville de Babylone, où
le grand Seigneur a fait faire commandement à tous ses
janissaires de se rendre sous peine de la vie, et continue

1. *Histoire politique et littéraire de la Presse en France*, par
Eugène Hatin, tome Ier, page 471.

nonobstant ce divertissement-là (cette diversion) à faire toujours une âpre guerre aux preneurs de tabac qu'il fait suffoquer par la fumée. »

« *D'Anvers, le 24 de may.* — Le tambour sonne par toute la Haute-Allemagne. On espère que les Hollandais ne feront cette année non plus que l'autre, à raison du bon ordre que nous avons mis partout, voire que nous les attaquerons les premiers. Nous avons trois camps : l'un aux environs de Vezel, de 14 mille hommes ; l'autre aux environs de Lier et Melines en Brabant, de 10 mille hommes ; et le troisième entre Ostende et Gravelines, en Flandres, de 12 mille hommes. Nous ne manquons aussi de bons chefs, ayant entre autres le marquis de Sainte-Croix et d'Ayton, le duc de Lerme, don Carle Colomne, les comtes Jean de Nassau et Henri de Bergue, qui aura ici le commandement général des affaires de la guerre, et celui de Vaquens, qui est déclaré vice-amiral, et auquel on a assigné trois cent cinquante mille écus par an pour le desfray de l'armée de mer. »

« *De Saint-Germain-en-Laye, le 2 juillet audit an.* — La sécheresse de la saison a fort augmenté la vertu des eaux minérales, entre lesquelles celles de Forges sont ici généralement en usage. Il y a trente ans que M. Martin, grand médecin, leur donna la vogue ; le bruit du vulgaire les approuva. Aujourd'hui M. Bonnard, premier médecin du roy, les a mises au plus haut point de la réputation, que sa grande fidélité, capacité et expérience peut donner à ce qui le mérite vers Sa Majesté, qui en boit ici par précaution, et, presque toute la cour, à son exemple. »

« *De Paris, le 3 dudit mois de juillet 1631.* — Depuis quinze jours sont ici décédés des fièvres continues, qui y sont fort fréquentes, MM. Berger et de Bragelonne, conseillers au Parlement et M. Charles, le plus fameux médecin de cette ville.

» On y continue cette belle impression de la grande

Bible en 9 volumes et 8 langues, qui sera parfaite dans
un an. Nous invitons toutes les nations à y prendre part,
avec plus de raison que les Sybarites ne conviaient à
leur festin un an auparavant. »

« *De Rouen, le 8 de juillet.* — Le différend venu ces
jours passés pour la danse d'une nopce a fait entretuer à
trois lieues d'ici onze personnes, du nombre desquelles
sont les seigneurs de Fontaine-Martel, Malleville et Bou-
fard. »

« *De Saint-Germain-en-Laye, ce 10 dudit mois de juillet.*
— Le sieur de Verchères, fils du premier président de
Dijon, a succédé à la charge de son père, naguère décédé.
L'ambassadeur du roy de Suède est arrivé en cette cour,
et un gentilhomme de la part de l'empereur. Le marquis
de La Fuente del Toro, envoyé par le roy catholique pour
se conjouir avec Sa Majesté du recouvrement de sa santé
à Lyon, et qui arriva il y a un mois, est sur son parte-
ment pour l'Espagne, qui fait voir à la France par cette
action, que véritablement elle ne se haste pas trop, s'étant
advisée de ce compliment lorsqu'on n'y pensait plus,
comme Sa Majesté lui fit sentir de bonne grâce, lui disant
qu'il y avait dix mois qu'il se portait bien. Ainsi Tibère,
visité trop tard par les Thébains sur la mort de son neveu Germanicus, leur dit qu'il ne se pouvait consoler de
la mort de leur grand capitaine Achille, jadis malheureusement tué devant Troye. De vray, grâces à Dieu, jamais
Sa Majesté ne se porta mieux qu'elle fait à présent. Et la
tristesse que la Cour avait conçue pour la fièvre continue
du maréchal de Schomberg est convertie en joie par son
heureuse convalescence. »

Des propos si réservés ne permettaient guère de
supposer que le journalisme était destiné à stimuler
les passions. Mais il portait en soi un germe qui allait
rapidement s'épanouir et prendre une force menaçante. La polémique naissait avec lui.

Ce qui est curieux, c'est qu'elle n'ait pas été tout d'abord son œuvre, et qu'au contraire elle ait été menée par une partie du public contre le premier journal. La bizarrerie s'explique assez vite, si l'on envisage les circonstances au milieu desquelles surgissait la feuille hebdomadaire fondée par Renaudot. A titre de nouveauté, la *Gazette* devait être l'objet des critiques, puisque la jalousie et l'esprit de routine ne pouvaient manquer d'unir leurs efforts contre elle. Certains intérêts se crurent menacés ou l'étaient vraiment : ainsi, les imprimeurs et les colporteurs voyaient leur monopole diminué ; Renaudot avait obtenu en effet le privilège de faire imprimer et vendre ses gazettes où et par qui il lui semblait bon. On devine les récriminations qui éclatèrent. Des incidents violents se produisirent, furent portés devant le Conseil du roi et provoquèrent des arrêts, pendant longtemps favorables au fondateur de la presse. Les pamphlets se multiplièrent contre lui sans l'effrayer. Même en face des diatribes d'un autre docteur, Guy-Patin, il demeura toujours calme et dédaigneux.

Cette polémique n'était pas seulement engagée entre deux médecins, ce qui eût suffi à la rendre piquante : elle mettait aux prises deux écoles de médecine, Montpellier et Paris. La première tenait pour l'emploi des médicaments chimiques ; la seconde défendait à outrance le prestige de la saignée. Renaudot combattait pour le progrès, vers lequel le portait son esprit ingénieux.

Tout en affirmant les propriétés salutaires des nouveaux remèdes, de l'antimoine principalement, il s'était occupé d'œuvres et d'entreprises diverses. Il avait fondé un *mont-de-piété*, qui rendit de nombreux services, et à des conditions beaucoup plus modérées que celles d'aujourd'hui. Il n'en fut pas moins dénoncé comme usurier. Une autre invention l'avait rapproché de la destinée qui devait le rendre célèbre : un *centre d'informations et de publicité* appelé *Bureau d'adresse et de rencontre*. Là se produisaient les offres et les demandes de tout genre : on mettait en vente, on achetait des objets mobiliers et des immeubles; on louait les services des domestiques ; on passait des contrats ; on faisait du commerce. C'était une Bourse universelle. Le système devint très vite prospère et se multiplia. J'ai parlé des correspondances manuscrites qui se débitaient régulièrement en divers endroits de Paris et dont la lecture avait lieu devant un groupe de véritables abonnés. Or, ces correspondances, *ces nouvelles à la main* (une appellation qui a bien changé depuis), s'alimentaient dans les bureaux d'adresse. Les gens qui se réunissaient pour régler leurs affaires étaient amenés naturellement à causer de ce qu'ils avaient vu et de ce qu'ils avaient appris. Il se faisait là un échange de nouvelles. Les rassembler, copier ce recueil et le mettre en circulation, voilà sans doute l'idée mère du journal. L'historien de la presse, M. Hatin, a fort bien exposé ce développement imprévu et logique de l'institution réalisée par Renaudot : *les Petites-Affiches.*

Pour être devenu gazetier, il n'avait pas cessé d'exercer la médecine ; loin de là, il fondait des établissements de consultation *gratuite.* Cette audace fit éclater les colères amassées dans le sein de l'Ecole de Paris. Guy-Patin reçut-il mandat de venger l'enseignement officiel? On l'ignore; mais, ce qui est certain, c'est que personne ne pouvait déployer plus d'ardeur, plus d'obstination enragée. Durant des années, et jusqu'à la mort de Renaudot, Guy-Patin le déchire dans des correspondances, dans des plaintes, dans des libelles. Sa verve naturelle, qui était puissante, se répand de plus en plus impétueuse, roulant des invectives, qui éclatent par ricochets. Il l'accuse de pratiquer en même temps une demi-douzaine de professions. Il l'appelle fripier, usurier, et par-dessus tout *gazetier*, ce qui était vrai, mais ce qui, dans la pensée de Guy-Patin, impliquait une chose digne du mépris suprême. Il dénature le nom de baptême, singulier d'ailleurs, qui appartient à Renaudot : « Ce Théophraste ou plutôt ce Caco- » phraste. » Il le plaisante cruellement sur son visage : l'inventeur du journalisme avait le nez camus ; défaut qui est pour Guy-Patin le sujet de moqueries virulentes. « Ce nez pourri de gazetier ; ce *nebulo heb- domadarius, omnium bipedum nequissimus et menda- cissimus, qui indiget helleboro, aut acriori medicina flamma et ferro.* » A l'issue d'un procès perdu par Renaudot, Guy-Patin écrit triomphalement : « Pour » le gazetier, jamais son nez ne fut accommodé comme » je l'ai accommodé le 14 août de l'an passé aux Re- » quêtes de l'hôtel, en présence de quatre mille per- » sonnes. Ce qui m'en fâche, c'est que *habet frontem* » *meretricis, nescit erubescere.* On n'a jamais vu une » application si heureuse que celle de saint Jérôme, » epistola 100 *ad Bonasium* contre le *nebulo et bla-* » *tero.* » Il l'apostrophe en public : « Consolez-vous, » Monsieur Renaudot, vous avez gagné en perdant. » — Comment cela ? — Vous étiez entré camus et

» vous sortez avec un pied de nez! » Voilà le ton des
premières polémiques.

Il y eut d'autres débats, auxquels furent mêlés de
grands personnages, et qui permettent de se faire une
idée beaucoup plus élevée du rôle rempli par la
*Gazette*. J'ai parlé du privilège que le roi avait ac-
cordé ; le roi, c'est-à-dire naturellement Richelieu ;
mais je dois en signaler le caractère exceptionnel. Il
ne s'agissait pas seulement de l'autorisation, bien
entendu, indispensable. Louis XIII et son ministre
voyaient dans le journal un instrument très précieux;
et ils s'en servaient eux-mêmes avec plaisir et avec
soin. On savait que, selon certaines circonstances politiques ou privées, Louis XIII s'était fait le colabo-
rateur de la feuille hebdomadaire.

« Lorsqu'il y avait quelque dissidence politique dans le
» royal ménage, dit M. Hatin, c'est à la *Gazette* qu'il se
» confiait pour conter au monde ses doléances. »

Parfois des affaires très importantes furent ainsi
engagées. L'une d'elles ne concernait rien moins
qu'un projet de répudiation formé par le roi à l'é-
gard de la reine. On démentait ce bruit en même
temps qu'on l'enregistrait : c'était une manière habile de le mettre en circulation. Dix ans après, dénoncé à la reine-régente, Renaudot avait à se justifier sur ce point ; et les explications qu'il fournissait
confirmaient catégoriquement le fait que le roi et le
ministre s'occupaient personnellemen de la rédaction de la *Gazette*. D'ailleurs les documents existent
à la Bibliothèque nationale. Dans l'étude biographi-
que qu'il a consacrée à Richelieu, M. Dussieux dé-
montre que le « gazetier » recevait les ordres pour

parler ou pour se taire ; et aussi qu'il s'adressait au roi « pour le prier de commander à ses généraux et officiers de le tenir mieux averti. »

Mentionnons l'entrée dans Nancy, le 26 septembre 1633 ; l'arrivée du roi à Saint-Dizier, en 1635 ; l'article sur le siège de Corbie[1].

Les manuscrits attestant cette haute collaboration portent d'assez nombreuses retouches, faites d'une écriture différente et qui est celle d'un secrétaire, M. Lucas. Non seulement ce Lucas, corrigeant l'orthographe, recopiait le manuscrit afin que l'origine n'en fût pas connue des imprimeurs ; mais il en remaniait de fond en comble le style informe. Louis XIII écrivait absolument mal. « Ses phrases courtes, à mode invariable, semblent d'un enfant ; ou bien, des inversions bizarres, qui faussent le sens, feraient croire que c'est un étranger qui parle. » Richelieu retouchait encore le texte royal, pour y introduire quelques mots propres à faire briller la personne du souverain et aussi pour empêcher que celle du ministre ne restât dans l'ombre[2].

Collaboration flatteuse, incomparable, mais qui entraînait de graves inconvénients. Soutenue par un patronage si puissant, la *Gazette* manquait de la liberté nécessaire pour satisfaire la curiosité, pour se mettre au goût du public. L'organe officiel est assujetti à une circonspection qui le gêne sans cesse. Malgré sa prudence, il lui arrive et il arriva à celui-ci de compromettre l'autorité royale. En dépit de son

1. *Le cardinal de Richelieu*, par Dussieux, pages 325, 326.
2. *Louis XIII journaliste*. Article de M. Louis Batiffol, dans la *Revue de Paris* du 15 décembre 1896.

succès, on le voit préoccupé d'inventer quelque combinaison pour devenir plus intéressant, et, par là, plus fort. A diverses reprises, la *Gazette* en fournit l'aveu.

Grâce à l'ingéniosité de Renaudot, elle traversa sans inconvénients graves la période de la Fronde. Et pourtant, durant les quatre années d'agitation extraordinaire, les papiers politiques imprimés ressemblaient bien à une concurrence capable de braver tout monopole. Ces libelles, en prose ou en vers, dont la destinée était de demeurer à la fois oubliés et célèbres, sous le nom de *Mazarinades*, forment une bibliothèque de 4.000 morceaux. Ils furent alors comparés à un essaim de mouches et de frélons engendrés par l'extrême canicule : *Quam sit muscarum et crabonum quùm calet maxime*, disait Naudé, dans son *Mascurat.* « Il n'était enfant de bonne mère, » il n'était véritable Français qui ne se crût obligé de » donner une pièce au public. » En cette occasion encore, la feuille privilégiée parut au gouvernement un auxiliaire très utile. Mazarin en jugea comme Richelieu. Renaudot reçut l'ordre de suivre la Cour à Saint-Germain, d'où il engagerait la lutte contre les innombrables pamphlétaires de la Fronde. Mais il craignait que le Parlement ne lui suscitât une rivalité. Il résolut de ne pas abandonner la place et dédoubla sa *Gazette*, dont la nouvelle édition fut confiée à ses deux fils avec un titre qui devait les protéger et les favoriser : *Le Courrier français*, journal du Parlement[1]. Le *Courrier*

1. *Histoire politique et littéraire de la presse française*, par Eugène Hatin, tome Ier, page 240.

eut une vogue immense et, la guerre finie, c'est-à-dire après douze semaines, disparut dans la *Gazette*, lui restituant, intacte, la situation qu'il avait sauvegardée.

Peu à peu s'éveillait l'idée de la concurrence et aussi se formait la conception d'un journal, sinon indépendant, du moins plus à l'aise. L'œuvre de Renaudot, perfectionnée par lui, continuée et perfectionnée encore par ses fils, vit naître à côté d'elle, du sol même que Renaudot avait cultivé, deux œuvres durables : le *Mercure français* et le *Journal des Savants.*

Une autre publication, très originale, les avait devancés, procédant à la fois de la *Gazette* pour la périodicité, et des innombrables *Mazarinades* pour les allures dégagées, pour le ton fantaisiste, pour le genre littéraire. De 1652 à 1665, la *Muse historique* de Loret accomplit, sans interruption et sans défaillance, le tour de force qui consistait à raconter en vers les incidents de chaque semaine. C'était déjà une forme de la « petite presse ». On a excessivement rabaissé la création de Loret ; pourtant alors ses feuilles, couvertes de rimes ingénieuses et souvent spirituelles, volaient, suivant le mot de Colletet, « plus loin que les ailes de la Renommée ». Adressées à M<sup>lle</sup> de Longueville, protectrice du poëte-gazetier, elles amusaient le public curieux et moqueur. Leur malice ne déplaisait qu'aux gens dont elles raillaient les ridicules. Certains se plaignirent très haut, tandis que la galerie poussait Loret à dédaigner la prudence. Il répondait :

> Le métier qu'il faut que je fasse
> Bien plus qu'autrefois m'embarrasse.
> Quelques beaux esprits modérés
> Souhaitent qu'ils [1] soient tempérés ;
> D'autres veulent que la *Gazette*
> Sente un peu l'épine-vinette.
> Mais ces miens vers, quand ils sont tels,
> Me font des ennemis mortels.
> D'ailleurs ma rime n'est point bonne
> Quand je n'égratigne personne.
> Bref, mes vers, tant ici qu'aux champs,
> Sont méchants s'ils ne sont méchants.
> Voyez quelle est mon infortune !
> Si je pique un peu, j'importune ;
> Et, lorsque je ne pique pas,
> Mes vers sont froids et sans appas.
> Mais que les fous ou que les sages
> Fassent la nique à mes ouvrages,
> Je mépriserai leur mépris,
> Pourvu que ces petits écrits
> Soient bien reçus de Votre Altesse...

On s'effarait de le voir toucher aux affaires de l'Etat en employant le style « burlesque ».

Prompte réplique :

> Je réponds à ces suffisants
> Que depuis sept mois et trois ans
> J'ai toujours écrit de la sorte
>
> .   .   .   .   .   .   .   .   .   .   .
>
> Et sachent les dits malcontents
> Qu'écrivant les choses du temps,
> Tout événement historique
> Doit avoir place en ma chronique,
> Pourvu que ce soit bonnement.

1. Ses vers.

Ainsi durant quinze ans chanta la badine et allègre *Muse historique*. Soit, *quatre cent mille vers* !

Avait-elle, par sa désinvolture, révélé le besoin d'un imprimé périodique où les questions purement littéraires seraient traitées sur le ton grave ! C'est probable. En tout cas, lorsque Loret s'éteignit (1665), épuisé d'avoir rimé avec une telle assiduité, une autre publication parut dont le nom indiquait *le* programme : le *Journal des Savants*.

Fondé et dirigé par un membre du Parlement de Paris, Denis de *Sallo*, homme instruit et laborieux, le *Journal des Savants* était tout entier consacré à la littérature. Chaque semaine il signalait les livres nouveaux et en donnait une analyse accompagnée d'un jugement.

Cette méthode, qui est à nos yeux chose toute simple, ne manqua pas de passer pour audacieuse. La plupart des auteurs dénoncèrent un danger public, suivant la formule d'alors, « l'invasion et la tyrannie dans l'empire des lettres ».

Les plus vives réclamations se firent entendre et des polémiques s'ouvrirent. Mentionnons le débat qui mit aux prises Sallo et Ménage et qui fournit un tableau des mœurs du temps.

Ménage venait de publier les *Amœnitates juris civilis*. Le *Journal des Savants* les appréciait de la sorte :

« Ce livre (*les Amœnitates*) est divisé en quarante chapitres; mais on se contente de remarquer de quoi il est question dans les premiers et derniers, parce qu'on pourra par là juger facilement du reste.

» Il s'agit donc, dans le premier, de savoir si par le mot de dialecticiens employé dans la loi 88, *ad legem Fal-*

*cidiam*, on doit entendre les Stoïciens ou les Mégariens ; et dans le second, si, *responsitare de jure* est la même chose que *respondere de jure*. Dans un des trois derniers chapitres, il est disputé à fond si le mot *gracculus* signifie un geai ou une corneille, et cet auteur prétend, qu'après les preuves qu'il en rapporte, ce mot doit s'entendre d'une corneille : les jurisconsultes cesseront de disputer sur une difficulté qui jusqu'à présent était demeurée indécise. Dans le pénultième, il a ramassé toutes les étymologies qui se trouvent éparses dans les volumes des jurisconsultes.

» La matière des autres chapitres est semblable à celle qui est traitée dans ceux dont nous avons parlé ; d'où il est facile de juger qu'il n'appartient pas à tout le monde d'en faire ses délices, puisque c'est de la plus fine critique, dont la lecture ne peut donner du plaisir qu'aux personnes d'un rare savoir. »

Point de perfidie et point d'intention méchante. Pourtant c'était trop de liberté aux yeux de l'irascible Ménage. Tout de suite exaspéré, il répliqua :

« Je m'attends bien, si le *Journal des Savants* recommence, comme on dit qu'il va recommencer, que son auteur fera des railleries de ces observations puisqu'il en fait de quelques chapitres de grammaire de mes *Aménités du droit*, qui sont beaucoup plus considérables en toutes façons. J'aurais pu le railler par d'autres railleries, et plus fines et plus ingénieuses ; j'aurais pu faire voir au public que les gazettes de ce nouvel Aristarque, qui vient censurer ici les plus fameux écrivains de notre siècle, lui qui n'a rien écrit, et dont le nom n'a été imprimé que dans la liste de la quatrième des enquêtes, ne sont, pour me servir des termes de M. Sarrasin, que des billevesées hebdomadaires, et sa dignité, quelque respect que j'aie pour elle, ne m'en aurait pas empêché :

*maledici senatoribus non opportet, remaledici civile fasque est.* Mais je tire trop de gloire de ceux qui écrivent contre moi pour écrire contre eux. »

Enhardi par l'habitude de formuler des critiques comme il avait rendu des sentences judiciaires et de soutenir des polémiques dont les lecteurs s'amusaient, Denis de Sallo en vint à s'insurger contre un décret de l'*Index* condamnant l'ouvrage de Marca : *De concordantia sacerdotii et imperii* et le traité de Launoy contre les privilèges des ordres religieux. Des réclamations furent faites par le nonce ; et Denis de Sallo se vit enlever la direction du recueil, qui ensuite fut confié à l'abbé Gallois, puis à l'abbé de La Roque, puis à un comité. Peu à peu on s'accoutuma aux droits que s'attribuait la critique littéraire. Le *Journal des Savants* développa paisiblement son influence et il acquit une autorité qui devait se maintenir longtemps. Il existe encore. Cependant, il a failli mourir cette année, faute d'une subvention refusée par la Chambre et qu'un arrêté ministériel a rétablie.

La *Gazette* traitant la politique... avec une circonspection que nous ne saurions plus concevoir ; et le *Journal des Savants* s'occupant de la seule littérature, un autre genre n'était-il pas désirable ? On songeait à une combinaison qui réaliserait l'alliance de la littérature et de la politique, la première, naturellement, beaucoup plus favorisée que la seconde en fait de liberté. Ainsi se forma en 1672 le *Mercure galant*, devenu, en 1724, le *Mercure de France*.

Son fondateur, Donneau de Visé, institua ou réunit d'un seul coup la chronique, la correspondance,

le feuilleton dramatique, les nouvelles (nominations,
mariages, baptêmes, décès), les histoires galantes,
les comptes rendus religieux, académiques ou judiciaires, les divertissements, même les énigmes et
les chansons, musique comprise, enfin la critique.
Tout de suite, on vit la discussion s'ouvrir et s'ani-
mer. A propos des *Femmes savantes* et du mérite des
modernes par rapport aux anciens, s'engagèrent des
débats où Visé prit parti pour Cotin contre Molière,
puis pour Perrault contre Boileau.

---

Le *Mercure* contenait beaucoup de fadaises, de
critiques prétentieuses, de galanteries frivoles ou
libertines ; cependant méritait-il d'être placé « immédiatement au-dessous de rien » ?

Bien que la rigoureuse appréciation énoncée par
La Bruyère soit devenue classique, il est permis de
la restreindre. M. Hatin a tenté cette rectification en
faisant remarquer que les livraisons (trimestrielles,
puis mensuelles, puis tous les dix jours), publiées durant un siècle et demi, constituent une série de dix-
huit cents volumes où sont amassés tous les détails qui peignent une époque et qui fournissent en
foule des indications utiles pour les littérateurs,
pour les moralistes, pour les historiens. Le *Mercure
galant*, transformé en *Mercure de France*, eut la collaboration de Laroque, de Marmontel, de la Harpe,
etc. « Quelle mine précieuse pour un chroniqueur
» aux abois, si mélangé qu'y soit l'or ! » dit M. Hatin.

Et en effet « tout en se moquant du *Mercure*, on l'a
» pillé, on le pille encore à outrance[1]. »

Les imitations se produisirent nombreuses. Tout
le monde sait qu'au xviie et au xviiie siècles, beaucoup
d'auteurs français, désireux de dérouter les recherches de la police, faisaient imprimer leurs œuvres
en Hollande. Ce petit pays était devenu un centre
littéraire et philosophique très important. C'est de là
que Bayle, dirigeant les *Nouvelles de la République
des Lettres*, exerça une véritable juridiction.

Imprégné, dès le début, du scepticisme dont il
devait demeurer une des personnifications, Bayle se
trouva bientôt conduit à engager la polémique religieuse. Entre des dissertations sur Racine ou sur
Pradon, il glissait des critiques perfides contre les
écrivains catholiques, y compris Bossuet. On signalait avec raison l'habileté avec laquelle, suivant
Arnauld, il faisait « valoir les livres des hérétiques »
au détriment des autres.

En 1701, paraît une publication animée d'un esprit
fort différent et intitulée : *Mémoires pour servir à
l'histoire des Sciences et des Beaux-Arts, recueillis
par l'ordre de S. A. Mgr le prince souverain de Dombes.*
C'est elle qui est appelée le *Journal de Trévoux* et
qui, dès l'origine et pendant soixante ans, fut dirigée
par un certain nombre de Pères Jésuites. La place
consacrée aux nouvelles et à la littérature était étendue, mais une autre était réservée aux sujets religieux. Rapidement le recueil acquit de l'influence
par le savoir et le talent de ses rédacteurs. Voltaire

---

1. *Histoire politique et littéraire de la presse française,* par
Eugène Hatin, tome Ier, page 380.

ne manqua pas de déclamer contre lui. D'abord, le
*Journal de Trévoux* laissait aux auteurs le soin de
choisir les extraits de leurs ouvrages, mais, on devine que cette latitude fut bientôt impraticable.

En dépit des préventions qui poursuivaient les
Jésuites, les gens qui avaient conservé quelque sincérité rendaient justice au *Journal de Trévoux*. Il
subsista jusqu'à la suppression de la Compagnie.
Bachaumont disait :

« Une bibliothèque immense, où l'on vérifie à chaque
» instant les citations, des élèves sans nombre et pleins
» de talent qui travaillaient en sous-œuvre, comment
» rencontrer les mêmes secours [1] ?

» L'abbé Desfontaines en faisait grand cas et Querlon
l'estimait le meilleur journal de France, le plus ins-
tructif, le plus utile, le mieux écrit, le plus remarquable
par l'audition, les recherches, la bonne critique et même
par les agréments répandus sur certaines matières. »

Comment les Jésuites-journalistes comprenaient-
ils leur fonction ? Ils l'ont dit dans cette espèce
d'examen de conscience, où la presse contemporaine
recueillerait plus d'une maxime judicieuse et toujours plus ou moins applicable :

« On demandera peut-être si les journalistes doivent
louer. Nous répondons que les bons ouvrages s'annon-
cent toujours d'eux-mêmes. La meilleure façon d'assurer
leur vogue serait d'insister sur ce qu'ils ont de bon, de
neuf, de brillant. Pourquoi faut-il que mille considérations politiques, que d'incommodes bienséances, vous
arrachent des louanges quelquefois peu méritées, et qui,

1. *Mémoires*, (cités par Eugène Hatin, tome II, page 270).

lors même qu'elles sont justes, ne peuvent qu'indisposer le public dont vous voulez séduire le suffrage.

» D'un autre côté, doivent-ils blâmer, critiquer ? Mais qui pourrait s'empêcher de le faire, dans les cas, par exemple, où l'on voit les bonnes mœurs attaquées, où la religion elle-même livrée aux attaques d'un profane écrivain ? L'impartialité bien entendue ne porta jamais à dissimuler ces attentats ; car il vous est permis alors d'élever la voix, de contredire, d'attaquer avec la force que suggère l'amour du bien et de dire la vérité. Hors de là, dans les chapitres indifférents, raisonnez en critique, sans passion, sans aigreur : plus votre jugement paraît opposé à l'auteur, plus vous devez mettre de politesse et de douceur dans la forme dont vous l'exprimez. L'humanité et la vérité gagnent également aux procédés obligeants.

» Enfin il est faux que les journaux, s'ils ne sont pas en trop grand nombre, fassent un tort aux bonnes études. Outre que, par ce moyen, nous connaissons tous les livres rares et singuliers qui s'impriment en Europe, il y a un raisonnement bien simple à faire : ou les journaux sont bons, et de quelle ressource pour l'instruction ne sont-ils pas à ceux que le défaut de temps ou de génie écarte des études sérieuses ! Ou ils sont mauvais, et leur décri assez connu les rend nuls, et oblige de recourir à des sources plus abondantes et moins suspectes. Avant cet établissement, les bons ouvrages n'étaient connus et lus que des véritables savants.

» Aujourd'hui les gens habiles ou curieux de le devenir ne les étudient pas moins ; les autres, en très grand nombre, ont la facilité d'apprendre les particularités les plus importantes de la littérature, et de s'en procurer une connaissance qui, quoique superficielle, est bien supérieure à l'ignorance où l'on était auparavant comme obligé de vivre.

» Les promesses d'un littérateur qui entreprend un

journal sont ordinairement impartialité, équité, réserve
dans les jugements, attention à ne critiquer qu'à propos,
à louer plus volontiers, quoique sobrement, fidélité dans
les extraits, recherche des nouveautés les plus intéressantes : tels sont les engagements qu'il contracte avec le
public dans le premier moment de cette opération littéraire. En effet, qui se fit jamais journaliste pour ériger
*une boutique de scandale*, comme dit Rousseau! Lisez
toutes les préfaces des journaux ; leurs auteurs furent les
plus honnêtes gens et les plus aimables littérateurs du
monde. Comment arrive-t-il qu'on se plaint d'eux avant
même la fin de leur premier semestre.

» Beaucoup de causes, indépendamment des révolutions imprévues et des *frottements de la matière*, comme
on dit en mécanique, contribuent à ces catastrophes. On
ne raisonne point sur les pensées des autres sans ré-
volter leur amour-propre si l'on ne les approuve pas en
tout, sans paraître un fade adulateur si l'on paraît d'accord avec eux, enfin sans ennuyer le public si l'on se
contente de la fonction de rapporteur. On ne lit guère
les journaux pour s'instruire ; on a en vue de s'amuser,
de s'égayer ; les petites choses, et surtout celles qui sont
malignes, piquent et intéressent par préférence. Cette
inclination est née il y a près de six mille ans, et durera
jusqu'à la fin du monde : on doit compter sur cela en
posant la base d'un journal. Cependant la construction
de cet édifice suppose autant le moral que le littéraire.
Le *moral* est la probité, la sagesse, le désintéressement,
le zèle du bien public ; le *littéraire* est un savoir fort
étendu, une logique supérieure, un style éloigné de l'en-
flure et de la bassesse, plus approchant de la dissertation
que du genre oratoire, plus proportionné aux manières
de la conversation qu'au ton de l'enseignement. »

Le *Journal de Trévoux* était né de l'impulsion que
le *Journal des Savants* avait communiquée à la So-

ciété lettrée. Combien d'autres recueils ont la même origine ! Outre un recueil anglais *(Philosophical transactions)* et un allemand *(Acta Eruditorum)* qui, presque tout de suite, imitèrent son exemple, on connaît le premier journal du Palais, le premier journal de médecine, les *Nouvelles de la République des Lettres*, de Bayle ; la *Bibliothèque universelle et historique*, la *Bibliothèque choisie*, la *Bibliothèque ancienne et moderne*, de Leclerc ; l'*Histoire des ouvrages des savants*, de Basnage ; le *Journal ecclésiastique* et les *Journaux de médecine*, de La Roque ; les *Dépêches du Parnasse* (ou la *Gazette des Savants)* ; le *Nouveau journal des Savants* ; le *Journal sur toutes sortes de sujets* ; le *Journal historique de l'Europe* ; les *Essais de littérature pour la connaissance des livres* ; les *Pièces justificatives d'Histoire et de Littérature, anciennes et modernes* ; la *Bibliothèque critique* ; l'*Histoire critique de la République des Lettres, tant ancienne que moderne* ; le *Journal littéraire* ; les *Nouvelles littéraires contenant ce qui se passe de plus considérable dans la République des Lettres* ; la *Bibliothèque anglaise* ou l'*Histoire littéraire de la Grande-Bretagne* ; la *Nouvelle bibliothèque britannique* ou *Histoire des ouvrages des Savants de la Grande-Bretagne* ; le *Journal britannique* ; la *Bibliothèque germanique* ou l'*Histoire littéraire de l'Allemagne, de la Suisse et des pays du Nord* ; le *Journal de Berlin* ; les *Nouvelles littéraires de la Suisse* ; la *Bibliothèque italique* ou l'*Histoire littéraire de l'Italie* ; l'*Europe savante* ; l'*Histoire littéraire de l'Europe*, etc. ; la *Bibliothèque raisonnée des ouvrages des Savants de l'Europe* ; les *Lettres sérieuses et badines sur les ouvrages des savants et sur d'autres matières* ; la

*Critique désintéressée des journaux littéraires et des ouvrages des savants ;* les *Mémoires secrets de la République des Lettres ;* la *Nouvelle bibliothèque* ou *Histoire littéraire des principaux écrits qui se publient ;* les *Mémoires historiques et critiques,* la *Bibliothèque française,* la *Bibliothèque des livres nouveaux,* de Camusat. Plus tard, procédant encore plus ou moins du *Journal des savants,* apparurent le *Nouvelliste du Parnasse ;* les *Observations sur les Écrits modernes ;* les *Jugements sur quelques ouvrages nouveaux,* de l'abbé Desfontaines ; les *Lettres sur quelques Écrits de ce temps* et l'*Année littéraire,* de Fréron, etc[1].

---

Avec Desfontaines (prédécesseur et maître de Fréron), avec Fréron, qui eut en quelque sorte Geoffroy pour continuateur (au premier *Journal des Débats*), nous embrassons la série principale des écrivains qui combattirent l'École de Voltaire : l'Encyclopédie.

Desfontaines avait créé un recueil intitulé *Observations sur les écrits modernes.* Pendant huit ans, il brava heureusement les rancunes et les dénonciations ; mais il s'emporta jusqu'à désigner l'Académie par le nom de « troupe orgueilleuse de gens sans mérite ». A cette époque, une pareille audace entraînait la peine de mort, c'est-à-dire la suppression. Étant persévérant, Desfontaines réussit à faire paraî-

1. Hatin, tome II, pages 217 à 325.

tre, sous un pseudonyme, une feuille hebdomadaire qu'il appela *Jugements sur quelques ouvrages nouveaux*. La lutte reprit aussitôt entre lui et Voltaire, sans parler de beaucoup d'autres, tels que Piron. Celui-ci, vexé d'avoir été critiqué par Desfontaines, promit de lui envoyer pendant cinquante jours, tous les matins, une épigramme pour déjeuner; et il tint parole.

Fréron dont l'œuvre et le rôle ont été l'objet de travaux nombreux et parfois importants, mériterait une étude à part. Ce que l'on peut dire, même en invoquant le témoignage de ses ennemis les plus passionnés, c'est qu'il avait de la science, du talent, un coup d'œil très sûr et très vif, un courage invincible. On a incriminé ses mœurs, qui semblent en effet avoir été celles de son temps. Un auteur, qui a compté parmi les contemporains et qui n'était pas un clérical, Jules Janin, a ainsi résumé la brillante et tragique carrière de Fréron :

« La pensée humaine commençait cette longue révolte qui a enfanté la plus longue, la plus difficile, la plus mémorable des révolutions ; toute l'Europe étonnée disait à Voltaire : « Tu seras roi ! » Un homme alors se leva qui défendit, lui tout seul, la littérature du XVII<sup>e</sup> siècle, qui était déjà de la vieille littérature, les principes du grand règne, qui étaient déjà de vieux principes, la croyance de Bossuet et de Louis XIV, qui était déjà de la vieille croyance ; qui, prenant pour mot d'ordre *Racine et Boileau*, combattit seul toute sa vie pour la sainte cause du goût, et de l'art, et des règles, au grand étonnement du monde, au grand scandale des dieux du jour, qui, vainement, s'ameutèrent en masse pour étouffer cette voix courageuse. »

Ch. Nisard a montré Fréron « traqué comme une
» bête fauve » par les encyclopédistes. Inaccessible à
la peur, infatigable, « il discutait avec un admirable
» sang-froid le mérite littéraire des pamphlets où ils
» travaillaient à le déshonorer ; et, peu sensible à
» l'accusation d'ignorance qu'ils portaient contre lui,
» il s'attachait à les convaincre qu'en fait de bon
» goût, de tenue, de savoir-vivre, il était plus riche
» à lui seul, quand il le voulait que tout leur ba-
» taillon réuni [1] ».

Voici un exemple des critiques qui allumèrent,
pour toujours, on peut le dire, les fureurs de Voltaire.
Il s'agit d'un opéra médiocre composé par celui-ci au
sujet de la victoire de Fontenoy :

« Ce n'est pas seulement par l'élévation de son génie
que Corneille a mérité le nom de grand ; la droiture et
la noble simplicité de son cœur, sa modestie, compagne
ordinaire du vrai mérite, son aversion pour les vils ma-
nèges, son indifférence pour les honneurs et les bienfaits
de la cour, son attachement à la religion, tout concourait
dans sa personne à lui acquérir ce titre glorieux... Ce
poète, le seul digne peut-être de remplir l'étendue de ce
nom, se citait au tribunal de sa propre raison, et se
jugeait avec toute la vigueur dont aurait pu s'armer l'en-
vieuse rivalité ; il imprimait à la tête de ses ouvrages et
découvrait au public les fautes qui lui étaient échappées,
soit dans le dessein, soit dans l'exécution. »

Et comme s'il eut craint que Voltaire ne se reconnût
pas dans ce portrait par antiphrase, il continue ainsi :

« Qu'il serait heureux, pour le maintien du bon goût,

1. *Les ennemis de Voltaire*, 2 vol. (cité par Hatin, tome II,
page 421).

que tous les auteurs célèbres eussent le désintéressement
et la bonne foi de Corneille ! Il ne manque aux talents de
M. de Voltaire que de rendre ce service à la littérature.
Si, au lieu de songer à de nouvelles productions, il prenait la peine de revoir ses enfants d'un œil sévère et d'en
relever héroïquement les défauts, n'aurait-il pas assez
d'occupations pour le reste de sa vie ? En attendant qu'il
se livre à ce noble travail, je vais risquer mon sentiment
sur son *Temple de la gloire*. L'estime singulière que j'ai
conçue depuis longtemps pour cet illustre écrivain
m'inspirera, dans cet examen, autant d'indulgence que
l'amour paternel pourrait lui en donner à lui-même, s'il
entreprenait de se critiquer. »

A ces observations piquantes mais qui ne dépassaient pas les bornes et qui contenaient encore une
grande part d'éloges, Voltaire répondait : « Pourquoi
» permet-on que ce coquin de Fréron succède à
» Desfontaines ? Pourquoi souffrir Raffiat après
» Cartouche ? Est-ce que Bicêtre est plein ? » Les
injures se multiplient, accompagnées d'accusations
mensongères et atroces. Alors Fréron s'anime et
trace le portrait suivant, qui va donner lieu à une
lutte continuelle pendant vingt-cinq années :

« S'il y avait parmi nous un auteur qui aimât passion-
nément la gloire et qui se trompât souvent sur les
moyens de l'acquérir ; sublime dans quelques-uns de
ses écrits, rampant dans toutes ses actions ; quelquefois
heureux à peindre les grandes passions, toujours occupé
de petites ; qui sans cesse recommandât l'union et l'égalité entre les gens de lettres, et qui, ambitionnant la souveraineté du Parnasse, ne souffrît pas plus que le Turc
qu'aucun de ses frères partageât son trône ; dont la
plume ne respirât que la grandeur et la probité, et qui
sans cesse tendît des pièges à la bonne foi ; qui changeât

de dogmes suivant les temps et les lieux, indépendant à
Londres, catholique à Paris, dévot en Austrasie, tolérant
en Allemagne ; si, dis-je, la patrie avait produit un écrivain de ce caractère, je suis persuadé qu'en faveur de ses
talents on ferait grâce aux travers de son esprit et aux
vices de son cœur. »

Notez que nous n'en sommes encore qu'au préam-
bule de l'*Année littéraire*, laquelle, sous la direction
de Fréron, dura de 1754 à 1776 et qui se poursuivit
au milieu des luttes personnelles les plus ardentes,
sans que son rédacteur négligeât rien pour soutenir
l'honneur des Belles-Lettres et de la Foi. Il y déployait
d'autant plus de mérite qu'il se débattait contre de
véritables complots. Ainsi, des employés de l'administration détournaient les articles qui devaient être
soumis au censeur et les retournaient avec défense
de les faire paraître. Comme les cahiers de l'*Année
littéraire* étaient publiés tous les dix jours et qu'ils
contenaient 72 pages, on peut concevoir l'énorme
surcroît de besogne qui pesait sur Fréron.

Il avait enduré avec autant de dignité que d'esprit
l'outrage que lui avait infligé *Voltaire* dans l'*Écos-
saise,* pièce misérable sous tous les rapports ; il ne
succomba que le jour où son œuvre fut détruite
par le pouvoir même qu'elle avait défendu. A bout
de forces, Fréron s'inclina sans se plaindre ; et du
coup terrible dont il mourait, il dit seulement : « C'est
» là un malheur particulier, qui ne doit détourner
» personne de la défense de la monarchie, le salut
» de tous est attaché au sien. »

La Harpe fut également maltraité par les auteurs,
bien qu'il ne se préoccupât guère de l'intérêt religieux. Ses moindres observations lui attiraient des

railleries incessantes et cruelles. On le plaisantait surtout à propos de sa petite taille ; de quoi il enrageait ; et on le savait bien : « Haut comme Ragotin » disait Voltaire, à qui il avait tout sacrifié. « On se moque d'un nain qui se piète pour se grandir » écrivait Dorat. Et Gilbert :

> C'est ce petit rimeur de tant de prix enflé
> Qui, sifflé pour ses vers, pour sa prose sifflé,
> Tout meurtri des faux pas de sa muse tragique,
> Tomba, de chute en chute, au trône académique ?
> Ces détours sont d'un lâche et malin détracteur.

La mort de Voltaire fut l'occasion d'un véritable soulèvement contre La Harpe. Celui-ci, qui n'avait formulé qu'une critique respectueuse, se vit retirer la rédaction en chef du *Mercure*. Exaspéré, il en vint à maudire le journal et à réclamer des mesures de répression, lui qui devait rester journaliste jusqu'à la fin [1].

La polémique était donc presque toujours aussi violente, soit qu'elle traitât de la philosophie et de la religion avec Fréron, soit qu'avec La Harpe elle se bornât à la littérature. Les auteurs employaient tous les moyens : plaintes au directeur de la librairie, dénonciations au lieutenant de police, requêtes au Parlement.

Au xviiiᵉ siècle, les journaux sont très nombreux et très variés aussi. Il me faut me borner à énumérer les principaux, outre ceux dont j'ai parlé déjà. *Littéraires :* le *Pour et le Contre*, de l'abbé Prévost ; l'*Observateur littéraire*, de Marmontel ; les *Observa-*

1. Hatin, tome II, page 449.

*tions sur la littérature moderne,* de l'abbé de la Porte ; les *Cinq années littéraires,* de Clément; la *Renommée littéraire,* de Le Brun ; le *Censeur hebdomadaire,* de Chaumeix et d'Aquin ; le *Journal Français,* la *Gazette des deuils,* le *Nécrologe,* de Palissot et de Clément.

Nous trouvons plusieurs journaux consacrés aux littératures étrangères : le *Journal étranger,* la *Gazette littéraire de l'Europe,* le *Journal encyclopédique;* même des feuilles philosophiques ou philologiques, écrites sur un ton fantaisiste et imités de l'Angleterre, tels que le *Spectateur,* le *Babillard,* le *Radoteur;* des organes d'économie politique et d'administration ; le *Journal chrétien,* le *Journal ecclésiastique;* des recueils scientifiques, des journaux reproducteurs, des feuilles satiriques, même et depuis longtemps déjà, les *Petites affiches.*

On a fait remonter au *Journal de Verdun* (1704) la véritable presse politique, non pas celle qui depuis soixante-treize ans publiait sans commentaires certaines informations d'ordre plus ou moins officiel, mais celle qui représente des opinions : Le *Journal de Verdun,* recueil mensuel, s'était donné principalement pour but les travaux et les questions historiques. L'histoire et la politique se tiennent de près ; et déjà la simple littérature avait naturellement empiété sur beaucoup de domaines.

Le journal proprement dit politique fit son apparition sous un titre étranger : il s'appelait le *Journal de Genève,* puis le *Journal de Bruxelles.* Fondé par Panckouke, qui était en train d'accaparer toutes les feuilles, il avait pour rédacteurs principaux l'avocat

Linguet et Mallet du Pan, destinés à devenir célèbres,
l'un en stimulant les passions, l'autre en traitant des
doctrines. Bientôt ils étendaient leur entreprise, par
les *Annales politiques et littéraires*, appelées au succès, et qui donnent l'avant-goût de la virulence qui
va être la règle de la presse pendant la Révolution.
On sait les démêlés continuels de Linguet avec la
police et avec le gouvernement. Son collaborateur,
Mallet du Pan, avait d'autres allures: esprit pon-
déré, grave, impartial et fort avisé. Il inaugura le
genre qui allait caractériser le *Journal des Débats*.
Le même besoin d'exercer une action politique avait
associé ces deux hommes très dissemblants.

Une innovation curieuse et importante se produit
en 1776. Alors paraît une feuille anglo-française, le
*Courrier de l'Europe,* publiée à Londres deux fois
par semaine et qui exerça tout de suite une grande
influence sur la politique générale. Ainsi que le dit
l'un de ses rédacteurs, le girondin Brissot, le
*Courrier de l'Europe* contribua beaucoup au succès
de la guerre d'Amérique et, par suite, à la Révolution française.

Dès ce moment la passion politique a envahi tous
les esprits. La fièvre se répand et s'excite par elle-
même. Du mois de mai 1789 au mois de mai 1793,
un millier de journaux vinrent stimuler l'esprit public, déjà pourvu de la presse quotidienne.

Elle date en France de 1777. Elle existait en Angleterre depuis 1702. Chez nous, la première feuille
quotidienne fut le *Journal de Paris* ou la *Poste du
soir*, la *Gazette de France* n'ayant réalisé ce grand
progrès qu'en 1792.

# LA RÉVOLUTION

J'ai dit qu'en quatre ans, de mai 1789 à mai 1793, un millier de feuilles périodiques virent le jour. Une armée de journalistes avait paru soudain, armée d'envahisseurs et de conquérants : Mirabeau, Brissot, Barrère, Tallien, Gorsas, Loustalot, Condorcet, Garat, Rabaut-Saint-Étienne, Louvet, Carra, Mercier, Fontanes, Chénier, Camille Desmoulins, Fréron fils, Hébert, Robespierre, Babœuf, Marat, etc.

La plupart d'entre eux devaient se confondre avec les événements les plus graves et les plus terribles : car, désormais, pour arriver sur le premier plan de la scène politique, le journalisme était la voie directe et rapide.

Le foule des « écrivains » s'y resserrait, impatiente, exaltée, bientôt furieuse et folle. Quelques mots de Louis Blanc peignent bien cette agitation extraordinaire qui allait durer en déchaînant une crise formidable. L'impulsion donnée à la presse fut si violente qu'il a raison de dire que la Révolution avait « apporté avec elle le journalisme ».

« Dans l'espace de quelques mois, il y eut, dit-il, une éruption sans exemple de feuilles mensuelles, hebdomadaires, quotidiennes, royalistes ou populaires, élégiaques ou satiriques, retenues ou effrénées, distillant le poison ou distribuant l'injure, semant l'erreur, servant la calomnie, proclamant la vérité, donnant un écho à toutes les passions, faisant tomber un éclair sur toutes les idées et réunissant dans je ne sais quelle fantastique concert tous les bruits de la nature, depuis le rugissement du lion jusqu'au cri des oiseaux moqueurs... A côté des journaux qui se vendaient, il y eut ceux qui se donnèrent ; à côté des journaux qui allaient chercher le lecteur au fond de sa demeure, il y eut ceux qui attendirent et arrêtèrent le passant au détour des rues. Le journalisme imprimé, le journalisme crié, le journalisme colorié, le journalisme collé le long des murs se disputèrent un public avide. »

Les cent clubs ouverts dans Paris avaient leurs organes ; le premier venu se croyant, selon le principe de la souveraineté populaire, le droit de dire son mot sur les hommes et sur les choses, le droit de s'immiscer dans le règlement des affaires publiques [1].

Au milieu de ce débordément un censeur se dresse, dont les sages conseils, qui n'eurent point d'effet alors, nous offrent un intérêt original. Écoutons Marat :

« Un bonhomme qui aura rimaillé quelque sottise ou fourni un méchant article à la *Gazette* ne sachant que devenir, se met à tenter la fortune en faisant un journal.

---

1. *Histoire politique et littéraire de la presse.* Eugène Hatin, tome IV, page 57.

Le cerveau vide, sans connaissances, sans idées, sans
vues, il s'en va dans un café recueillir les bruits cou-
rants, les inculpations des ennemis publics, les complain-
tes des patriotes, les lamentations des infortunés, il rentre chez lui la tête pleine de ce fatras, qu'il couche sur le
papier et qu'il porte à son imprimeur, pour en régaler le
lendemain les sots qui ont la bêtise de l'acheter. Voilà le
tableau des dix-neuf vingtième de ces messieurs. »

Folle et scandaleuse aux yeux de Marat, que devait être, aux yeux des gens raisonnables, la frénésie
qui s'emparait des cerveaux ?

Une liste des feuilles imprimées sous l'impulsion
des événements fournit peut-être le tableau le plus
saisissant de ce prodigieux état intellectuel et moral.
Donnons-lui place :

« *Journal universel ; Journal général de France ; Journal
de la Cour et de la Ville ; Journal de la Ville et de la Province ; Journal de la République ; Journal de la Révolution ; Journal du Peuple français ; Journal du Citoyen ;
Journal de la Convention nationale ; Journal des Clubs ou
Sociétés patriotiques ; Journal des Amis ; Journal des Amis
de la Paix et du Bonheur de la Nation ; Journal des Im-
partiaux ; Journal des Jacobins ; Journal des Hommes du
14 juillet et du Faubourg Saint-Antoine ; Journal des
Sans-Culottes ; Journal de la Liberté ; Journal de la Liberté
de la Presse ; Journal de la Vérité ; Journal de l'Opposition ; Journal des Droits de l'Homme ; Journal de
Louis XVI et de son Peuple ; Journal Royaliste ; Journal
des Émigrés ; Journal de la Noblesse ; Journal électoral ;
Journal des Fonctionnaires ; Journal des Communes ;
Journal du Bonhomme Richard ; Journal du Diable ;
Journal Prophétique ; Journal des Bons et des Mauvais ;
Journal des Mécontents ; Journal des Réclamations ; Jour-
nal des Paresseux ; Journal des Incroyables ou des Hommes*

*à parole d'honneur ; Journal des Rieurs ; Bulletin général de la France et de l'Europe ; Bulletin national ; Bulletin décadaire de la République française ; Bulletin de Paris ; Bulletin de l'Assemblée nationale ; Bulletin des Armées ; Bulletin du Tribunal révolutionnaire ; Bulletin des Frères et Amis ; Bulletin d'Aujourd'hui ; Bulletin du soir ; Bulletin de la Semaine ; Bulletin des Bulletins ; Gazette universelle ; Gazette nationale ; Gazette officielle ; Gazette du Peuple ; Gazette du Jour ; Gazette de Paris ; Gazette des Cours de l'Europe ; Feuille du Bon Citoyen ; Feuille du Salut public ; Feuille de Paris ; Feuille du Jour ; Feuille du Matin : Feuille villageoise ; Annales de France ; Annales de la Révolution ; Annales de la République française ; Annales politiques et nationales ; Annales patriotiques et littéraires ; Chronique nationale et étrangère ; Chronique de France ; Chronique de Paris ou le Spectateur moderne ; Chronique du Mois ou les Cahiers patriotiques ; Chronique du Manège ; Chronique scandaleuse ; Courrier de Provence; Courrier de Versailles ; Courrier de France et de Brabant ; Courrier Français ; Courrier national : Courrier des Departements ; Courrier de l'Égalité ; Postillon de l'Assemblée nationale ; Postillon de la Guerre ; Postillon du Soir ou Courrier des Chambres ; Postillon de la Liberté ou les Sifflets de Saint-Cloud ; Postillon de la Cour : Postillon de Henri IV ; Postillon extraordinaire ou le Premier arrivé ; Petite Poste de l'Assemblée nationale ; Petite Poste de Paris ou le Prompt avertisseur ; Petite Poste du soir ; Poste du jour ; Messager du Soir ; Lettres persanes ou Contes de la mère Boby ; Lettres du Junius français ; Correspondance des Départements; Correspondance des Nations ; Correspondance du Palais-Royal ; Correspondance patriotique ; Correspondance politique des véritables Amis du Roi et de la Patrie ; Patriote royaliste ; Patriote républicain ; Patriote révolutionnaire ; Cinq ou six Patriotes français ; Vrai Patriote français ; Patriote sincère ; Patriote incorruptible ; Véritable ami du Peuple ou Journal de*

*l'Assemblée nationale et de la Société des Amis de la Cons-
titution ;* autre *Véritable ami du Peuple ; Ancien ami du
Peuple ou nouvel ami des hommes; Orateurs, nombreux Avocats, Tribuns, Fanaux du peuple ; l'Ami du Roi* opposé par
la Cour à l'*Ami du peuple; l'Ami des Patriotes ou le Défenseur de la Révolution ; Véritable ami des Hommes de toutes
les Nations et de toutes les Conditions ; Ami des Honnêtes
gens ; Ami de la Justice et de la Vérité ; Ami des Lois ;
Ami de la Liberté ; deux amis de la Paix ; deux Amis de
la Religion ; deux Amis de l'ordre ; Ami de l'Humanité ;
Ami des principes, ou Journal du Republicain impartial et
juste ; Ami de la Constitution ou le Surveillant des pouvoirs
constitués; Ami de la Revolution et des 82 Departements ;
Ami de la Convention ou le Défenseur du Peuple ; Ami des
Jacobins ; Ami des Théophilantropes ; Ami des Aristocrates ; Véritable ami de la Reine,* par une société de ci-
toyennes ; *Défenseur de la Liberté ; Défenseur des Oppri-
més ou l'Ami du Clergé et de la Noblesse ; Défenseur du
Peuple ; Defenseur de la Constitution ; Defenseur de la Patrie ; Défenseur de la Vérité ou l'Ami du genre humain ;
Défenseur des vieilles institutions ; Defenseur des Droits du
Peuple; Défenseur de la Religion ; Ennemi des Préjugés ; Ennemi des Aristocrates; Ennemi des Conspirateurs ; Ennemi des
Oppresseurs ; Ennemi des Tyrans ; Anti-Fanatique ; Anti-Ter-
roriste ; Anti-Fédéraliste ; Anti-Royaliste ; Anti-Marat ; Anti-
Brissotin ; Contre-Révolutionnaire ; Contre-Poison des Jacobins ; divers Censeurs; Fouet national ; Modérateur ; Conci-
liateur ; Réconciliateur ; le Pour et le Contre ; Boussole ou
Régulateur ; Balance; Ecouteur aux Portes ; Espion des Sections et des Autorités constituées; Furet parisien ; Argus patriote ; Tocsin de Richard-sans-Peur ; Tocsin de la Verité ; Procureur général du Peuple ; Dénonciateur national ;* des *Listes*
des noms de famille des ci-devant ducs, marquis, excel-
lences, monseigneurs, etc.; *Listes* des aristocrates; *Listes*
des ci-devants, nobles de race, robins, financiers, intri-
gants, etc.; *Journal des Rieurs ou Démocrite français ; Jour-*

*nal en Vaudevilles des Debats et Décrets de l'Assemblée na-
tionale ; Journal nouveau,* journal en chansons ; *Rapsodies du jour ; Actes des Apôtres ; Evangelistes du jour ;
Bible du jour ; Apocalypse ; Livre des Rois du Nouveau-
Testament ; Quatre évangélistes ; Martyrologe national ;
Légende dorée ou les actes des martyrs ; Actes des bons apôtres ; Déjeuner ; Dîner ; Moutarde après dîner ; Lanterne
magique nationale* (journaux inspirés par Mirabeau le
jeune) ; *Alambic ; A deux liards, à deux liards mon journal ; Prônes civiques ; Petit carême de l'abbé Maury ;
Compère Mathieu ; Déjeuner patriotique du peuple ; Arle-
quin ; C'est incroyable ; Chasse aux bêtes p..... ; Deo gra-
tias ; Cousin de tout le monde ; Finissez donc cher père ;
Hoquet aristocratique ; Il n'est pas possible d'en rire ; Journal de l'autre monde ; Savonnette républicaine ; Pendez-moi,
mais écoutez-moi ! ; Poule patriote ; Rocambole des journaux ; le Singe ; Sottises de la semaine et les Sottises et Vérités ;
Bevues ; Inepties et Impertinences nationales ; Agonie des
trois Bossus ; Tailleur patriote ; Voici du curieux ; Aux voleurs ! Aux voleurs ! Dom Grognon ou le Cochon de saint
Antoine ; Père Duchesne ; Lettres bougrement patriotiques ;
Trompette du Père Duchesne ; Lettres bougrement patriotiques de la Mère Duchesne ; Trompette du Père Belle-Rose ;
Capitaine Canon ; Capitaine Tempête ; Journal des Halles ;
Journal de la Rapée ou de ça ira ; S..... gâchis de Jean-Bart
et du Père Duchesne ; Je m'en f... Je m'en f..., liberté, liber-
tas, f... ! etc.*

En fait d'importance, de virulence, et même de talent, le choix n'est pas facile à faire parmi ces publications. Cependant beaucoup de noms émergent ; et
d'abord, celui de Mirabeau.

Déjà auteur d'une quantité d'écrits politiques,
brochures, pamphlets, lettres, Mirabeau préluda
encore par le journalisme à son rôle retentissant de
tribun parlementaire. La plume à la main, il avait

hardiment revendiqué la liberté de la presse. Impatient d'attendre que cette liberté fût proclamée par les pouvoirs publics, il la mit en pratique pour son compte, donnant l'exemple hardi de publier les *Etats généraux* sans même demander l'autorisation à laquelle tout fondateur de journaux était astreint. Auparavant, il avait rédigé, avec Brissot, une feuille d'un caractère original et qui eut beaucoup d'influence sur la marche rapide de la Révolution, *l'Analyse des papiers anglais*. Après les *États généraux*, supprimés tout de suite, puis ressuscités sous forme de lettres, vint le *Courrier de Provence* où retentissait l'agitation de l'Assemblée constituante.

Brissot, aventurier de la littérature politique, d'une instruction variée, animé de passions audacieuses et puissantes, fit du *Patriote français* l'un des premiers promoteurs de l'idée républicaine. Il entretint autour de lui les ardeurs et les haines furieuses.

Mallet du Pan, esprit élevé, précis, ferme, courageux, donna, dans le *Mercure*, une grande place aux débats parlementaires, dont le compte rendu était lu de l'Europe. Bonald a dit de cet écrivain, suisse et calviniste, que ses tableaux politiques de la Révolution étaient « excellents et prophétiques ». Poursuivi à outrance par les démocrates, notamment par Camille Desmoulins, qui, exprimant le vœu de l'animosité, l'appelait « Mallet-Pandu », il fut contraint de fuir a l'étranger.

Panckouke, grand entrepreneur de journaux, polémiste habile, énergique champion de l'ordre et de la liberté, dirigea le *Mercure* (en compagnie de La Harpe, de Suard, de Marmontel, de Rabaut-Saint-

Étienne, de Garat) puis fonda le *Moniteur*, en plein déchaînement de railleries personnelles et d'attaques furibondes. Camille Desmoulins le nommait « le dieu » Janus des journalistes ».

Garat, Rœderer, André Chénier, Regnault de Saint-Jean-d'Angély procurèrent la vogue au *Journal de Paris*.

Condorcet, Sieyès, Rabaut-Saint-Étienne, Ducos, Fiévée écrivaient dans des feuilles diverses.

Camille Desmoulins, « rayonnant écolier » à « l'esprit plein des images de Rome et de la Grèce », dit Louis Blanc ; ce « polisson de génie aux plaisanteries mortelles » dit Michelet, ce « gamin de Paris du journalisme » dit Monseignat ; « descendant des satiriques de la Ménippée », dit Cuvillier-Fleury ; « loustic et bouffon », dit Sainte-Beuve, Camille Desmoulins dissipa dans les *Révolutions de France et de Brabant*, dans les discours de la *Lanterne*, dans la *France libre*, dans la *Tribune des patriotes*, dans *Le Vieux Cordelier*, sa verve « étourdie » et terrible. Investi par lui-même de la charge de dénonciateur, il a dénoncé, injurié, menacé avec un acharnement où la fantaisie et la férocité se stimulaient l'une l'autre. Contre Louis XVI et Marie-Antoinette, ce lettré a écrit des pages qui firent les délices de la crapule. Il a insufflé à la masse une fièvre de meurtre et de rapine. Dès le début de son rôle, il s'écriait : « Jamais plus riche proie n'aura été offerte aux vain- » queurs : quarante mille palais, hôtels, châteaux, » les deux cinquièmes des biens de la France à dis- » tribuer seront le prix de la valeur. » Impressionnable, emporté, capricieux il se dépensait à toutes les contradictions; à toutes vraiment, puisqu'on le vit soudain engager contre les Terroristes une lutte dans laquelle il devait périr, victime des fureurs qu'il avait contribué à déchaîner et que, trop tard, il s'efforçait de dompter. La nausée du sang répandu lui montait à la tête et au cœur. D'instinct il se tournait vers l'expiation et vers le rachat de ses emportements criminels. Les sept numéros du *Vieux Cordelier*, publiés dans l'intervalle de quelques mois, sont un réquisitoire enflammé contre les hommes de la guillotine, que le journaliste révolutionnaire accablait de flétrissures empruntées à Tacite.

Il faut bien regarder Marat, dont l'éloge, d'ailleurs, fut fait plus d'une fois par Camille Desmoulins. Si acharné qu'il se soit montré à remplir une fonction tout entière féroce, peut-être Marat était-il encore plus vaniteux que méchant. La ridicule et repoussante laideur de son aspect physique ; l'insuccès de ses prétentions dans le monde des Lettres, de la Science et de la Philosophie, semblent avoir produit le développement extraordinaire de cette vanité qui absorbait et qui nourrissait tous les autres instincts du personnage. Envieux et jaloux, parce qu'il était vain. Haineux et féroce, parce que son envie, toujours trompée, lui cuisait comme un ulcère, il tira de cette même vanité une ardente et inflexible énergie. De même qu'il n'était soutenu que par une passion, il lui suffit d'un seul procédé et d'une idée unique : soupçonner et dénoncer. Dès le mois de septembre 1789, son journal, l'*Ami du peuple*, annonçait que Marat s'était imposé le devoir de « répandre l'alarme ». Jusqu'au 13 juillet 1793, il n'aperçut dans les divers partis politiques que des voleurs, des traîtres, des corrompus, des lâches, des

imbéciles. Poursuivi par la Commune de Paris et par
la Convention, acquitté et glorifié pour des injures
furibondes, il ne dénonce pas seulement aux pouvoirs publics les hommes qu'il s'est attribué le droit
de juger et de condamner : il adjure la foule anonyme
de frapper dans la rue, sans avoir reçu un mandat
d'une autre autorité que lui :

« Qu'attendent les patriotes pour se montrer ? Ah ! s'il
y avait dans nos murs deux Scævola seulement, il y a
longtemps que la liberté y serait cimentée à jamais. Un
seul coup de poignard dans le cœur de Mottier eût fou-
droyé ses légions de satellites et permis au peuple d'a-
battre sous la hache vengeresse les têtes criminelles de
ses mortels ennemis... S'ils étaient les plus forts, ils
vous égorgeraient sans pitié ; poignardez-les donc sans
miséricorde ! Que Chapelier, Rabaut, Emery, Duport,
Bureau de Pusy, Barnave, Desmeunier, Malouet, Goupil,
Thouret, Target, Freteau, Prugnon, Regnault, Sièyes, Dupont, Dandré, Montlausier, Bailly, Mottier, soient vos premières victimes (18 juillet 1791).

»... Si j'avais eu deux mille hommes comme moi, j'aurais été à leur tête poignarder Mottier, au milieu de ses
bataillons de brigands, brûler le despote dans son palais
et empaler nos atroces représentants sur leur siège
(3 mai 1792). »


Ainsi, du fond d'un souterrain, son gîte, où,
presque autant que la prudence, l'a fixé l'attrait
des ténèbres extérieures, en harmonie avec les
affreux mystères de son âme, ainsi continuellement Marat souffle le meurtre. Il réclame 600 têtes,
10,000 têtes, 20,000 têtes, 270,000 têtes. Michelet
compare cette excitation fantastique à l'effet d'une
cloche sinistre qui sonnait toujours. Marat se flatte

d'avoir vu Robespierre pâlir devant lui d'épouvante.

Jalousé par Camille Desmoulins, qui s'abaissa plus d'une fois jusqu'à le flagorner en public, Marat excita l'envie de Fréron, réduit à revendiquer l'honneur d'être son disciple préféré. Le prestige de la monstruosité engendrait l'émulation. Fils du rédacteur de l'*Année littéraire*, filleul du roi Stanislas, ancien protégé de M^me^ Adélaide, traître à ses croyances et à ses traditions d'origine, ce Fréron voulut être l'écho vivant de Marat. Son journal, l'*Orateur du peuple*, rivalisait avec l'*Ami du peuple*. L'écho ne réussissait pas à rendre toutes les vibrations de la voix qui mugissait du fond du souterrain. Forcené par volonté plutôt que par nature, doué de plus d'agilité et d'invention que l'autre, de plus d'éclat aussi, Fréron n'avait pas l'accent étrange, uniformément lourd, qui, pénétrant à des profondeurs insondables, remuait dans la foule les instincts d'elle même inconnus et l'étourdissait d'un vertige mystérieux.

Les feuilles de Marat et de Fréron étaient des espèces de pamphlets : celle de Tallien, l'*Ami des citoyens*, « journal fraternel » parut d'abord sous forme de placards, au mois de septembre 1791, puis au mois d'octobre, en un journal bi-hebdomadaire principalement destiné aux habitants des campagnes. Suivant un procédé très général, Tallien mettait sur la scène sa personnalité :

« J'entrerai en lice avec tous les champions de l'aristocratie et du terrorisme, aucune réputation ne m'effraiera. Je suis déterminé à tout affronter pour être utile à mes semblables. »

L'*Ami des citoyens* se distingua surtout en combattant ce qu'il appelait la « queue de Robespierre ».

Un organe du parti girondin et qui avait pour rédacteur Louvet, alors connu seulement comme romancier, la *Sentinelle* eut primitivement l'aspect d'une affiche. Les articles qu'il publiait ressemblaient à des proclamations. Il eut de l'importance ainsi que le *Courrier de Versailles et de Paris*, rédigé par Gorsas, dont l'imprimerie un jour fut saccagée, suivant un procédé assez fréquent dans cette période.

Les *Révolutions de Paris*, qui s'appelaient aussi dans le public « le journal de Prudhomme », du nom de leur directeur, d'abord simplement libraire-papetier, sont encore aujourd'hui un tableau très vivant et très complet. Elles avaient pour devise la formule, ou plutôt le cri, dont le retentissement fut comme le signal de l'assaut livré à la vieille société : *Les grands ne nous paraissent grands que parce que nous sommes à genoux... Levons-nous !* Composées avec beaucoup plus de méthode, d'exactitude et d'originalité que les autres feuilles, elles bénéficièrent grandement de la collaboration active fournie par Loustalot. Le « calme et sévère Loustalot » comme on l'a appelé, se souciait plus de défendre des principes que de satisfaire des passions. Il mourut très jeune, à vingt-huit ans, fatigué d'avoir combattu les violences et désespéré en apprenant les massacres de Nancy. On lui fit un imposant cortège funèbre. Malgré ce début qui semblait promettre fidélité à la politique modérée et libérale, les *Révolutions de Paris* se laissèrent gagner par l'esprit de violence ; et Prudhomme ensuite les abandonna pour éviter la guillotine.

Mercier, l'auteur du célèbre *Tableau de Paris* et Carra obtinrent le succès en publiant les *Annales politiques et littéraires*, remarquablement variées et, aussi, rapprochées du journalisme actuel par le ton et par la forme.

Le *Tribun du Peuple*, le *Cercle social*, la *Bouche de fer*, le *Journal des Amis*, le *Bulletin des Amis de la Vérité* composaient un grand amalgame de politique et d'illuminisme, où l'ex-abbé Fauchet et Bonneville représentaient une combinaison particulière de socialisme, de sentimentalité chrétienne et de franc-maçonnerie. Notons que la *Bouche de fer*, qui était un réceptacle de lettres, d'articles, de mémoires et aussi, bien entendu, de dénonciations, fournis par tout le monde (à la porte du bureau du journal se trouvait, en forme de boîte aux lettres, une bouche de fer ; de là le titre du journal), notons que cette feuille servait d'organe à une société organisée, à un club social.

Le système se généralisa ; et les clubs importants eurent leurs journaux, qui rendaient compte de leurs séances, comme on avait fait pour les États généraux, comme on faisait pour l'Assemblée législative et pour la Convention.

Inutile de retracer l'horrible physionomie du *Père Duchesne ;* ou plutôt des *Pères Duchesnes*, car les ignobles vociférations d'Hébert, qui eurent un succès immense, inspirèrent des imitateurs et des concurrents.

Dans le *Tribun du peuple*, Babœuf, qui s'était baptisé lui-même des noms de *Caius Gracchus*, s'occupait de réaliser le « bonheur commun » au moyen de « l'égalité vraie » et pressait le peuple d' « égorger

» sans pitié les tyrans, les patriciens, le million
» doré ».

Que signifiait exactement le titre arboré par le
journal le plus important de l'opposition anti-révo-
lutionnaire et du monde royaliste? D'après Monseignat, les *Actes des Apôtres,* cela voulait dire
« les actes des apôtres de la Révolution mis au jour
» et tournés en ridicule ». Mais M. Hatin a fait observer que, dans le prospectus définissant le caractère de la publication, les rédacteurs déclaraient
vouloir être : « les apôtres de la liberté et de la démocratie royale [1]». Groupés autour de Peltier, des écrivains tels que Rivarol, Mirabeau le jeune, Suleau,
Bergasse, Champcenetz, Montlosier, Lauraguais,
représentaient tous les genres de littérature et principalement l'esprit de satire. Durant deux ans, cet
esprit déborda, gonflant les numéros qui paraissaient
à peu près tous les deux jours, qui contenaient huit
ou vingt-quatre ou même cinquante pages et dont
l'abonnement coûtait 9 livres et 9 livres 10 sous,
*espèces sonnantes et non en assignats.* Épigrammes en
prose et en vers, fines railleries, parodies, sar-
casmes, bouffonneries, anecdotes et chansons, telles
furent d'ordinaire les munitions employées par les
*Actes des Apôtres* pour entretenir, comme on l'a dit,
le « feu roulant » qui exaspérait les meneurs de
la Révolution. Le *Journal général de la Cour et de
la Ville* adopta le même programme avec plus
d'ardeur encore mais avec moins de finesse. L'*Ami
du Roi,* engendré par l'*Année littéraire,* eut pour

1. *Histoire politique et littéraire de la presse,* tome VII,
page 11.

directeurs l'abbé Royou, puis Corentin Royou, frère
de celui-ci. La *Gazette de Paris*, qui reste encore
aujourd'hui un tableau très complet des événements
innombrables accumulés entre 1789 et 1792, fournit
une victime pour inaugurer les travaux du tribunal
sanglant : le rédacteur Durosoy, le premier écrivain
jeté à la guillotine, fut de la première fournée.

Rivarol et Suleau, que nous avons vu déjà parmi
les rédacteurs des *Actes des Apôtres*, eurent chacun
la direction d'un organe. Le premier, inspirateur du
*Journal politique national*, ne se contentait pas de
ciseler des maximes spirituelles et mordantes et
il jugeait les événements avec la pénétration d'un
penseur. Le second s'était mis vraiment tout entier
dans son œuvre, qui avait pour titre le *Journal de
M. Suleau.* Dix fois incarcéré ; en lutte audacieuse
avec les jacobins, en lutte aussi avec les monar-
chistes modérés qu'il accusait de faiblesse ; puis
rallié à ce parti ; ami personnel de Camille Desmoulins [1] qu'il combattait et qu'il imita souvent,
Suleau dépensa sans répit sa verve et son courage.
Le 10 août 1792, témoin des vociférations sangui-
naires soulevées par Théroigne de Méricourt, il af-
fronta volontairement le massacre qui lui était réservé. « Je vois bien qu'aujourd'hui le peuple veut
» du sang ; peut-être une victime suffira-t-elle. Je
» paierai pour tout le monde », disait-il aux gens
qui s'efforçaient de contenir son audace généreuse.
Les bras croisés, au milieu d'un groupe d'assassins
il s'écria fièrement : « Egorgez-moi et voyez

1. En un jour d'extrême péril, Camille Desmoulins lui offrit un
asile chez lui. Suleau refusa pour ne pas le compromettre.

» moins comment un royaliste sait mourir ! » Sa tête
fut mise au bout d'une pique et portée en triomphe.

Les bourreaux, eux aussi, avaient leur journal, le
*Bulletin du tribunal révolutionnaire*, qui publiait la
liste des condamnés, avec des extraits de l'instruction. Par une ironie atroce et incroyable, il portait
cette devise :

> **Celui qui met un frein à la fureur des flots**
> **Sait aussi des méchants arrêter les complots.**

Le *Modérateur* et le *Mémorial historique* rappellent
l'effort méritoire d'hommes distingués tels que Fontanes et La Harpe bien plutôt littérateurs que journalistes.

Michaud, qui, par nécessité, avait débuté dans
la librairie, puis par goût et par vocation, collabora
à la *Gazette universelle* et au *Postillon de la guerre*,
journaux de la Cour et organes des Feuillants, puis
au *Courrier républicain*, eut, après la Terreur, un
rôle important dans la publication de la *Quotidienne*.
Continuellement frappée, cette feuille royaliste ne
vivait qu'en changeant de nom. Supprimée en 1797,
elle devait reparaître en 1824 et durer longtemps
encore.

Le Directoire eut sa petite presse, *Le thé,* les *Actes
des Apôtres et des Martyrs,* le *Moniteur,* le *Journal
des Rieurs,* le *Censeur des journaux,* les *Semaines
critiques,* les *Rapsodies.*

Les nouvellistes, les satiriques, les hommes politiques écrivaient surtout pour une classe relativement instruite, pour la bourgeoisie des villes envi-
sagée d'après le type parisien ; mais plusieurs feuilles
aussi s'occupaient de plaire à la province et d'agir

sur elle ; enfin on en vit qui étaient destinées au peuple des campagnes. L'un des premiers, Tallien, eut ce souci et l'exprima dans l'*Ami des citoyens*. Puis vint la *Feuille villageoise*. Son titre portait qu'elle était adressée chaque semaine à tous les *villages de la France, pour les instruire des lois, des événements, des découvertes qui intéressent tout citoyen*. Rabaut-Saint-Étienne, Granvelle, Cerutti citaient en exemple les paysans anglais et les paysans suisses qui, disaient-ils, lisaient dès lors en famille livres et journaux. Ginguené aussi entreprenait d'instruire les villageois, bien qu'il n'eût encore cultivé d'autre enseignement que celui des Muses. Lequinio, qui dirigeait le *Journal des Laboureurs*, ignorait un peu moins les travaux de la campagne ; il en avait parlé dans certains écrits que ses loisirs d'avocat sans causes lui permettaient de composer ; d'ailleurs il avait aussi philosophé, même dans la société des bourreaux, que parfois il invitait à sa table ; et il semble finalement que sa vocation la mieux marquée c'était le terrorisme.

----

La presse avait vu varier brusquement son régime légal, mais il s'en faut qu'elle eût gagné en tranquillité et en garanties.

Tout d'abord, sous l'ancienne royauté, le système du privilège et de la censure se compliquait d'une exploitation financière dont les journaux faisaient les frais. Comme ils existaient en vertu d'un privilège (toujours révocable d'ailleurs), l'usage était établi de leur imposer la charge des pensions accordées aux gens de lettres. Naturellement il se généralisa sans difficultés, les directeurs de journaux se trouvant seuls à en pâtir. Il se développa si bien qu'en 1762, 28.000 livres de pensions étaient payées par le gouvernement sur la caisse du *Mercure de France*. Lorsque Fréron mourut, l'*Année littéraire* fournissait ainsi l'argent de pensions représentant 4.000 livres.

Les journaux venant des pays voisins ou imprimés à Paris sous une rubrique étrangère versaient un droit parfois très élevé ; par exemple, le *Journal de politique et de littérature* : 22.000 francs.

En fait de garanties, il y avait la faveur, qui retirait le privilège, comme elle l'avait donné. La censure mettait en mouvement, police, conseil, parlement et disposait de la Bastille.

La censure n'était pas seule à employer des ressources si puissantes ; et l'on vit, pour ainsi dire continuellement, outre les hommes politiques, des particuliers, surtout des écrivains et aussi des comédiens, réclamer, contre les journalistes, l'emploi de l'autorité. Personne n'ignore à quel point Voltaire redoutait et maudissait la critique. Lui qui entendait user de toutes les licences, employait n'importe quel moyen pour la tenir en bride ou pour la châtier. Nous avons vu l'acharnement du terrible railleur contre Fréron qui osait le railler. La lutte contre Desfontaines présenta le même caractère de frénésie. Toujours aux trousses du lieutenant de police, Voltaire exigeait que la *Voltairomanie* fut déclarée complot contre l'État et brûlée publiquement. Par l'entremise du gouvernement, il fit imposer à Desfontaines un désaveu écrit. Le directeur de la librairie (alors Malesherbes) a noté les réclamations que lui envoyaient les magistrats (ceux-ci regardaient comme un abus « de laisser imprimer, sur la jurisprudence, des livres élémentaires », nuisibles, d'après eux, au recrutement des « véritables savants ») ; les médecins qui voulaient qu'on défendît d'écrire sur la médecine, « en langue vulgaire » ; les musiciens (persuadés qu'il était « contre le bon ordre de laisser imprimer que la *musique italienne est la seule bonne)* ; les auteurs (dont la délicatesse aurait eu pour conséquence de réduire « la critique à rien »). Il y a une lettre célèbre de d'Alembert dénonçant Fréron et réclamant impérieusement justice au nom de l'Encyclopédie offensée. Quant aux comédiens, dont la susceptibilité est au moins double de celle des autres humains, ils surent (en 1775) interrompre et finalement empêcher la publication du *Journal des Théâtres,* dont le directeur, Le Fuel de Méricourt, dut aller chercher un refuge à Londres ; et l'*Année littéraire* subit une suspension parce que Fréron fils avait appliqué l'épithète de *ventriloque* au sieur Dessessarts, « comé- » dien de la Comédie Française ».

Aux jours dits de la liberté, la presse ressentit sans repos le contre-coup des emportements qui agitaient l'Assemblée nationale, la Convention, les Municipalités, les Clubs. Ces derniers, comme de vrais pouvoirs publics, savaient employer les mesures les plus rigoureuses, bien entendu les plus illégales, et même supprimer, avec les journaux, les journalistes.

En quatre lignes, un magistrat de notre temps, un observateur et un érudit, a résumé le système de

coups de force, qui, à partir de 1792, tint lieu de
régime légal : « La presse n'est plus alors que l'écho
» des luttes qui divisent la Convention ; et l'existence
» des journaux est associée intimement à celle de la
» fraction qu'ils représentent [1]. »

Il y eut maintes fois des monceaux de papiers imprimés brûlés dans les rues par la foule, qui avait
pris l'habitude de s'improviser justicière. Elle se
chargeait aussi du soin de briser les machines. Entre
autres circonstances, on s'en aperçut au 18 fructidor,
lorsque le Directoire, affolé, frappa d'un arrêt de
mort quarante journaux, dont les rédacteurs les
imprimeurs et les propriétaires furent condamnés à
la déportation.

Peu de temps avant ce large exploit, un des organes de la petite presse, *Le thé*, fondé par Bertin
d'Antilly, avait dressé la nomenclature des journalistes décapités, assassinés ou proscrits depuis le
14 juillet 1789 :

DÉCAPITÉS

Durosoi *(Gazette de Paris)*;
Camille Desmoulins *(Les Revolutions de France et du
Brabant)*;
Linguet *(Les Annales du Brabant)*;
Brissot *(Le Patriote francais)*;
Gorsas *(Le Journal des 84 départements)*;
Girey-Dupré *(Collaborateur de Brissot)*;
Fabre d'Eglantine *(Les Révolutions de Paris)*;
Decharnois *(Le Spectateur)*;
Parisau *(La Feuille du jour)*;

1. *La liberté de la presse depuis la Révolution*, par M. Gustave Le Poittevin, page 33.

Boyer *(Le Journal des spectacles)* ;
Hebert *(Le Père Duchêne)* ;
L'abbé Bouyon *(La Feuille a deux liards)*.

### ASSASSINÉ

Suleau *(Les Actes des apôtres ; Le journal de M. Suleau)*.

### POIGNARDÉ

Marat *(L'Ami du peuple)* ;

### CONDAMNÉ A LA DÉPORTATION

Barère *(Le Point du jour)*.

### MORT DE DOULEUR A LA NOUVELLE DU MASSACRE DE NANCY

Loustalot *(Les Révolutions de Paris)*.

### MORT DE CHAGRIN

L'abbé Royou *(L'Ami du Roi)*.

### MORT DE PEUR

Villette *(La Chronique de Paris)*.

### FUGITIFS

Peltier *(Les Actes des Apôtres)* ;
Rivarol *(Journal de Cambrai)* ;
Mallet du Pan *(Mercure de France)*.

### TORTURÉ

L'abbé Poncelin *(Courrier republicain)*.

### PILLÉS ET VOLÉS

Gautier *(Journal de la Cour et de la Ville)* ;
Fiévée *(Chronique de Paris)*.

Complétée par le coup du 18 fructidor, qui atteignait en bloc et déportait quarante écrivains, plus les propriétaires et les imprimeurs des feuilles supprimées, cette liste donne évidemment une idée suffisante du régime de la presse pendant la période révolutionnaire.

# LE CONSULAT, L'EMPIRE, LES DEUX RESTAURATIONS

Pour la presse, les premiers jours du nouveau régime et du siècle nouveau furent aussi les plus sombres. Le 17 janvier 1800, un arrêté frappa la plupart des feuilles qui avaient échappé aux mesures décrétées depuis le 18 fructidor an V.

Trouvant la presse décimée à ce point, le Consulat jugea qu'elle gardait encore trop de puissance et décida de ne tolérer que treize journaux politiques : le *Moniteur universel*, le *Journal des Débats*, le *Journal de Paris*, le *Bien-Informé*, le *Publiciste*, l'*Ami des Lois*, la *Clef du Cabinet des Souverains*, le *Citoyen français*, la *Gazette de France*, le *Journal des Hommes libres*, le *Journal du Soir*, le *Journal des Défenseurs de la Patrie*, la *Décade philosophique*. Le prétexte de ce surcroît de rigueurs était d'assurer le secret des opérations militaires ; mais on aurait pu en indiquer n'importe quel autre sans irriter et sans étonner la France, fatiguée par les excès, y compris naturellement les longs et furieux excès de la plume.

Donc, tout d'abord, une sorte de silence, qui va durer jusqu'à la fin de l'Empire et en augmentant, puisque, le 17 septembre 1811, un décret (demeuré inédit, mais inflexiblement appliqué) réduit à quatre le nombre des organes quotidiens s'occupant des questions « politiques ». On parle de plus en plus à voix basse. Les écrivains doivent s'en tenir aux considérations générales et les traiter avec prudence, sous la crainte continuelle d'un blâme qui tourne vite en menace et qui précède de fort peu l'exécution. Bonaparte, qui éprouve tant de défiance vis-à-vis des journaux; s'efforce cependant de les utiliser. Il a même un journal pour lui seul, rédigé par un homme bien au courant des affaires intérieures et des affaires étrangères, Fiévée, ancien collaborateur littéraire du *Mercure*. Pendant onze années, Fiévée adresse au maître des articles étendus ou brefs, finement et spirituellement tournés, et qui contiennent des observations judicieuses présentées avec une entière indépendance et beaucoup de dignité. Bonaparte tient à être renseigné, mais il n'admet ce besoin que pour lui. Aussi, quand les correspondances de Fiévée arrivent au public par l'intermédiaire d'une feuille appelée *Bulletin*, ont-elles subi des coupures et des corrections qui leur ont enlevé leur intérêt principal. Telles qu'elles sont écrites pour leur illustre et unique lecteur, elles ont beaucoup de prix ; et l'on en peut juger plus tard lorsqu'elles paraissent en volume. Fiévée analyse avec pénétration la société « lasse et épuisée ». Il critique malicieusement le système des journaux officieux qui, suivant lui, n'ont aucune utilité.

Le gouvernement organisé et pourvu de tous ses

rouages, Bonaparte n'est pas mieux disposé qu'auparavant en faveur de la presse. Elle lui paraît toujours ne mériter et même ne comporter d'autre régime que l'arbitraire.

Parmi les feuilles qui vivent dans un asile si dangereux figure le *Publiciste,* fondé par Suard, et qui comptait Guizot dans sa rédaction. C'est là que le futur ministre, futur historien, rencontra M<sup>lle</sup> Pauline de Meulan et lui donna, dans des circonstances fort originales, aujourd'hui bien connues, la collaboration anonyme qui fut suivie d'un mariage. Notons que Suard, invité à faire l'apologie du meurtre du duc d'Enghien, s'y refusa nettement.

Le *Journal des Débats* était, pendant cette période, et fut encore après, l'organe le plus influent avec le *Mercure de France* (cette feuille, n'étant pas quotidienne, avait plus facilement échappé au décret de suppression). Les principaux écrivains qui, sous la direction des frères Bertin, donnaient leur concours aux *Débats,* s'appelaient Geoffroy, Dussault, Feletz, Delalot, Saint-Victor, l'abbé de Boulogne, le géographe Malte-Brun, l'helléniste Boissonnade, Royer-Collard. De la rédaction du *Mercure,* très uni au *Journal des Débats,* faisaient partie La Harpe, l'abbé de Vauxcelles, Fiévée, Michaud, Gueneau de Mussy, Fontanes, Bonald, Chateaubriand. Dans le *Mercure* furent insérés les premiers chapitres inédits du *Génie du Christianisme,* et cette publication prépara l'immense retentissement de l'ouvrage.

Avant le Consulat, le *Journal des Débats* avait réalisé une innovation qui, très modeste en soi, allait prendre bientôt de grands développements et devenir un des caractères essentiels de la presse : le *feuil-*

*leton littéraire,* c'est-à-dire, la critique du théâtre et des livres. Confié à Geoffroy, ce département se transforma, suivant un mot célèbre et juste, en royaume. « La littérature ancienne et moderne, l'histoire, la philosophie, la morale, la politique, tout rentre dans le feuilleton » a écrit M. Nettement. « Les plus hautes questions politiques s'y agitaient, en dépit même du souverain, sous la forme d'*éphémérides politiques et littéraires,* ou sous le prétexte d'une nouvelle tragédie. » Maniée par Geoffroy, la critique eut l'allure d'une revanche hardie et brillante contre le philosophisme et les idées révolutionnaires. Pour la première fois depuis longtemps, le public vit attaquer, d'une manière directe, le prestige que Voltaire avait exercé au détriment des croyances traditionnelles.

Si une telle attitude s'accordait avec l'œuvre restauratrice accomplie par le premier consul dans l'ordre religieux, elle ne pouvait manquer de le froisser et de l'inquiéter à un autre point de vue. Il ne voulait pas que la foi reprît l'ascendant principal ; et il redoutait que l'hommage fréquent rendu à l'ancienne monarchie ne fît trop ressortir les défauts et surtout l'instabilité de la nouvelle.

Vainement, le *Journal des Débats* s'était changé en *Journal de l'Empire ;* vainement, il subissait la surveillance d'un censeur qui portait le titre de rédacteur en chef ; vainement, il avait supporté les ingérences continuelles de la police : on jugeait son rôle incompatible avec les droits de l'autorité absolue. Des mesures plus rigoureuses furent appliquées : « Le ministre de la police mit la main sur tous les journaux existant alors ; il en évinça les propriétaires sans

indemnité, s'empara à la fois de la caisse, des re-
gistres d'abonnements, du titre, des bureaux, des
agents de l'exploitation du journal et des produits
qui devaient en résulter. Les propriétaires reçurent
une somme à laquelle on liquida, sans eux, leur part
dans les *profits échus.* La direction fut confiée à ceux
que le ministre jugea à propos d'y appeler[1]. » C'était,
en fait comme en principe, l'arbitraire complet.

---

Sous la Restauration, le régime des journaux devient et demeure une des affaires essentielles, maintes fois remise à l'ordre du jour. L'énumération des
projets et des lois que présentent tous les ministères
fait juger de l'importance acquise par la presse
dans la politique générale. En 1814, nous voyons
Louis XVIII, à peine rentré en France, promettre la
liberté « de publier et de faire imprimer » les « opinions ». Ainsi s'exprime l'article 8 de la Charte. Mais
six jours après, une ordonnance maintient provisoirement les lois et décrets de la période précédente.
Un mois plus tard, la loi promise est déposée, mais
elle rétablit la censure.

Survient la période des « Cent-Jours »... A la nouvelle du débarquement de l'île d'Elbe, les feuilles
royalistes accentuent leurs habituelles invectives contre Napoléon. Les succès précipités de l'impérial re-

---

1. *Histoire politique et littéraire de la presse.* Eugène Hatin,
tome VII, page 545.

venant ne les découragent pas. Elles résistent jusqu'à
la dernière minute. Aussi, quand elles doivent prendre leur parti de la prodigieuse aventure, leur changement d'attitude est-il d'une incroyable brusquerie.
Dans les *Débats*, Benjamin Constant, qui allait, quelques jours plus tard, se rallier à Napoléon, le servir
et le défendre, lui prodigue les injures et les imprécations. La suprême volte-face est historique et doit
être mentionnée d'après les textes.

Le 20 mars, probablement par la plume de Charles
Nodier, les *Debats*, appellent Napoléon l' « aventurier de l'île de Corse accompagné d'une poignée de
brigands étrangers et de quelques bandes de déser-
teurs. » Ils flétrissent « les hommes dégradés qui
se sont livrés à lui... le chef de voleurs hasardeux
que la justice réclame... un tigre... qui ne peut régner que par le sang... » et qui « ne règnera point ».
Ils assurent que « la France sera délivrée par la
France » ou « que la France cessera d'exister » et
que « le néant vaudrait mieux pour elle que la honte
de retomber sous l'exécrable joug de son bourreau ».

Le *lendemain*, on lisait dans la même feuille : « La
famille des Bourbons est partie cette nuit de Paris ;
on ignore encore la route qu'elle a prise. La capitale
offre aujourd'hui l'aspect de la sécurité et de la joie.
Les boulevards sont couverts d'une foule immense,
impatiente de voir arriver l'armée et le héros qui lui
est rendu. L'empereur a traversé deux cents lieues
de pays avec la rapidité de l'éclair, au milieu d'une
population saisie d'admiration et de respect, pleine
du bonheur présent et de la certitude du bonheur à
venir. »

En vingt-quatre heures, le *Journal des Débats* était

redevenu le *Journal de l'Empire*. Les frères Bertin étaient partis pour Gand à la suite du roi ; et M. Etienne avait pris leur place. La *Quotidienne* était devenue la *Feuille du Jour*. La *Gazette de France* (suivant l'expression de Laurentie) arborant comme paratonnerre le pavillon de M. de Jouy, l'auteur de l'*Ermite de la Chaussée d'Antin* « courait des bordées en évitant les écueils ». Le *Journal général*, dont la direction morale était dans les mains de M. Royer Collard, « avait d'abord sacrifié quelque chose aux difficultés de la situation, en brûlant un encens imprévu devant le génie de l'empereur, puis il avait pris le ton d'une discussion prudente et modérée [1] ».

Le *Nain-Jaune*, qui avait fait à la Restauration une redoutable guerre d'épigrammes, montrait par « sa polémique émoussée » qu'il regardait sa mission comme terminée. Autrement se comportait le *Censeur*, lui aussi un adversaire redoutable de la Restauration, mais soudain, rapproché d'elle pendant les Cent jours.

Les rédacteurs du *Censeur* recoururent aux épigrammes. Ils disaient : « L'ordre de l'éteignoir étant tombé en même temps que l'ordre du lys, ne serait-il pas possible de le remplacer par un autre, qui sans être moins avantageux au progrès des ténèbres, serait cependant plus analogue aux circonstances. Il nous semble que l'ordre du sabre aurait ce double avantage. » Et plus loin : « Un rédacteur du *Mercure* s'occupe d'un ouvrage qui, vu les circonstances, ne peut manquer de faire une grande sensation. Il a

1. *Histoire de la littérature sous la Restauration*. Alfred Nettement

pour titre : *De l'influence de la moustache sur le raisonnement et de la nécessité du sabre dans l'administration.* » Laurentie a écrit à ce sujet : « Il y avait
certaines choses qu'on pouvait dire parce qu'elles
étaient dans le courant général d'une opinion que le
gouvernement avait intérêt à ménager. Il y avait certaines personnes qui pouvaient dire des vérités hardies parce qu'elles tenaient au parti constitutionnel
dont le gouvernement ne croyait pas pouvoir se passer. Mais ce n'était point là un droit commun, c'était
un privilège de position. »

———

La *seconde Restauration* proclame la liberté, puis la
comprime. La loi de 1816 décide que les journaux
devront être autorisés par le roi et pourront encourir
la suspension et la suppression. A la fin de 1817,
nouveau projet qui n'aboutit pas. Pour échapper à
la censure, qui n'atteint que les publications périodiques, des écrivains imaginent tout un système de
petites feuilles qui paraissent à des époques indéter-
minées. Le gouvernement recourt aux poursuites judiciaires ; et les procès se multiplient. Le gouvernement hésite entre la nécessité de détendre les liens et
la crainte d'encourager ses adversaires. En 1818, le
*Constitutionnel* est supprimé pour un article sur le
salon : il avait loué un tableau d'Isabey, un portrait
d'enfant où figurait la fleur qu'on appelle *Ne m'oubliez
pas.* La censure, toujours en éveil cependant, n'avait
pas reconnu le visage du roi de Rome !

M. de Serre présente sa loi qui donne une liberté considérable à la presse. Elle établit notamment la compétence du jury. « De l'aveu de tout le monde il fallait aviser. Jusque-là, les ministres exerçaient l'arbitraire..... La presse, avec cette dextérité de mouvement qui lui est particulière, avait réussi à glisser, pour ainsi dire, entre les doigts du despotisme ministériel, par la création d'organes à périodicité irrégulière comme la *Minerve* et le *Conservateur*, qui tenaient à la fois du journal et du livre. Ce n'était là qu'une espèce de contrebande que faisait la liberté de la presse en fraudant la douane intellectuelle. M. de Serre affranchissait les journaux de l'autorisation, de la censure ; il établissait le cautionnement, exigeait deux éditeurs responsables et prescrivait le dépôt [1]. »

Malgré le caractère libéral de cette loi, la presse de gauche et celle de droite furent presque unanimes à signaler la loi comme une dangereuse entreprise contre les libertés publiques. Dans le *Conservateur*, Chateaubriand déclarait que si les mesures nouvelles étaient adoptées, la liberté de la presse ressemblerait à la liberté de discussion dont on jouissait dans les Chambres de Bonaparte. Evariste Dumoulin, rédacteur de la *Minerve*, affectait de préférer la censure aux réformes annoncées.

En 1819, le *Drapeau blanc* accuse M. de Serre de vouloir « rendre muets le bon sens et la raison ». Le *Conservateur* fulmine contre des combinaisons « dérisoires, perfides, pleines de pièges ».

A propos de n'importe quel incident, nous voyons

---

1. *Histoire de la Restauration*, Alfred Nettement.

les feuilles les plus différentes s'unir contre les ministres qui essaient de trouver la solution pratique du permanent problème posé par l'existence de la presse. Les coalitions se nouent instantanément. Qu'un professeur de droit, M. Bavoux, par exemple, s'attire les rigueurs de l'autorité, la plupart des journaux fulminent.

Le terrain électoral est merveilleusement propre aux coalitions. En 1819, Chateaubriand mène la campagne dans le *Conservateur*, dans les *Débats* et entraîne la *Quotidienne* et le *Drapeau blanc*. La *Société des amis de la liberté de la presse*, formée des diverses nuances du parti des *Indépendants*, décide que, dans le cas où le candidat de gauche n'aurait aucune chance et qu'il y aurait ballottage entre un homme de droite et un ministériel, les voix de gauche devraient porter l'ultra, de préférence au ministériel. Le *Censeur* publie cette résolution et le *Journal des Débats* l'appuie. Dans les deux partis on est d'accord pour combattre les doctrinaires. La *Renommée* dit :
« Ils sont quatre qui tantôt se vantent de n'être que
» trois, parce qu'il leur paraît impossible qu'il y ait
» au monde quatre têtes d'une telle force, et tantôt
» prétendent qu'ils sont cinq, mais c'est quand ils
» veulent effrayer leurs ennemis par leur nombre. »
Les journaux coalisés dénoncent un coup d'état. Tout le monde sait le formidable retentissement de l'élection de l'ex-abbé Grégoire.

Les menées des adversaires du pouvoir portaient inévitablement ses défenseurs à employer des combinaisons répressives. Comme c'était la presse qui excitait les esprits, il se trouvait amené à chercher les moyens de la contenir et de l'intimider. Chaque grande commotion faisait surgir l'idée de la censure, mais l'usage de ce système apparaissait de plus en plus difficile. On essayait de la censure restreinte et de la censure provisoire ; on promettait la liberté ; on revenait à la résistance. Au lendemain de l'assassinat du duc de Berry, le second ministère Richelieu avait rétabli la censure, qui entraîna la disparition d'un grand nombre de journaux ; et cependant la ressource devint bientôt impraticable. M. de Villèle fut conduit à créer une législation qui n'eût pas le même aspect de contrainte matérielle et qui possédât plus d'efficacité. Il s'attaquait d'abord non plus à l'instrument des idées perverses mais à ces idées elles-mêmes et organisait les *procès de tendance*.

Ces procès s'ouvrirent, tout de suite très nombreux et très bruyants.

Il y en eut de solennels et qui semblent bien singuliers à notre époque.

La loi de 1822 (celle qui prit et qui garda le nom de *loi de tendance*) permettait au Parlement de juger et de punir directement les offenses commises contre lui. En vertu de cette loi, on vit des journalistes comparaître devant les Chambres, pour s'y défendre et pour y être condamnés : en 1823, le directeur du *Drapeau blanc ;* en 1826, le directeur du *Journal du Commerce* [1].

La coalition trouva un prétexte précieux dans une

1. Plus tard, sous la Monarchie de Juillet, deux rédacteurs de la *Tribune*, Armand Marrast et Godefroy Cavaignac comparurent ainsi devant la Chambre. Ils profitèrent de la circonstance pour étaler leur profession de foi et braver le gouvernement. Bien que condamnés, ils purent se vanter d'avoir gagné leur procès devant le public et aussi devant leurs juges.

série d'opérations fâcheuses auxquelles le gouvernement se laissa entraîner. Il avait décidé de paralyser les principaux journaux en les achetant, d'une manière plus ou moins détournée. Pour ce but était fondée une caisse qui s'appelait *Caisse d'amortissement*. De telles manœuvres ne pouvaient tarder à s'ébruiter. Il y eut des révélations scandaleuses, notamment au sujet de la *Quotidienne* rédigée par Michaud et Laurentie. Le ministère, déjà presque épuisé, y succomba, sous le coup des récriminations les plus violentes.

Une coalition décisive s'organisa autour de Chateaubriand. En 1824, la guerre d'Espagne venait de se terminer glorieusement. Le grand écrivain, qui était aussi un diplomate très avisé, avait vivement soutenu cette entreprise en qualité de ministre des affaires étrangères et il avait prononcé plusieurs discours écoutés avec enthousiasme. Est-ce son importance et son succès qui le portèrent à se dégager de la solidarité ministérielle pour jouer un rôle plus prééminent? On a lieu de le supposer. Peu après, quand fut discuté le projet de loi sur la conversion des rentes, Chateaubriand se trouvait en hostilité avec le président du Conseil. Renvoyé par le roi, il organisait immédiatement la lutte, rangeant autour de lui tous les adversaires de Villèle, de droite et de gauche.

Ainsi que l'a constaté Guizot, Chateaubriand prit plaisir, plus tard, à enregistrer dans ses mémoires les témoignages de sympathie et d'admiration que lui prodiguaient la plupart des chefs du parti libéral, notamment Étienne et Benjamin Constant.

La vie de ces deux derniers contenait des contradictions plus fortes encore que celles auxquelles s'était abandonné Chateaubriand.

Étienne, durant vingt années environ, dans la *Minerve* et dans le *Constitutionnel*, avait soutenu les théories dites libérales avec une vivacité et un talent qui le firent parfois comparer à l'auteur des *Lettres persanes* et qui, plus justement, lui valurent d'être appelé « le Fontenelle de la politique ». Mais avant de jouer ce rôle, il avait exercé une fonction qui en était précisément l'opposé : censeur de la presse par l'autorité et selon l'autorité de Napoléon. Il remplaçait alors Fiévée au *Journal des Débats* transformé en *Journal de l'Empire* et qui, rigoureusement, donnait le ton à la presse, en France, comme sur tous les territoires occupés par nos armées. Cette mission de surveillance et de rigueur lui avait été confiée après une série d'épisodes d'un caractère bien différent. Tout jeune, Étienne cherchait dans la littérature, sinon le succès, du moins les ressources nécessaires à l'existence. Il avait le goût et le sens de la scène. Il cultiva aussi la chanson. En fréquentant une réunion appelée *Déjeuners des garçons de bonne humeur*, il se lia avec Martainville, qui devait plus tard se rendre célèbre comme directeur du *Drapeau blanc*. La collaboration littéraire fortifia leur amitié nouée au milieu des divergences politiques. Malgré une production féconde et relativement heureuse, le profit pécuniaire restait très mince. Conseillé par un ami, aide de camp d'Oudinot, le jeune auteur théâtral décida d'entrer dans l'administration des vivres. Devenu inspecteur des fourrages, il se trouvait près d'Ostende, sous les ordres de Davout, lorsque celui-ci fêtait l'amiral Verhuel, commandant de la flotte hollandaise. Davout, désirant faire représenter une comédie de circonstance et ayant entendu parler de la dernière pièce d'Étienne (*Une heure de mariage*) appela le dramaturge-inspecteur, qui s'empressa d'exécuter l'œuvre commandée. Le résultat fut brillant et, suivant la volonté et les conseils de Davout, Étienne abandonna les « fournitures de fourrage » pour se livrer exclusivement aux « fournitures d'esprit ». Il remporta devant l'Empereur un succès analogue et se lia avec Maret, qui allait assurer sa fortune, en lui procurant la place de Fiévée à la tête du *Journal de l'Empire*. Étienne avait ainsi la garde des nouvelles et les soumettait à une censure en même temps docile et impitoyable. Une fois cependant, il osa, dans les transes, résister et mettre en quarantaine une note dictée par l'Empereur et que la jalousie avait soufflée. Il ne fut pas écrasé. Nommé chef d'une division de la police générale comprenant la surveillance de l'imprimerie et de la librairie, thuriféraire des splendeurs impériales, il ne négligeait pas de développer sa renommée d'écrivain. Une pièce, *Deux Gendres*, lui procura, dans un court intervalle, un vrai triomphe et une formidable avanie. On l'accusait d'avoir plagié une comédie ancienne dont l'auteur était un jésuite anonyme, qui avait puisé dans une collection d'anecdotes recueillies par Guyot de Pitaval, lequel s'était inspiré d'un autre jésuite, jadis célèbre, le Père Garasse. L'histoire de l'incident remplit deux volumes. Furieusement incriminé, puis à peu près réhabilité, ayant vu tomber l'Empire, encouru et subi l'exclusion de l'Académie (avec Garat, Cambacérès, Sièyes, Rœderer, le Cardinal

Maury, Lucien Bonaparte, Regnault de Saint-Jean d'Angély, etc.), réintégré dans la noble assemblée après une seconde élection, le personnage aux destinées si diverses était prêt pour une fortune nouvelle dans la *Minerve*, entouré de Benjamin Constant, Jouy, Jay, Tissot, Lacretelle aîné, puis, dans le *Constitutionnel*, dont il ouvrit l'entrée à Thiers et à Mignet. L'ancien censeur de l'Empire, ardent champion du libéralisme, fut, en 1820, élu représentant du département de la Meuse et mourut pair de France, en 1845, atteint de toutes manières par la ruine du *Constitutionnel* et lorsqu'il venait, pour recevoir Mérimée à l'Académie, d'épuiser les dernières ressources de son intelligence, par un effort défaillant.

Benjamin Constant ne possédait pas la qualité maîtresse d'Étienne, laquelle consistait à traduire des idées courantes dans une prose d'une élégance très claire ; mais il avait sur lui l'avantage d'une haute culture variée, de la vigueur et du feu. Il l'emporta même par les contradictions qu'il s'infligea et dont l'une était et demeure sans exemple. Né à Lausanne, d'une famille française réformée et proscrite ; ayant étudié en plusieurs pays étrangers, et s'étant vite répandu dans les salons, quêtant l'appui des femmes, le jeune publiciste commença par soutenir le Directoire, qui allait s'effondrer. Il se fit distinguer en réclamant, et en obtenant, la réintégration civile de ses coreligionnaires. Puis, devenu membre du Tribunat, il commit la faute significative de ne pas prendre Bonaparte au sérieux, intrigua contre lui, sous l'influence de M<sup>me</sup> de Staël, fut exilé, fit, au lendemain de la chute de Napoléon une

rentrée triomphale avec une brochure imprimée en
Allemagne : *De l'Esprit de conquête et de l'Usurpation.*
D'abord, dans les *Débats*, il servit la cause royaliste.
C'est Benjamin Constant qui, lors du retour de l'île
d'Elbe et quand Napoléon entrait dans Paris, rédigeait la fameuse imprécation proférée par ce journal :
« Je n'irai pas, misérable transfuge, me traîner d'un
» pouvoir à l'autre... Nous subirons sous Bona-
» parte un gouvernement de mameluks... C'est
» Attila, c'est Gengiskan... Il reparaît cet homme
» de sang ! »... Quelques jours après, Benjamin
Constant était conseiller d'État et s'occupait de rédiger avec Molé la nouvelle constitution. L'Empereur
l'avait choisi comme étant l'homme dont il avait le
plus à se plaindre, à cause de ce furieux article, et
pour montrer l'étendue et la réalité de l'amnistie.
Représentant à la Chambre des Cent-Jours tout en
demeurant conseiller d'État, l'ingénieux et mobile
écrivain remplit tant bien que mal sa mission presque impossible. Il fut chargé par la Chambre de solliciter la clémence des souverains étrangers. Proscrit
par la Restauration, de même qu'il l'avait été par
l'Empire, il se réconcilia avec le nouveau pouvoir
comme avec le précédent, mais pour prendre sans
retard une attitude hostile. Son activité semblait
sans limites. Outre de nombreuses brochures, des
traductions, des articles dans la *Minerve*, dans les
*Tablettes historiques,* dans le *Courrier,* dans le *Constitutionnel,* dans d'autres journaux qu'il essaya de
fonder, il répandait, parmi des milieux divers, une
sorte d'enseignement politique et philosophique. Il
conspira plus ou moins et, malgré les railleries de
Paul-Louis Courier, qui écrivait de lui : « Il est

» tapageur surtout en bonnet de coton », réussit à se faire élire dans deux départements et opta pour la Sarthe. L'ancien constitutionnel et constituant des Cent-Jours combattait à outrance M. de Villèle. Un peu avant la Révolution de 1830, Benjamin Constant reconnut s'être trompé à peu près en toutes choses. Il continua de dépenser sans suite un savoir considérable, un talent fin et vif, beaucoup d'esprit, beaucoup d'argent (il était joueur passionné), une adresse obstinée à poser pour l'homme le plus occupé et le plus actif de la terre ; circulant, chargé de livres et de papiers ; en somme indécis et incohérent avec infiniment d'application.

---

Lorsque Chateaubriand se laissait séduire par les flatteries de l'opposition dynastique ou libérale, il espérait dominer et corriger l'esprit de ce monde bigarré. Mais les souvenirs de la Révolution et de l'Empire avaient repris trop de vigueur pour qu'on pût les apaiser, surtout en leur cédant.

Réveillé, enhardi depuis dix années, l'esprit voltairien tournait en dérision les efforts consacrés à restaurer les sentiments et les usages religieux. Il s'en prenait de préférence aux missions et déclamait contre le « fanatisme » des prédicateurs.

Bien que peu étendue, l'œuvre de Paul-Louis Courier représente un important élément de la lutte. Ce nom est demeuré tout entier synonyme de pamphlétaire ; et cependant l'homme qui le portait a montré plus de mérite littéraire dans sa correspondance privée que dans sa polémique. La première n'intéressait que certains amateurs d'érudition et de style, tandis que la seconde parlait généralement à des instincts vulgaires, par exemple toujours sous une forme châtiée où la simplicité, continuellement observée, est tout ce qu'il y a de moins naturel. En fait de simplicité, Courier n'en avait que dans les allures extérieures, qui étaient rustiques, et dans les idées, très peu nombreuses et très courtes. Soldat, officier d'artillerie, il eut des aventures ridicules, non seulement parce que la méditation des auteurs grecs et latins faisait son principal souci, en pleine campagne comme dans la vie de garnison ; mais aussi parce que des habitudes indisciplinées, outrant sa nature, l'avaient rendu impropre à comprendre la guerre. Pendant des séjours assez longs à Rome et à Naples, son vrai métier paraissait être de fouiller les bibliothèques, de copier ou de traduire des manuscrits. Il satisfaisait souvent cette passion par des escapades, maladroitement conduites. Lorsqu'en 1799, l'armée française évacuait Rome devant l'armée napolitaine, l'artilleur manqué, le bibliophile insatiable voulut passer quelques heures dans la bibliothèque du Vatican. Il n'en sortit qu'à la nuit. Son uniforme le fit reconnaître ; et les passants irrités crièrent : *al giaccobino* ! Une vieille femme reçut la balle qui était destinée à Courier. Plus tard, une grosse tache d'encre qu'il avait faite, par mégarde, sur le manuscrit de Longus, aux Archives de Florence, provoqua un débat tragi-comique. Les érudits et les autorités s'y mêlèrent. Courier publia une brochure pour abîmer le bibliothécaire Furia,

qu'il accusait de ne rien entendre aux choses de sa
profession : cuistre, pédant en colère, balayeur, fils
de cordonnier, cordonnier incapable, ainsi s'excla-
mait, sans trop de modération assurément, ce soldat
qui n'avait guère réussi sur les champs de bataille.
Même, il était revenu de Wagram tout effaré. Son
admirateur et son biographe, Armand Carrel, n'a pas
cru pouvoir dissimuler une telle défaillance : « Notre
» canonnier ne vit rien, ne comprit rien, ne sut que
» faire dans l'immense destruction qni l'entourait...
» Il tomba d'épuisement au pied d'un arbre et ne
» se réveilla qu'à Vienne », d'où il courut en Italie se
remettre de ces « épouvantables impressions ». Depuis
lors, il refusa de croire qu' « une pensée, une inten-
» tion quelconque aient jamais présidé à un désordre
» tel que celui dont il avait été témoin ». Il alla
(c'est toujours Carrel qui parle) « jusqu'à nier absolu-
» ment qu'il y eût un art de la guerre ». Il se fit
vigneron, plus sérieusement qu'il n'avait été canonnier, sans abandonner la littérature, sans négliger
non plus la politique. Il sut fondre dans un type
curieux et redoutable la rusée bonhomie du paysan
et l'insidieuse habileté du styliste. Chroniqueur satirique des incidents de la vie rurale, Courier les
employait à exciter les préjugés, les rancunes,
l'envie des campagnards. Ses lettres au *Censeur*
déversaient sur le gouvernement, sur le clergé,
sur la noblesse, une continuelle raillerie. La pétition aux deux chambres, révéla sa passion et son
adresse :

Messieurs,

Je suis Tourangeau ; j'habite Luynes, sur la rive droite

de la Loire, lieu autrefois considérable, que la révocation de l'Édit de Nantes a réduit à mille habitants et que
l'on va réduire à rien par de nouvelles persécutions, si
votre prudence n'y met ordre...

Il y a eu un an environ, à la Saint-Martin, qu'on commença à parler de bons sujets et de mauvais sujets. Ce
qu'on entendait par là, je ne le sais pas bien ; et si je le
savais, peut-être ne le dirais-je pas, de peur de me
brouiller avec trop de gens. En ce temps-là, François
Fouquet, allant au Grand Moulin, rencontra le curé qui
conduisait un mort au cimetière de Luynes. Le passage
était étroit ; le curé, voyant venir Fouquet sur son cheval,
lui crie de s'arrêter ; il ne s'arrête point ; d'ôter son chapeau, il le garde ; il passe, il trotte, il éclabousse le curé
en surplis. Ce ne fut pas tout ; aucuns disent, et je n'ai
pas de peine à le croire, qu'en passant il jura, et dit qu'il
se moquait (vous m'entendez assez) du curé et de son
mort. Voilà le fait, Messieurs ; je n'y ajoute ni n'en ôte ;
je ne prends point, Dieu m'en garde ! le parti de Fouquet,
ni ne cherche à diminuer ses torts. Il fit mal ; je le
blâme et le blâmai dès lors. Or écoutez ce qui en advint.
Trois jours après, quatre gendarmes entrent chez Fouquet,
le saisissent, l'emmènent aux prisons de Langeais, lié,
garrotté, pieds nus, les menottes aux mains et, pour
surcroît d'ignominie, entre deux voleurs de grand chemin. Tous trois on les jeta dans le même cachot. Fouquet
y fut deux mois...

Ce début, longtemps célèbre, indique le procédé
du pamphlétaire : simplicité affectée, où le lecteur
doit forcément partager un peu la fatigue que l'auteur s'est imposée ; phrase découpée en petites
incidentes ; menus détails, d'apparence abandonnée,
qui ne dissimulent guère l'application tendue, sou-
lignée d'ailleurs par l'emploi des mots et des tour-

nures archaïques. Quand une sorte d'élan se fait
sentir, il est le produit de la colère et de l'animosité. Dans le *Simple Discours* contre la souscription
proposée en vue d'acheter Chambord, le satirique
atteint à une sorte d'éloquence par le plaisir qu'il
éprouve à énumérer les scandales de ces lambris
« témoins de tant d'augustes débauches ». A propos
du confessionnal, à propos des couvents, Courier
soigne son atticisme et déclame, au fond comme un
rustre. Vulgaire aussi sa vanité, qui se trouve mal à
l'aise sous les allures du bon apôtre et qui parfois
s'en affranchit avec emportement. Refusé par l'Académie, il fabrique contre elle un pamphlet bourré
d'ironies fielleuses, laborieuses, mesquines. Il joint
lui-même à ses brochures de petites préfaces où le
libraire n'a plus le besoin ni le moyen d'introduire
aucun adjectif louangeur, faute de place libre et
d'épithètes disponibles. Avec une préface encore,
apparaît un discours rédigé pour être débité devant
la Cour d'assises : Courier décrit les effets de son
éloquence ; et l'on sait que, fort inhabile dans l'art
de la parole et plus que jamais embarrassé en pareille
conjoncture, il ne prononça pas un mot en dehors de
l'interrogatoire. Il posait d'avance en victime et se
répétait à lui-même : « Paul-Louis, les cagots te
tueront. » Or, l'ennemi de la confession (remarque
de Louis Veuillot) a péri dans un drame conjugal,
assassiné par l'amant de sa femme, laquelle « ne se
confessait pas ».

Les nouveaux voltairiens ne se trouvaient pas seuls
à déclamer contre le zèle religieux. Une fureur analogue se manifesta par une série de lettres qui
formaient un acte d'accusation contre les Jésuites,

dénoncés comme une mystérieuse *Congrégation*, coupable de tous les méfaits. Symptôme du trouble où se heurtaient les idées : le signal des récriminations les plus violentes était donné dans le *Drapeau blanc*, par le comte de Montlosier, le zélé défenseur de la Monarchie et de la foi, celui même qui, au début de la Révolution, avait, devant l'Assemblée constituante, combattu les mesures prises contre le clergé et, en parlant des évêques, jeté ce cri fameux : « Vous leur » ôtez leur croix d'or ; ils prendront une croix de bois ; » c'est la croix de bois qui a sauvé le monde ! »

Au *Constitutionnel,* qui tenait le premier rang de la vogue, il y avait un écrivain occupé à raconter, plusieurs fois par semaine, des historiettes absurdes ou calomniatrices sur le clergé. Ce spécialiste était désigné par un titre en rapport avec sa fonction : on l'appelait *le rédacteur des articles bêtes.* Nettement a entendu un des principaux actionnaires du *Constitutionnel* dire : « Le rédacteur des articles bêtes se » néglige ; il faut le faire donner plus souvent. »

Le fait était notoire. Nous le retrouvons enregistré dans une intéressante *Biographie des Journalistes,* écrite beaucoup plus tard par un rédacteur du *Siècle,* Edmond Texier, qui avait de l'esprit et de la dignité et qui s'est moqué d'un tel expédient : « Si » le registre des abonnements restait quelque temps » stationnaire, M. Etienne disait avec bonhomie *:* » Nous ferons ce soir un vigoureux article contre les » Jésuites. »

L'auteur d'une consciencieuse et fière étude sur la Congrégation, M. Geoffroy de Grandmaison, a relevé cette liste d'articles publiés par le *Constitutionnel* dans le courant d'un seul mois (septembre

1826) : 1° attaque contre la Congrégation accusée d'avoir fait faire les biographies antireligieuses condamnées par les tribunaux ; 2° article contre les Liguoristes ; 3° attaques contre un curé des environs de Tours ; 4° contre l'inquisition en Espagne ; 5° contre les Liguoristes ; 6° lettre sur la Congrégation et les hypocrites ; 7° attaques contre les communautés religieuses, « lèpre du pays » ; article contre les missionnaires; 8° contre l'inquisition d'Espagne, faits faux et démentis ; attaques contre les Jésuites à Vitry ; 9° attaques contre les Jésuites à Clermont ; 10° lettre contre une dame qui aurait converti des enfants protestants ; lettre contre un prêtre ; 11° article contre la Congrégation et les Jésuites ; article contre l'évêque de Nancy (de Forbin-Janson), concluant à son bannissement ; 13° discours contre les Jésuites ; 14° article contre les Liguoristes ; 15° les Jésuites « assassins d'Henri IV » ; dénonciation contre le clergé de Clermont ; 16° article contre les Liguoristes ; 17° contre un curé de Savoie, contre les missionnaires de Langres ; 18° plaintes du journal, qui se prétend menacé par la rage du parti prêtre [1] !

Sous l'Empire, pas une seule édition de Voltaire ou de Rousseau. De 1817 à 1824, il en parut douze du premier et treize du second. On publia 316.000 exemplaires des œuvres de Voltaire, 240.000 de celles de Rousseau ; on réimprima Helvétius, Diderot, d'Holbach, Dupuis, Volney.

Le *Constitutionnel*, dit M. Thureau-Dangin, ne connaissait d'autres commentaires de l'Évangile que

---

1. *La Congrégation*, par M. Geoffroy de Grandmaison.

les chansons de Béranger, combattait la religion par
des moyens mesquins et grossiers, poursuivait le
prêtre ; aucunes notions de liberté religieuse, et
quand le *Globe*, qui montrait de l'intelligence et une
certaine élévation de manières, parlait de laisser
même aux Jésuites le bénéfice de la liberté, le *Constitutionnel* s'en montrait scandalisé.

Des procès engagés contre le *Constitutionnel* et
contre le *Courrier*, et d'ailleurs suivis d'acquitte-
ments, ne servirent qu'à augmenter l'assurance du
parti qui menait la campagne. Abandonné par les
pouvoirs publics, le ministère roulait vers la chute
prochaine. La suprême tentative pour refréner les
excitations de la presse tourna encore contre lui ; et
après la dissolution de la Chambre et les nouvelles
élections, Villèle cédait la place à Martignac.

Le vaincu succombait sous le déchaînement de
toutes les attaques. Les railleries, non moins que les
sophismes, l'avaient enveloppé sans relâche. La
poésie, et quelle muse virulente ! s'était mise à ses
trousses. Nos contemporains ne connaissent même
pas de nom les satires composées par Méry et par
Barthélemy et qui bafouaient en bloc et en détail les
membres du cabinet. La *Villéliade*, la *Corbièreide*,
la *Peyronneide*, le *Congrès des Ministres* eurent un
succès immense, la première surtout. Divisée en cinq
chants héroï-comiques, bâtie sur le plan de la lutte
qu'avait imaginé l'extrême droite (La Bourdonnaie et

ses amis), bourrée de réminiscences classiques ou burlesques empruntées à la guerre de Troie, au récit de Théramène, au Lutrin, la *Villéliade* décrivait la prise du Château-Rivoli, résidence du Ministre :

Muse des capitouls, toi qui sur l'Hélicon
Célèbre tes héros sur un mode gascon,
Redis-nous aujourd'hui cette grande querelle
Qui troubla si longtemps le sommeil de Villèle,
Comment Labourdonnaie et de fiers députés,
Du comte de Toulouse ennemis indomptés,
Lassés de haranguer une chambre muette,
Sonnèrent des combats la bruyante trompette
Et sur le haut balcon du Château-Rivoli
Proclamèrent son règne à jamais aboli.

« Méry m'a raconté souvent » a dit Pontmartin [1], « qu'il avait fait avec son collaborateur les frais de la première édition de son poème : il était pauvre, et le lendemain de la mise en vente, il ne lui restait plus que deux sous ; il en dépensa un pour passer le pont des Arts ; l'autre, pour lire un journal où se trouvait un article écrit par Étienne sur la Villéliade. Quinze jours après, l'ouvrage avait rapporté vingt mille francs. »

Villèle renversé, la presse possédait les libertés qu'elle avait réclamées si ardemment. De quelle manière en usa-t-elle ? Pour s'en rendre compte, il suffirait de lire une sorte de confession écrite par un homme qu'on est bien surpris maintenant d'apercevoir au milieu des partis politiques.

Jules Janin, futur « prince de la critique », Jules Janin avait débuté en prenant part aux polémiques

1. *Nouveaux samedis*, 3ᵉ série. Pontmartin.

les plus vives. Il n'en garda pas un fier souvenir, et
sorti depuis longtemps du combat, il écrivit des
pages pleines d'aveux, qui s'accordent avec les réflexions que font d'ordinaire les hommes politiques
et les écrivains... à l'heure où l'on rédige ses mémoires.

De même encore, un des rédacteurs du *Journal des
Débats*, Saint-Marc Girardin a, dans ses souvenirs,
traduit les regrets ressentis plus tard, en relisant la
polémique de cette feuille qui possédait une si grande
importance :

« Ça été le tort du parti libéral, en 1828 et en 1829, de
ne donner à M. de Martignac qu'un appui défiant et
réservé... Je me trouve après coup ingrat et imprévoyant...
M. de Martignac était, en effet, la dernière concession
libérale du roi Charles X, qui était décidé, si cette concession ne réussissait pas, à reculer vers le parti ultra-
monarchique, plutôt qu'à faire un pas de plus vers le
parti libéral. Les avertissements ne manquèrent pourtant pas à ce parti... »

Le ministère Polignac apparut comme l'événement
qu'attendaient avec impatience tous les adversaires
de la légitimité. Dès le premier jour il se trouva mis
en demeure d'accomplir l'acte qu'on se proposait de
lui imputer à crime.

En 1829, la gauche et le *Constitutionnel* manœu-
vraient de façon à persuader le peuple que le gouvernement avait résolu de violer la charte. Avec une
insistance incroyable, on comparait la situation à
celle de l'Angleterre, la veille de la révolution de
1688. Mignet, Carrel, Lamennais lui-même, annon-
çaient à la dynastie légitime le sort des Stuarts.

Thiers disait : « Nous les enfermerons dans la Charte comme dans la tour d'Ugolin. »

On lisait dans le *National* :

« Aujourd'hui la position de nos adversaires est devenue désolante. Enlacés dans cette charte et s'y agitant, ils s'y enlacent toujours davantage, jusqu'à ce qu'ils étouffent ou qu'ils en sortent. Comment ? Nous l'ignorons : c'est un secret inconnu de nous et d'eux-mêmes, quoique caché dans leur âme. »

Il avouait que l'opposition constitutionnelle avait été une comédie de quinze ans. Il ajoutait :

« Il a fallu qu'il n'y ait plus de conspirateurs dans le pays pour que le gouvernement cessât d'être appuyé par les intérêts et le besoin d'ordre de l'immense majorité nationale. »

Le *Globe* lui-même déclarait, après 1830, qu'il n'avait été que *résigné* à la charte.

Lors de l'avènement du ministère Polignac, un des rédacteurs du *Journal des Débats*, Béquet, publia l'article qui notifiait, comme on l'a dit, les adieux du journal à la royauté légitime, et dont les quatre derniers mots, « Malheureuse France! Malheureux roi! » furent le signal de la révolte.

Aux Ordonnances promulguées le 26 juillet et qui suspendaient la liberté de la presse répondit la protestation collective, rédigée par Thiers, et signée de quarante-quatre journalistes. Parmi eux figuraient : Thiers, Mignet, Carrel, Chambolle *(National)*; Ch. de Rémusat, Pierre Leroux *(Globe)*; Evariste Dumoulin, Cauchois-Lemaire *(Constitutionnel)*; Châtelain, de Jussieu *(Courrier Français)*; Barba-

roux, Haussmann, Dussard *(Temps)*; Bohain, Roqueplan *(Figaro)*; etc. La protestation disait :

Le gouvernement a perdu aujourd'hui le caractère de
légalité qui commande l'obéissance. Nous lui résistons
pour ce qui nous concerne. C'est à la France de juger
jusqu'où doit s'étendre sa propre résistance.

Plusieurs journaux, entre autres, le *National* et le
*Temps*, donnèrent l'exemple d'imprimer le numéro
du 27 sans s'être fait autoriser et même ils insérèrent
en tête le document qui bafouait l'autorité du nouveau
cabinet. Les saisies de matériel, opérées au milieu de
scènes violentes, eurent un épilogue inattendu : plusieurs directeurs de journaux intentèrent des procès
aux imprimeurs avec qui ils avaient des traités et
qui refusaient leur concours par crainte du gouvernement. Ils mettaient ainsi les tribunaux dans la nécessité de se prononcer. Deux jugements donnèrent
gain de cause à la presse; et l'on vit, affichée en
abondance et distribuée à pleines mains, une décision par laquelle le tribunal de commerce, condamnant l'imprimeur du *Courrier Français*, niait la valeur légale des Ordonnances. C'était, suivant le mot
de M. Hatin, « la législation de l'insurrection ».

# LA MONARCHIE DE JUILLET

La nouvelle monarchie semblait bien devoir concéder aux journaux toutes les libertés réclamées par eux. Née d'une révolte qui venait de s'accomplir au nom des droits de la presse, elle symbolisait le triomphe de la presse. Or, en trois années, les vainqueurs virent s'engager contre la plupart d'entre eux plus de quatre cents procès.

Le gouvernement reniait-il donc son origine, son esprit, ses promesses ? Non. Il avait garanti la faculté de faire « imprimer toutes les opinions en se conformant aux lois » ; aboli définitivement la censure ; rendu aux cours d'assises la connaissance des délits ; diminué le chiffre du cautionnement ; abaissé les droits de timbre et de transport.

Libre enfin comme elle avait demandé à l'être, la presse n'en devint que plus exigeante et plus hardie. Enfiévrée par le succès, elle entreprit de régner selon ses passions, ses fantaisies, ses colères. Se multipliant, débordante et grondante, elle attaquait le pouvoir tout nouveau qui était son œuvre, comme

elle avait, pendant quinze ans, harcelé la royauté
légitime. Le parti républicain prenait position. Fran-
chissant d'un bond le chemin que s'étaient ouvert
les libéraux dynastiques, il recommençait la bataille
à son profit, comme si la longue lutte précédente
n'eût été qu'une escarmouche d'avant-garde. Augustin Thierry, qui avait pris à la lutte une part active
et qui avait pensé que la paix serait le fruit de la
victoire, exprimait sa stupéfaction, peu de mois
après l'établissement de la monarchie bourgeoise. Il
s'écriait : « Cette presse parisienne, qui a tout sauvé
dans la dernière crise, semble aujourd'hui n'avoir
d'autre but que de tout perdre. Je n'y comprends
rien. » Déjà, il en était à invoquer « le bon sens des
provinces » pour « faire justice de la turbulence de
Paris ».

Dans sa grande *Histoire du gouvernement de juillet*,
M. Thureau-Dangin a recueilli cette impression. Enregistrons, d'après lui, les faits les plus significatifs
à propos de la presse, dont l'élan, bien loin de s'épuiser, s'exaltait de nouveau.

Pour se tenir hors de la portée des injures proférées
par les passants, Louis-Philippe fait entourer d'une
grille et d'un fossé la petite partie du Jardin des Tuileries réservée à la famille royale. Aussitôt les journaux de gauche vocifèrent.

Dès le début du régime, la caricature s'installe, engendrée par la découverte de la lithographie (1830-31).
Saluons l'entrée en scène de Philippon, né à Lyon
avec le siècle et d'abord occupé d'art industriel. Soudain, son art et son industrie reçoivent de la politique
un appoint qui leur donne une impulsion extraordinaire. Quelle politique ! Le *Charivari* est quotidien ;

la *Caricature*, hebdomadaire. Là dessinent Granville, Daumier, Raffet, Charlet, Descamps, Bellangé, etc. Les deux feuilles déversent des outrages ininterrompus qui renouvellent, au sein de la monarchie libérale, les sentiments et les procédés de 93. Regardez, dit M. Thureau-Dangin, regardez cette jeune fille entraînée dans le plus ignominieux des guet-apens : c'est la Liberté ; le misérable qui la guette dans l'ombre, à peine indiqué, se reconnaît cependant aux favoris et au toupet. Ici, le roi « massacreur » savoure le spectacle des cadavres exposés à la Morgue. Là se transforme en une *charge* sinistre le tableau de Prudhon, le crime poursuivi par la vengeance divine ; le criminel, c'est Louis-Philippe. Maintefois, il est comparé à Judas. « Ah ! tu veux te frotter à la » presse ! », ainsi parle la légende d'un dessin où un imprimeur du *National* a mis sous la presse Louis-Philippe, dont la figure s'élargit en s'écrasant. La *Caricature* se représente elle-même plaçant sur le feu la *poire* symbolique et demandant à quelle sauce ses lecteurs désirent la manger. Devant le tribunal, le directeur de la feuille satirique, Philippon, commente ironiquement l'idée de la *poire,* s'amuse de la physionomie du roi, berne les juges avec une désinvolture gouailleuse et provocante. La *Caricature* empoigne le souverain et son fils par le fond de leurs culottes, pendant que la *Liberté* joue du violon ; légende : « Ah ! tu danseras ! »

En avril 1831, une ordonnance royale réglemente la forme d'une décoration nouvelle, qui devait porter les dates des trois journées « glorieuses », avec cette inscription : *donnée par le roi des Français.* On annonçait une cérémonie solennelle aux Invalides, où

le prince remettrait les croix et recevrait le serment
des décorés. Aussitôt, protestation bruyante contre
l'inscription et contre le serment. La presse déclare
que les héros des barricades sont les bienfaiteurs et
non les obligés du roi. Il fallut renoncer à la cérémonie et décider que les médailles seraient déli-
vrées et le serment prêté dans les mairies. « La
plupart des combattants s'abstinrent »[1], dédaigneux
d'être récompensés par un gouvernement qu'ils regardaient comme leur œuvre et qu'ils entendaient
mettre à leur service.

Hommes de lettres, hommes politiques ne témoi-
gnaient pas plus de déférence. Le vicomte de Cormenin, qui venait de se découvrir la vocation de pamphlétaire et qui, en souvenir du célèbre athénien
misanthrope, s'était baptisé *Timon*, prit tout de suite
à partie la monarchie nouvelle. Une série de brochures, courtes mais pleines d'esprit et de verve, atta-
quèrent le budget de la famille royale. *La liste civile
et l'apanage ;* les *Questions scandaleuses d'un Jacobin-
Dialecticien* et d'autres brochures provoquèrent la
dérision coup sur coup. Cette « polémique chiffrée[2] »
causa au gouvernement une blessure incurable.

Bientôt ressuscite la satire rimée, toujours remplie d'invectives, signée cette fois par Barthélemy
tout seul et cependant périodique et même hebdomadaire. Sous le titre de *Némésis*, elle lance contre
la dynastie et contre les pouvoirs civils ou religieux
deux cents vers chaque semaine. Elle débute par ces
promesses :

1. *Histoire du gouvernement de Juillet*, par M. Thureau-
Dangin.
2. L'expression est d'Alfred Nettement.

NÉMÉSIS

C'est elle qui, vengeant des trames impunies,
Sur les pièges d'état, sur les hauts guet-apens,
Agitera sa torche et son fouet de serpents.
Dans la voix du poëte elle trouve un organe.
Ce que le Code absout, ce juge le condamne ;
Aux assises du peuple il traduit le pouvoir.

. . . . . . . . . . . . . . . . . . . . . . .

Eh ! bien, j'invoquerai mon antique langage,
Ma guerre de sept ans sous un joug détesté
Et douze mille vers tout chauds de liberté.

Portraits des principaux ministres réunis en conseil :

Rien ne doit protéger ces idoles d'argile ;
Et, de la royauté respectant le cimier,
Je puis porter la main sur Casimir-Périer.
... Au comptoir, au conseil, despote tracassier,
Il traite un sous-ministre à l'égal d'un caissier.
Va-t-il parler ? Il semble, avant qu'il se décide,
Mâcher entre ses dents une parole acide.
Qu'un seul geste, qu'un mot en passant l'ait froissé,
Sur sa lèvre amincie erre un dépit glacé ;
Il se tord sur lui-même ; et ce corps si débile
Bondit, galvanisé par un accès de bile.

Dans la deuxième livraison (17 avril 1831) le poëte raconte sa « *disgrâce officielle* ». D'Argout, attaqué par *Némésis*, a fait supprimer une pension de 1.500 francs inscrite au profit de Barthélemy sur le budget :

Je n'ai fait jusqu'ici qu'un seul vers sur d'Argout ;
Eh ! bien, il a trouvé mon vers de mauvais goût.

Dimanche, à l'heure même où je le gratifie
D'un véridique extrait de sa biographie,
Voilà qu'au même instant la foudre du bureau
Vint frapper mon journal au premier numéro,
Et par trop de candeur ma muse criminelle
Reçoit un pli timbré de l'hôtel de Grenelle...
    « J'ai l'honneur de vous informer,
Monsieur Barthélémy, poète de Marseille,
Qu'après décision par moi prise la veille,
    J'ai cru devoir vous supprimer
L'annuel traitement que, par somme pareille,
Au bout de chaque mois vous venez réclamer
Dans les bureaux que je surveille. »

. . . . . . . . . . . . . . . . . . . . . . . .

La rapine est flagrante à tous les ministères.


Les cinquante-deux livraisons annoncées parurent
régulièrement. Le 1er avril 1832, après un an consacré à flétrir nombre de personnages, entre autres
Casimir-Périer, le roi et le pape ; après avoir attaqué les réputations, prodigué les défis, soufflé la révolte, soufflé la guerre tout en prêchant la fraternité
des peuples, le poète notifia qu'il se voyait obligé de
se taire. Il était exténué... Du moins, on le supposa
et il l'indiquait lui-même ; mais une autre raison de
son silence fut admise bientôt et définitivement : Barthélémy s'était vendu. On apprit en outre que, malgré sa prétention de rédiger seul la *Némésis*, il avait
des collaborateurs, Méry, toujours, et plusieurs jeunes
gens. « Parmi ceux dont il utilisait le plus volontiers
et dont il achetait les vers se trouvait un homme de
chétive apparence, maigrelet, au dos voûté, au visage
énergique et ravagé, qui se faisait appeler Gaillard.
Or, dit Maxime du Camp, ce nom de Gaillard était

un pseudonyme : le vrai nom était... Lacenaire ! [1] »

Les ravages du choléra (1832) ne diminuèrent aucunement la violence de la lutte. On continua de dénoncer les prêtres, qui n'osaient plus sortir même pour accompagner les convois funèbres. La *Tribune* provoquait directement au pillage. Le *National* insinuait que des agents du gouvernement avaient essayé d'empoisonner le vin et la viande vendus par le commerce ; et le lendemain il ne se rétractait qu'à moitié. Lui et d'autres insultaient Casimir-Périer moribond. Après le duel dans lequel le général Bugeaud avait tué le député Dulong, la *Caricature* insérait un dessin intitulé « *La main invisible* » et représentant la scène du duel : derrière Bugeaud, le profil de Louis-Philippe et un poteau avec l'indication : « route royale ». Poursuivie, la *Caricature* fut acquittée. La *Tribune* ricanait et injuriait:

Où est la force de la royauté ? La tire-t-elle de l'illustration de la maison d'Orléans ? Prenez son histoire : Hommes et femmes, c'est à repousser de dégoût.

La *Tribune* fut acquittée.

Extrait du *National*, sous la signature de Carrel :

Comme il n'y a que le malheur qui rende les princes intéressants, on se surprend à souhaiter aux femmes accomplies qui composent la famille de Louis-Philippe ce je ne sais quoi d'achevé que Bossuet admirait dans la veuve de Charles Ier.

La presse légitimiste appuyait hardiment ces attaques féroces. Au lendemain d'une condamnation, les *Cancans* de Bérard s'écriaient :

1. *Souvenirs littéraires,* par Maxime du Camp, tome I.

Ferme, Messieurs les jurés, du courage, déchaînez-
vous... Pour commencer à m'acquitter envers vous, je
vous condamne à figurer trois fois de suite en tête de mes
*Cancans*. Je vous attache à ce poteau populaire, nouveau
pilori, index vengeur de la liberté de la presse, où deux
cent mille Français viendront vous saluer des noms qu'on
prodigue toujours au courage et à l'indépendance.

Les feuilles les plus importantes du même parti,
qui allaient en général moins loin dans la virulence,
menaient cependant une lutte sans trève. « La *Quotidienne* sonnait le boute-selle et elle écrivait la guerre
civile en attendant qu'on la fît » a dit Alfred Nettement [1]. Après Brian, la *Quotidienne* eut pour rédacteur en chef un homme qui devait suivre d'autres procédés en fournissant une très longue carrière, Laurentie, inspecteur de l'Université dès les débuts de
la Restauration, destiné à voir passer trois autres
gouvernements dont il était l'adversaire et réservé à
l'épreuve de la déception suprême, après quarante-
cinq années d'une attente fidèle. « Esprit grave, publiciste élevé » appliquant « le style littéraire à la
politique » et très habile à « toucher le côté moral,
philosophique et religieux des questions », ces mots
employés par l'éminent historien de la Monarchie
de Juillet s'accordent bien avec le caractère de Laurentie, dont la vie fut un continuel exemple de dignité, de dévouement et d'honneur.

De même, M. Thureau-Dangin résume avec exactitude la physionomie des principaux rédacteurs de
la *Gazette* : l'abbé de Genoude, doué de pénétration

---

1. *Histoire de la littérature française sous le gouvernement
de Juillet*, tome II, p. 289.

et de ténacité, instruit, traducteur de la Bible, ingénieux et hardi à réclamer « l'extension des libertés
publiques », fantaisiste dans ses prévisions, apôtre
du suffrage universel. Il se dépeignait lui-même en
disant: « Je suis la vrille qui tourne toujours jusqu'à
ce qu'elle ait fait son trou. » Chaque matin, prenant
la plume, il s'imposait cette méditation. « Que
dirons-nous à nos amis pour soutenir leur courage? De quelle idée les nourrirons-nous? » En
1849, cet héritage politique fut recueilli par Lourdoueix, justement estimé pour son talent de dé-
duction et pour son savoir historique. La *Mode*, rédigée par le vicomte Walsh, stimulait avec grand
succès l'opposition des salons.

Chateaubriand, qui n'appartenait à aucune rédaction, écrivait dans beaucoup de journaux. Il attaquait
le gouvernement de Juillet « au nom du principe tra-
ditionnel, du sentiment de la gloire et de la souveraineté populaire [1] ».

Ce n'était point par rencontres fortuites que se
groupaient des partis si divers. Il y avait un peu
partout un permanent esprit de coalition, qui prenait
corps soudain devant le péril ou devant l'intérêt.
Qu'un journal fût poursuivi, la plupart des autres se
trouvaient disposés à le soutenir, comme on le vit
quand la révolutionnaire *Tribune* ouvrit une souscription afin de payer des amendes : la *Gazette* s'ins-
crivit pour 1,000 francs ; et le nom de Chateaubriand
(50 francs) parut sur la liste.

De juillet 1830 au mois d'octobre 1832, on compte

1. *Histoire de la littérature française sous le gouvernement
de Juillet*, Alfred Nettement.

281 saisies de journaux et 251 jugements. En 1835, la *Tribune* pouvait mentionner avec orgueil son 114ᵉ procès et ses 199,000 francs d'amendes ; tandis que le total des condamnations, sous Louis XVIII et sous Charles X, n'avait pas dépassé le chiffre de 181.

La presse de province ne manquait pas d'hommes audacieux passionnés, capables ; et l'un des types les plus complets en ce genre était bien Crétineau-Joly. Avant d'entreprendre de longs travaux historiques, il se servit du journalisme. Il en fit un combat, comme il devait combattre par l'histoire. Le jeune chouan, destiné à finir en vieux chouan, terrorisa dans l'Isère les agents de Louis-Philippe, accablés de défis et aussi de mystifications. Plus tard, on l'appela « le vieux sanglier ». Le nom convenait à son ardeur et à sa fougue batailleuses, mais par le flair et par le coup d'œil, Crétineau-Joly valait un limier de première force. Habitué à débrouiller les secrets des conspirateurs révolutionnaires, il attaquait en conspirateur la royauté usurpatrice et fit de la *Gazette du Dauphiné* un instrument redoutable.

Parfois le jury se lassait de sévir. Vers 1838, Degouve-Denuncques se vantait d'avoir été vingt-quatre fois poursuivi et vingt-quatre fois acquitté. Outre que l'opinion publique était favorable à la presse, les jurés subissaient l'intimidation des journaux. Ceux-ci, lorsqu'ils étaient frappés, imprimaient en gros caractères les noms et l'adresse des jurés, durant des semaines ou des mois.

Quand les Etats-Unis réclamèrent une indemnité pour les vaisseaux de commerce américains confisqués dans les ports français sous l'Empire, des journaux accusèrent Louis-Philippe d'avoir acquis à vil prix les créances qu'il voulait faire payer par notre pays [1].

La réglementation de la vente sur la voie publique fut tout un événement. Plus de quinze cents crieurs, revêtus d'habits spéciaux, parcouraient les rues et étourdissaient les passants. On déféra aux tribunaux quelques-uns de ces crieurs, qui furent acquittés. Le gérant du *Bon Sens*, Rodde, prit leur costume et menaça de repousser par la violence quiconque le gênerait. Il fallut rédiger une loi pour soumettre les vendeurs à l'autorisation et à la surveillance.

Les sept attentats dirigés en huit mois contre la vie de Louis-Philippe, y compris le plus terrible de tous, celui de Fieschi, ne décidèrent pas la presse à s'imposer aucun ménagement. Elle raillait les précautions prises ou même faisait l'apologie du crime ou célébrait les qualités morales des assassins.

Vinrent les fameuses *lois de septembre* (1835) : cautionnement élevé de 48.000 à 100.000 francs pour les journaux politiques ; l'offense personnelle au roi qualifiée d'attentat et, malgré l'opposition de Royer-Collard, déférée à la Cour des Pairs ; aggravation de l'emprisonnement et de l'amende ; défense de prendre le titre de « républicain » et d'exprimer l'espoir ou le vœu d'un changement de gouvernement ; censure préalable pour les dessins et les gravures, pour les pièces de théâtre ; réduction de huit à sept du chiffre de la majorité entraînant condamnation par le jury ; vote secret des jurés ; droit pour la cour d'assises de faire expulser les accusés tapageurs et de les juger en leur absence ; droit pour le ministre d'é-

1. Thureau-Dangin.

tablir, suivant les cas, de nouvelles cours d'assises.

Frémissants sous la contrainte, les journaux trouvèrent le moyen de prêcher encore le mépris et la haine. Neuf mois après, attentat commis par Alibaud : plusieurs d'entre eux prirent soin de faire du criminel un portrait sympathique.

### Les journaux à bon marché. Girardin. Armand Carrel.

D'avance la presse avait gain de cause dans le combat contre le gouvernement qui voulait la contenir. On s'en doutait bien : on en recueillit la preuve éclatante, dès le lendemain des lois de septembre où la monarchie bourgeoise venait d'épuiser son effort suprême.

En 1836, la presse, qui avait joué un rôle si important dans la révolution politique et dans la révolution dynastique, fut à son tour révolutionnée. Par le journal dit *à bon marché* (40 francs au lieu de 80), Girardin donna une secousse dont les suites furent profondes, rapides et prolongées.

L'homme avait déjà fait quelque bruit et révélé, dans plusieurs genres, son étonnante faculté d'invention. Dès 1832, il proposait l'affranchissement des lettres, à la place des onze tarifs qu'on appliquait. Cette idée fut repoussée comme chimérique, mais beaucoup d'autres sorties du même cerveau eurent un succès immense, surtout la vulgarisation du journalisme, rapproché de la masse qui jusqu'alors avait généralement échappé aux grands organes politiques. La combinaison reposait sur un nouveau système d'annonces. M. Hatin a indiqué en quelques lignes les conditions et les conséquences de la réforme si bruyante, presque oubliée aujourd'hui, tellement on s'est habitué aux résultats qu'elle a donnés. La presse à bon marché ne pouvant vivre que par les annonces, dit M. Hatin, les annonces devinrent sa grande et presque son unique préoccupation. L'accroissement des annonces exigeait l'accroissement du nombre des abonnés. Par quel moyen recruter ceux-ci, les attirer, les attacher ? En réduisant la partie politique et en donnant une place étendue aux choses simplement littéraires ou qualifiées telles, car la politique n'intéresse et ne passionne qu'une petite quantité d'individus. On allait bientôt ouvrir la voie au roman-feuilleton, qui s'étalerait sans mesure.

L'idée de la réduction du prix d'abonnement venait d'être réalisée par un journal conservateur, le *Journal général de France*, que dirigeaient Léonce de Lavergne et Alphonse Grün ; mais elle était bien due à Girardin, puisqu'il l'avait déjà préconisée dans son *Journal des connaissances utiles* [1].

1. Ce détail est emprunté à la récente *Histoire de la Presse française depuis* 1789 *jusqu'à nos jours*, que M. Henri Avenel a composée en vue de l'Exposition universelle de 1900 et en vertu d'une désignation faite par le ministre du Commerce d'alors, M. Delombre. Vaste, important, varié, le travail de M. Avenel remplit près de neuf cents pages imprimées avec luxe et ornées de nombreux portraits. Bien qu'il se ressente parfois des opinions libres-penseuses de l'auteur, il est animé d'un esprit impartial. Depuis l'ouvrage de M. Hatin (dont le huitième et dernier volume s'arrête à 1848) aucune publication analogue n'avait été faite avec ce caractère méthodique qui permet de suivre, sous différents aspects, la marche de la presse contemporaine.

Plus d'un écrivain avait, à l'origine, prévu les résultats d'un mouvement que soutenaient des opérations financières et commerciales, et encore d'autres moyens inférieurs à ceux-là. Armand Carrel, accusait Girardin de sacrifier étourdiment et cyniquement la dignité de la profession et d'abaisser les intelligences. Le ricochet d'une polémique amena un duel, dont l'issue fatale fut un événement.

La lutte de ces deux hommes symbolisait la transformation qui s'accomplissait dans la presse. Par leur caractère et par leurs allures, ils différaient l'un de l'autre autant que les deux espèces de journaux en conflit.

Carrel personnifiait l'école républicaine où s'étaient mélangées les vieilles idées de révolte et les prétentions doctrinaires. Son amour pour les institutions libérales se traduisait surtout dans la forme d'une ombrageuse et implacable fierté. Enclin à l'action, trop entier pour la bien conduire, il s'est plusieurs fois, par un extrême souci de la logique qu'il avait adopté comme règle, jeté en pleine inconséquence. C'était d'ailleurs une inconséquence, dont il sentit plusieurs fois les entraves sans pouvoir essayer de les rompre, qui avait orienté sa destinée.

Né en 1800, à Rouen, d'une famille de négociants attachée à la Restauration, il prit place parmi les élèves de l'école Saint-Cyr. Là, tout jeune, il se distinguait autant par son goût pour les exercices militaires que par la hardiesse de ses opinions politiques. Sous-lieutenant, il conspirait. Bientôt démissionnaire, il se joignait aux insurgés espagnols et faisait, sur la terre catalane, le coup de feu contre l'armée française.

Ses amis ont essayé de le justifier en disant que la guerre d'Espagne n'était pas une guerre de conquête mais une guerre de principe et que les réfugiés français combattaient la Restauration et le drapeau blanc et non pas la France. Distinction gênante à soutenir pour le parti qui avait si souvent flétri et qui continuait de flétrir encore les anciens émigrés royalistes.

Pris les armes à la main, condamné à mort, puis acquitté, Carrel devint le secrétaire d'Augustin Thierry. Bien qu'il eût gardé peu de temps cette fonction, il y avait contracté le goût des travaux historiques. Aussi étudia-t-il avec une certaine sagacité le passé de l'Angleterre.

Il avait d'abord été partisan de la Monarchie de Juillet, mais ses aspirations démocratiques l'amenèrent bientôt à l'idée républicaine ; et l'œuvre de sa vie fut le *National*.

Soumis à une attentive correction, le style de Carrel était généralement pâle, hardi, froid et raide. Il exprimait la force d'une volonté puissante, concentrée, gênée par le souci d'une attitude qui lui interdisait l'élan. On remarquait aussi l'opposition entre le rôle adopté et le tempérament ; attachement invincible à l'esprit révolutionnaire ; d'un autre côté, esprit chevaleresque ou plutôt, selon son propre langage, esprit de chevalerie. Dans son courage semblait s'être glissée une ostentation inconsciente, nourrie par un extrême sentiment de fierté. Comme le dit Sainte-Beuve, qui a noté ces traits caractéristiques ainsi résumés, « il avait toujours peur de » n'être pas assez brave, assez fidèle à des engage- » ments même qu'il n'avait pas pris. » Il souffrit des exagérations que la lutte politique rend d'ordinaire inévitables. Dans *Le parti libéral sous la Restauration*, M. Thureau-Dangin a cité ce passage d'une lettre écrite par Carrel en 1832 :

Si j'étais député, je ne parlerais pas à la tribune comme j'écris dans un journal ; mais il faut écrire dans un journal autrement que lorsqu'on parle en public. Quand on fait de la politique dans un journal, *c'est comme si on criait au milieu d'une foule* ; l'individualité est absorbée, et les ménagements qui donnent un certain relief d'habileté à l'individu qui se présente et parle en son nom éteindraient sa voix quand il parle au nom de tous et parmi tous.

L'idée de Girardin était de mettre à la portée des foules la grande presse parisienne qui, en 1835, se composait de vingt journaux, ceux-ci munis de 70,000 abonnés. Il fondait une feuille dont le prix d'abonnement réduisait de moitié le prix ordinaire : 40 francs au lieu de 80. Il établissait les annonces sur une nouvelle base et leur donnait une étendue jusqu'alors sans exemple. Son organe, désigné par ce titre à la fois très simple et très ambitieux la *Presse*, parut le 1ᵉʳ juillet 1836 « sur le Sinaï de la publicité, » au milieu des éclairs et du tonnerre ». D'avance, l'innovation avait excité un gros émoi, qui s'accrut encore lorsqu'elle commença de se réaliser. L'hostilité était générale. La polémique s'ouvrit de manière à faire présager des violences.

Détail curieux, la première protestation motivée et formelle vint d'un journal démocratique, le *Bon Sens*, qui, sous le titre de *Tribune des prolétaires*, insérait les œuvres sorties de la plume d'ouvriers. Vivement attaqué, Girardin répondit, non pas comme

on pouvait le supposer, par un article, mais par
un procès en diffamation. La veille du jour où le
procès allait être appelé devant le tribunal, le 20 juillet (et remis à huitaine), Carrel intervenait et présentait dans le *National* les observations suivantes :

« M. Emile de Girardin, membre de la Chambre des
députés, est à la tête d'une société qui croit avoir trouvé
moyen d'établir un journal au prix de 40 francs par an,
découverte heureuse et dont le pays profitera si M. E. de
Girardin réussit dans cette entreprise. Mais, comme premier moyen de succès, M. E. de Girardin a cru devoir
publier des prospectus dans lesquels il parle de journaux
qui existent depuis six, dix, quinze et vingt ans, en termes que nous nous sommes contentés de mépriser pour
notre compte, mais qu'un de nos confrères, le *Bon Sens*,
a relevés dans une série de feuilletons fort piquants et
dont le public s'est beaucoup occupé. Le spirituel auteur
de ces feuilletons, M. Capo de Feuillide, passe en revue
les combinaisons et les calculs dans la confidence des-
quels on a été mis par les prospectus de M. de Girardin.
M. Capo de Feuillide trouve l'entreprise mauvaise : il en
a bien le droit, et il appuie son opinion de considérations
et de raisonnements qui ne nous ont pas paru sortir des
limites d'une discussion permise. M. E. de Girardin pouvait répondre dans son journal : il a mieux aimé considérer comme une diffamation contre sa personne les
doutes jetés sur l'exactitude de ses calculs, il a attaqué
le *Bon Sens* et M. de Feuillide devant la police correctionnelle. Cette affaire sera jugée demain ; et M. E. de Girardin jouira des bénéfices des lois de septembre. La presse
ne pourra pas rendre compte des débats de cette affaire ;
nous en ferons connaître le résultat, qui ne nous paraît
pas douteux, car rien ne ressemble moins à la diffamation, telle que nos lois la définissent, que la discussion

soutenue par M. de Feuillide contre les assertions et les chiffres de M. de Girardin. »

Le lendemain aussitôt, dans la *Presse*, réponse de Girardin :

Le procès en diffamation intenté au *Bon Sens* a été remis aujourd'hui à huitaine, sur la demande de M. Marie, avocat de ce journal.

Le *National*, à l'occasion de ce procès, jette ce matin un blâme sévère sur M. de Girardin, pour ne pas s'être, de préférence, servi de la voie de la presse. Ce reproche manque de la loyauté attribuée au caractère de M. Carrel. Assurément le reproche serait mérité si le *Bon Sens* s'en fût tenu à l'examen critique et sévère de la base économique sur laquelle la *Presse* est établie, mais il n'en a pas été ainsi : les accusations les plus odieuses et les plus personnelles ont été accumulées contre M. de Girardin.

Insupportable à Carrel, le soupçon de déloyauté provoqua un échange de témoins ; et cependant on espéra d'abord qu'à la suite des pourparlers d'usage la rencontre pourrait être évitée. Il y eut même entre les adversaires une conversation, dans laquelle Girardin, tout en se prêtant à un arrangement, prit soin d'ajouter que la perspective d'un duel avec le directeur du *National* ne lui déplaisait pas trop. « Ce » serait une bonne fortune pour moi », dit-il. Carrel répondit gravement : « Un duel n'est jamais une » bonne fortune ». A propos des termes dans lesquels devait être rédigée la note pacificatrice, les négociateurs ne s'entendirent pas ; et les deux adversaires reprirent une attitude intransigeante.

Atteint d'une balle et condamné à mourir deux jours après la rencontre, Carrel avait réuni son éner-

gie défaillante pour affirmer de nouveau son incrédulité : « Pas d'église, pas de prêtre ! » Effort lamentable
qui peut-être dépassait les sentiments réels du journaliste républicain, puisque son père, le jour des
funérailles, disait à Chateaubriand : « Armand aurait
» été chrétien comme son père, sa mère, ses frères
» et ses sœurs : l'aiguille n'avait plus que quelques
» heures à parcourir pour arriver au même point du
» cadran. » Chateaubriand lui-même avait recueilli
des confidences qu'il résumait ainsi : « Carrel n'était
» pas aussi anti-religieux qu'on l'a supposé : il avait
» des doutes. Peu de jours avant sa mort, il disait :
» Je donnerais toute cette vie pour croire à l'autre. »

Une immense émotion suivit cette mort tragique.
Edgar Quinet, écrivant à un ami, constatait le lendemain l'importance de la situation politique que le
directeur du *National* avait occupée : « Le parti
» républicain est avec Carrel dans le cercueil ; il res-
» suscitera, mais il lui faudra du temps. »

D'une origine irrégulière, Girardin ne connut
jamais exactement son âge. Il calculait qu'il était né
vers 1802, en Suisse peut-être [1]. D'abord aux prises
avec la pauvreté et employé chez un banquier, « ne
» possédant d'autre instruction que celle qu'il a
» puisée dans une bibliothèque de château composée
» presque en entier de romans », il emploie ses
dernières ressources à acheter du papier, des
plumes, de l'encre, pour écrire un roman, *Emile*,
son histoire [2]. Séduit de bonne heure par les entreprises de finance et de publicité, il fonda la *Mode* ;

1. *Biographie des Journalistes*, Edmond Texier.
2. *Les grands journaux*, Félix Ribeyre et Brisson.

puis le *Voleur*, qui, justifiant un titre audacieux
jusqu'au cynisme, s'approvisionnait uniquement
d'articles et de récits empruntés (sans compensation)
à tous les journaux. *Journal des connaissances utiles,
Journal des instituteurs primaires, Musée des familles,
Almanach de France, Atlas de France, Atlas universel, Panthéon littéraire*, la plupart favorisés d'un
succès rapide et même énorme, ce ne fut que la
moindre partie de son œuvre. La *Presse* lui procura la notoriété très bruyante qui, de plus en
plus, devint son élément naturel, comme l'était l'agitation inventive. De quoi ne s'est-il pas mêlé en
fait d'affaires, de journalisme et de politique et
quels démentis ne s'est-il pas infligés ? Prophète
de l'absolue liberté d'écrire, auteur de la théorie
et de la formule qui déclaraient la presse « impuis-
sante » c'est-à-dire innocente ; puis, dégoûté de
sa chimère par les formidables extravagances de
1848 ; enthousiaste partisan de Louis-Napoléon Bonaparte, dont il posa la candidature à la présidence,
bientôt adversaire du prince, poursuivi par le
troisième Empire qu'il avait beaucoup contribué
à fonder, Girardin a soutenu toutes les théories,
même, à certains jours, les bonnes. Combien de
fois il abandonna et reprit la direction des feuilles
qui se développaient, en quelque sorte, instantanément sous sa main, la *Presse*, la *Liberté*, le
*Petit Journal*, la *France !* A soixante-dix ans, il remuait le pays et jouait un rôle décisif contre le
ministère du Seize-Mai. Plusieurs fois député, ne
voulant plus l'être, le redevenant vers la fin pour
essayer de combiner le régime légal du journalisme avec la théorie de la liberté absolue, il a

touché à tout. Il a même été auteur dramatique.

Vers 1851, il se trouvait socialiste et anti-chrétien comme s'il venait de découvrir la vérité dans les romans impies qu'il offrait à ses lecteurs. Il déclamait furieusement contre l'ancienne législation pénale relative aux hérésies.

Louis Veuillot lui répondait et faisait ainsi son portrait :

« M. de Girardin a pour lui son énergie et son malheur. Il est un des hommes les plus malheureux qui soient au monde ; sa destinée a l'intérêt d'une légende. C'est l'enfant d'Agar, condamné à dresser sa tente contre la maison de ses frères et qui garde envers eux une perpétuelle hostilité, sans pouvoir les vaincre ni être vaincu...

» Sa vie, vouée à la lutte, a été pleine de victoires : ses victoires sont restées stériles. De toutes les positions régulières qu'il a voulu emporter, il a forcé la première enceinte avec un succès merveilleux ; la seconde, par où tout le monde passe en se laissant porter, jamais il ne l'a franchie. C'est un homme qui construit un pont par un effort de géant et qui demeure sur la rive, faute d'un centime pour acquitter le péage [1]....

» Fondateur d'un journal tout puissant, jamais chef de parti ; député, jamais ministre ; victorieux, jamais triomphateur ; aspirant toujours aux premiers rôles, toujours rejeté aux derniers rangs...

» Ce persévérant mécompte devait, à la fin, ulcérer un républicain fort mal disposé par nature et par éducation à féliciter Sparte d'avoir tant de citoyens meilleurs que

1. Plus familièrement, mais d'une manière encore plus piquante, Louis Veuillot disait un jour dans une conversation : « Girardin s'est donné une peine infinie afin de construire un » pont qui allât de chez lui au ministère. Ce pont il l'a construit ; » mais il n'a jamais pu passer dessus, parce qu'il n'a jamais eu » *un sou* de considération... »

lui. Nous disons un républicain ; M. de Girardin l'était
sans le savoir. Certes, de tous les conservateurs qui ont
été les pionniers de la République, aucun n'a plus efficacement travaillé à son avènement que l'inventeur des
journaux à bon marché et des romans feuilletons. Il était
déplacé dans le parti de l'ordre et il allait en sortir quand
la Révolution l'y retint. Un an plus tard il se serait trouvé
républicain de la veille. Le 24 février 1848, il n'était pas
prêt. Le dépit de voir monter au pinacle cette cohue
d'écrivassiers, d'émeutiers et de maltôtiers que le mouvement populaire jeta sur la scène le précipita lui-même
dans la réaction. Ce fut sa belle époque, non seulement
honorable et glorieuse et qu'il ne retrouvera pas. Personne, durant quelque temps, n'eut plus ni même autant
de courage, car personne n'était plus en vue ni désigné
à plus de fureurs. Il brava, dans leur triomphe, les républicains qu'il avait bafoués dans leurs espérances ; il fit
tête à l'émeute.

» ... Alors, en beaucoup de cœurs, s'éveilla une émotion
de sympathie sur laquelle il se méprit sans doute et dont
il eut le malheur de ne pas se sentir honoré. On crut,
nous pouvons le dire, que cet homme, après tant d'aventures embrouillées, voulait relever son nom ou par de
grands services ou par une belle mort. Il lui arriva deux
ou trois fois d'écrire avec une sorte de majesté. Certains
articles de quelques lignes, jetés à l'émeute grondante,
sont des modèles de cette éloquence véritable, née des
cœurs forts, maîtresse des grands périls, qui raffermit les
courages honnêtes et inquiète l'audace des méchants.
M. de Girardin s'est efforcé d'avilir les éloges qu'il reçut
et mérita dans ces jours héroïques.....

» Même après ses signalés services, l'opinion du parti
conservateur reste sévère pour lui. Une âme véritablement forte se serait résignée noblement à cette rigueur,
qui n'est point condamnable, ou se serait noblement obstinée à la vaincre par des services nouveaux. Mais il est

plus facile d'être furieux que d'être juste ; et les plus ambitieuses entreprises de l'amour-propre ne vont pas jusqu'à pardonner. »

De tant d'idées remuées par Girardin, presque toujours à tort et à travers, une seule peut-être lui demeure attribuée ; et ce qui reste en est uniquement l'audacieuse formule. « Une idée par jour ! » s'était-il écrié en se traçant le programme qui a révolutionné le journalisme. En réalité l'agitateur-inventeur avait surtout la passion des mots ; puissance redoutable chez un homme qui dirigeait son extrême et continuelle ardeur de polémique suivant une méthode évidemment élémentaire mais assez rigoureuse pour s'appliquer à toutes les circonstances. Girardin ne se reposait pas de s'approvisionner de documents. D'innombrables services lui furent rendus par ses *cartons*, auxquels Sainte-Beuve a fait allusion dans les *Nouveaux lundis* :

Il a des dossiers de citations et d'objections en règle, citations *ad hoc*, objections *ad hominem*. L'occasion s'offrant, il n'a qu'à tirer le carton du casier : chaque dossier, s'ouvrant à l'instant, fait pluie et cascade sur chaque question, sur chaque adversaire. Il y joint une sorte de verve logique très sensible, à laquelle il se laisse volontiers emporter. Quand il a trouvé une forme heureuse, il ne craint pas d'en user, d'en abuser même, jusqu'à satiété et extinction... Il enfile et défile ses preuves d'un bout à l'autre, depuis la première jusqu'à la dernière ; il ne fait grâce d'aucun développement ; il les épuise, et il arrive ainsi à produire sur le public un effet incontestable.

Cet acharnement dans la répétition se doublait

chez Girardin de l'emploi ingénieux des mots, non
pas des mots littéraires, mais de ceux qui saisissent la foule et dont l'étonnant publiciste avait le
sens presque infaillible.

« Il y a des mots souverains dit encore Sainte-Beuve :
tel mot fut plus puissant que tel monarque, plus formidable qu'une armée. Il y a des mots usurpateurs : tel
mot, se décorant d'une fausse acception, appelant *pouvoir* ce qui est *abus*, ou *liberté* ce qui serait *excès*, disant
la *gloire* pour la *guerre*, ou la *foi* pour la *persecution*, peut
semer la propagande, égarer les esprits, soulever les
peuples, ébranler les trônes, rompre l'équilibre des em-
pires, troubler le monde, et retarder de cent ans la marche de la civilisation ! Il y a des mots qui sont vivants
comme des hommes, redoutables comme des conquérants, absolus comme des despotes, impitoyables comme
le bourreau ; enfin il y a des mots qui pullulent, qui,
une fois prononcés, sont aussitôt dans toutes les bou-
ches... »

A l'instinct de ces mots, joignez le don de la mise
en scène, si naturel chez Girardin et si bien étudié
par Sainte-Beuve :

L'essentiel, en tout début, est de *mordre sur le public* ;
si vous y atteignez, le plus fort est fait. On ne prend les
très gros poissons qu'en les harponnant. Il y a des *mots
pour cela, des étiquettes de pensee, des têtes d'article*, il y a
des formules saisissantes, pénétrantes et qui réveillent le
monstre en sursaut. On regimbe, mais on a été secoué.
C'est beaucoup savez-vous ! quand on est journaliste,
publiciste, d'avoir le génie et le démon de la publicité.

Le démon qui agitait le novateur eut bientôt fait
de conquérir le monde du journalisme. Toutes les

feuilles politiques (sauf les *Débats*) abaissèrent leur prix de moitié.

Naturellement, la plupart adoptèrent les procédés imaginés pour compenser la diminution de ressources, c'est-à-dire d'abord le roman-feuilleton.

### Feuilleton et Romans.

Avec quelle ardeur et quelle application fut installée presque partout cette pièce importante de la machinerie combinée par Girardin ! Lui-même servait de modèle. Il s'était attaché le romancier le plus en vogue, Alexandre Dumas, et lui avait livré le feuilleton de chaque dimanche, appelé feuilleton historique. Le mardi appartenait au feuilleton dramatique (Frédéric Soulié) ; le mercredi à l'Académie des sciences ; le jeudi au *Courrier de Paris* ; le vendredi aux affaires industrielles et agricoles ; le samedi à la *Revue étrangère*. Outre les œuvres d'Alexandre Dumas (*Joseph Balsamo, la Reine Margot*, etc.), la *Presse* a publié *Mathilde*, d'Eugène Sue ; *Teverino*, de George Sand ; les *Paysans*, de Balzac. Bien entendu, si des réclamations sincères s'élevaient au nom de la dignité de l'ancien journalisme, la jalousie aussi se déchaînait contre Girardin. Plus tard, un de ses imitateurs, le docteur Véron, personnage habile et singulier, rappelait ces incidents :

« On ne bouleverse pas toute une industrie, même pour l'améliorer (?) sans exciter contre soi des accusations et des animosités ; on ne provoque pas une révolution économique et politique au sein du journalisme quotidien, sans s'exposer à ses vengeances. Au mois de juillet et d'août 1836, les affiches de la *Presse* à quarante francs sont arrachées, les prospectus lacérés, les hommes d'opinions ardentes demandent le bannissement de la *Presse* des lieux publics ; à deux ou trois exceptions près tous les journaux de Paris, des départements et de l'étranger, se liguent contre M. de Girardin pour perdre la *Presse*, en cherchant à perdre la personne de son rédacteur dans l'opinion publique. Cet acharnement sans exemple nuisait à la *Presse* ; mais les idées économiques de M. de Girardin, grâce à l'intelligente activité de M. Dutacq, faisaient la fortune du *Siècle* [1].

Le *Siècle*, en effet, qui avait paru le même jour que la *Presse* (son fondateur, Dutacq, devait d'abord être associé à Girardin), lui faisait concurrence à force d'ingéniosité et de hardiesse. Les romanciers assuraient la victoire : il résolut d'accaparer la production des plus célèbres d'entre eux. Il conclut avec Alexandre Dumas, Frédéric Soulié et Balzac, un traité qui lui garantissait, pendant un certain temps, le droit exclusif de reproduire les œuvres de ce « triumvirat littéraire [2] ». En leur faveur, le prix de la rédaction fut élevé à 1 fr. 20 la ligne ; soit, pour chaque feuilleton ordinaire, 700 francs environ.

Dans la *Patrie*, qui prit son essor en 1844, sous la direction d'un banquier, Delamarre, et qui réalisa cette nouveauté, alors stupéfiante, de faire lire aux abonnés des départements un discours du roi prononcé le même jour [3], dans la *Patrie* se déversa également la fécondité d'Alexandre Dumas.

1. *Mémoires d'un Bourgeois de Paris.*
2. *Les grands journaux de France*, par Félix Ribeyre et Brisson.
3. *Idem.*

Un autre romancier cependant, Eugène Sue, gagnait du terrain et allait surpasser toutes les réputations de ce genre. On le vit même imposer son prestige au *Journal des Débats*, qui jugea que ni les sacrifices d'argent ni l'immolation de la dignité ne paieraient trop cher l'avantage de distancer tous les rivaux.

### Le journal des Débats. Le Constitutionnel.

Il est permis de parler de l'ancienne presse à propos de la nouvelle. Outre l'utilité des contrastes, pour signaler l'importance du changement survenu, il y a encore un motif qui fait négliger l'apparence des contradictions : c'est que, tout en flétrissant les procédés et les mœurs de la presse nouvelle, l'ancienne n'a pas toujours évité de s'y laisser entraîner. Par cet exemple, on aperçoit mieux l'étendue et la profondeur des changements qui furent introduits dans l'organisation et dans le caractère du journalisme.

Quoique Girardin eût l'habitude d'écrire sur presque tous les sujets, il disait volontiers que la seule façon d'avoir un journal bien fait c'était celle de Bertin : « ne pas écrire, mais diriger et revoir ». Le meilleur directeur est-ce l'entrepreneur perspicace et hardi qui a le sens du commerce non moins que le flair des idées ? le littérateur, instruit, grave ou fantaisiste ? le personnage politique dont le nom vaut une enseigne ? En somme, l'aphorisme de Girardin, qui en a tant fabriqué, est, suivant les cas, également faux et vrai. Bon nombre de journaux ont réussi par

le prestige de leur rédacteur principal, chef de parti,
chef d'école, écrivain. Beaucoup ont dû le succès à
quelque directeur qui ne rédigeait pas d'articles et
qui s'occupait principalement de recruter et d'entretenir des collaborations utiles.

Dans ce genre, les deux Bertin avaient appliqué
une règle qui mérita longtemps de rester un modèle.
Au premier *Journal des Débats*, comme plus tard, la
direction formait deux services. Bertin l'aîné,
« agent actif des princes » représentait une opinion
politique ; l'autre, Bertin de Veaux, ancien banquier,
« un intérêt de propriété ». Bertin l'aîné, c'était « la
pensée royaliste » du journal ; Bertin de Veaux
c'était « le pavillon neutre qui couvrait la marchandise [1] ». Ils avaient acheté vingt mille francs environ
la feuille à laquelle ils allaient faire produire des
bénéfices énormes. De bonne heure ils avaient compris une vérité bien simple, quoique généralement
encore assez peu observée et que M. Bardoux a indiquée (*Livre du Centenaire du Journal des Débats*
préface), en décrivant la méthode adoptée pour la
préparation de la besogne quotidienne :

« Le *Journal des Débats* a toujours été une sorte de cercle : près de la table où travaillent les rédacteurs, des
écrivains, des hommes politiques, des hommes du monde
apportent avec les bruits et les impressions du milieu où
ils vivent, leurs propres jugements sur les événements
du jour. C'est dans ces libres causeries que s'élabore en
quelque sorte chaque numéro du journal : l'article sort
de la discussion presque ébauché. »

1. *Histoire du Journal des Débats*, Alfred Nettement.

Tableau d'ensemble :

Un journal s'adressant aux intelligences ne peut vivre que par l'intelligence ; aussi le *Journal des Debats* a-t-il toujours fait les plus grands efforts pour attirer à lui les plumes éloquentes ou spirituelles ou fines. Le personnel de sa rédaction a été le plus souvent un catalogue de célébrités[1].

Un des fondateurs, Bertin de Veaux, appartenait à la Chambre des pairs ; quatre de ses rédacteurs, Saint-Marc Girardin, Chasles, Bertin de Veaux fils et Salvandy, à la Chambre des députés. L'un occupait des fonctions près du duc d'Orléans, l'autre aux Tuileries, plusieurs au Conseil d'Etat. Par cette puissance régnaient les Bertin et parfois ils gouvernaient. L'histoire a enregistré la parole de l'un d'eux disant à Villèle : « Souvenez-vous que les *Débats* ont déjà renversé les ministères Decazes-Richelieu ; ils sauront aussi bien renverser le ministère Villèle. » La menace fut exécutée.

Outre le soin infatigable de s'attacher les hommes en vue, Bertin l'aîné et son frère Bertin de Veaux s'imposaient le devoir de surveiller, jusque dans les moindres détails, la rédaction quotidienne. Ils modifiaient tout ce qui paraissait compromettre l'unité de programme ou d'attitude. Ni Salvandy ni Chateaubriand n'échappaient aux corrections. Ce dernier ne relisait pas ses articles, dont la revision était faite, avec un droit absolu, par Bertin de Veaux. D'après Sainte-Beuve, le contrôle du directeur aurait beaucoup contribué à la « perfection », à « l'irrépro-

1. *Histoire du Journal des Debats*, Alfred Nettement.

chabilité classique » qui distinguaient les articles de
Chateaubriand.

Durant de longues années, Armand Bertin s'assu-
jettit à cette besogne. Regardons le portrait tracé de
lui autrefois par Edmond Texier qui, dans un petit
volume [1], a su grouper avec leur relief et leur originalité bon nombre de physionomies du monde de la
presse :

Tous les soirs, en revenant de l'Opéra ou des Bouffes
ou d'une soirée, M. Armand Bertin passe à la maison de
la rue des Prêtres, s'enferme dans son cabinet et se fait
apporter les épreuves du journal, qu'il lit mot à mot,
depuis la première ligne jusqu'à la signature de l'imprimeur. Lorsque ce travail écrasant est terminé, lorsque le
rédacteur en chef a tout vu, tout lu, tout corrigé, il donne
le « bon à tirer » et rentre chez lui vers deux heures du
matin. Ce n'est qu'à ce prix qu'on fonde une œuvre sé-
rieuse et qu'on maintient un journal au premier rang.

L'unité d'opinion dont John Lemoinne faisait un
mérite propre au journal français [2] n'a plus la rigueur
d'autrefois. Elle a été entamée par le goût de l'innovation et par les progrès du scepticisme dans le public. Nous avons maintenant des feuilles qui insèrent
des articles tout à fait opposés à la doctrine dont
elles sont l'organe. De plus, un bon nombre de journaux se dispensent très bien d'avoir aucun principe ;
et il y en a dont c'est la raison d'être et la force.

Mais le *Journal des Débats* lui-même s'infligea un
démenti manifeste, où ses vieux lecteurs ne purent

1. *Biographie des Journalistes.*
2. Cité dans l'*Introduction* du présent volume.

jamais se débrouiller et dont se divertirent énormé-
ment ses confrères. Entraîné par la concurrence et
aussi gagné par une incompréhensible colère contre le
monde catholique, il publia l'immense et abominable roman intitulé par Eugène Sue *Les Mystères de
Paris*. La surprise et la confusion furent telles, qu'un
des rédacteurs du même journal, Jules Janin, le célèbre *lundiste*, « le prince de la critique » fut laissé
libre d'abîmer dans les *Débats* l'invraisemblable
romancier des *Débats*. Un témoin, un vétéran, un
historien de nos grandes luttes religieuses, M. Eugène
Veuillot, a narré cet épisode :

Sous prétexte de glorifier son collaborateur, Jules Janin
l'abîmait en homme d'esprit et surtout en jaloux. Après
l'avoir loué de forcer le lecteur à « flairer toutes sortes
de purulences ramassées dans tous les cloaques », d'asso-
cier « les cris obscènes aux chastes baisers, les dents
moisies aux perles », il comparait l'ensemble de l'œuvre
aux « tonneaux nocturnes qui enlèvent les immondices
de la ville ». Et il avait soin de noter que le tonneau de
« ce diable d'homme..., héros du monde littéraire et du
beau monde », était comble et même débordait [1].

Le *Constitutionnel* applaudit bruyamment à cette
exécution. Il souffrait surtout de la pénurie d'abonnés, ayant perdu les siens (ceux de la Restauration)
en même temps que sa ligne politique. Par une tra-
cassière et menaçante défense de la Constitution, il
avait autrefois contribué beaucoup à exaspérer la
monarchie légitime et puis, au lendemain de l'insur-

1. *Louis Veuillot*, par Eugène Veuillot, tome II, pages 34, 35.
Paris, Retaux.

rection, s'était trouvé fort dépourvu. Un journal qui
va à l'encontre de son programme fait toujours piteuse
figure. Le *Constitutionnel* voulut se regimber comme
s'il n'avait pas rendu inévitable l'atteinte à la Constitution. On se moqua de lui. Il sentit le ridicule et
s'en montra effaré. « Lui, journal novateur, se voir
tout à coup un journal rétrograde ! On le traitait
comme un journal d'ancien régime. Le *Charivari*
indiquait chaque jour au désabonnement empressé
la boutique du *Constitutionnel*, voisine de la boutique
des marchands de brioches [1]. »

En voyant les *Débats* aux prises avec l'indignation
publique, la feuille égarée crut un moment avoir re-
joint sa route et se hâta de se ranger du côté de la
raison et de la morale. Mais fertile en pièges est l'esprit de concurrence. Il y avait pour le *Constitutionnel*
un autre moyen, bien plus séduisant, de reprendre
l'avantage : c'était de lutter contre les *Débats* par le
scandale et de publier aussi de la prose d'Eugène Sue.
La préférence tourna de ce côté. Aux *Mystères de
Paris* allait succéder le *Juif-Errant*, du même auteur :

Les *Mystères de Paris* avaient été payés cinquante mille
francs. Le directeur du *Constitutionnel*, M. Véron, offrit
cent mille francs du *Juif-Errant* ; il l'eut. Il fut entendu
que le romancier servirait la cause universitaire en salis-
sant de son mieux — et il savait salir — les Jésuites et
leurs amis [2].

Un publiciste qui ne nourrissait pas des sentiments
malveillants envers les idées modernes, Hippolyte

1. *Histoire de la littérature sous le gouvernement de Juillet.*
Alfred Nettement.
2. *Louis Veuillot*, par Eugène Veuillot, tome II, page 36.

Castille, a jugé avec autant de sévérité que nous pourrions le faire l'influence exercée par le roman-feuilleton. Il a d'ailleurs rappelé un souvenir bien oublié et qui présente un assez fort caractère d'ironie : *le Bureau de l'esprit public*, chargé de surveiller et de combattre les excès de la presse. Du moins, quelques-uns des hommes qui participèrent à cet emploi de confiance ne manquaient pas d'esprit, dit Castille ; ainsi, entre autres, Toussenel, Edmond Texier, Lherminier, etc. « Pendant la période électorale, le ministère expédiait parfois en province un de ses journalistes du *Bureau de l'esprit public* [1]. On doit supposer qu'ils remplissaient avec bonheur leur mission dans les départements. Mais que faisaient-ils donc à Paris depuis que le roman-feuilleton, les annonces et d'autres combinaisons transformaient le journalisme !

« Devenu boutique de papier, usine, industrie, le journal obéissait aux tendances ordinaires de la spéculation. Si les parquets essayaient de sévir, le romancier, le fermier d'annonces, le bailleur de fonds, le directeur invoquaient soudain les droits de la pensée et de la littérature. Ces fabricants et ces commerçants demandaient qu'on eût du respect pour *le belle cose della vita* [2]. »

### La polémique religieuse.

Ainsi, le rapide développement de la presse et la

1. *Journaux et journalistes.* Hippolyte Castille.
2. *Id.*

multiplication presque soudaine de ses moyens d'influence coïncidaient avec un nouvel accès des passions anti-religieuses.

De l'autre côté se trouvaient les feuilles légitimistes, dont les protestations ne dépassaient pas le cercle de leur public spécial, l'*Ami de la religion* et le *Journal des Villes et Campagnes*. L'*Univers* constitua le véritable élément de résistance.

Pour comprendre le caractère de la lutte, il faut remonter à 1830, lorsque, en pleine célébrité depuis la publication du premier volume de l'*Essai sur l'indifférence*, Lamennais, détaché du parti légitimiste, lançait l'*Avenir*. Le journal après le livre. Le livre avait produit un effet extraordinaire : « C'est un tremblement de terre sous un ciel de plomb », avait dit Joseph de Maistre. C'était, au nom de la philosophie, le signal de la rentrée en scène du monde croyant, oublié depuis la Révolution. L'*Avenir*, quotidien, qui ne vécut que treize mois, ne s'attira pas en général les colères du parti incrédule ; mais il donna à la pensée catholique une impulsion décisive. Le livre avait éveillé un profond et large frémissement : le journal détermina une secousse impétueuse.

Sous la Restauration, on avait vu se fonder successivement, à côté de la *Gazette de France* (le plus ancien journal) et de la *Quotidienne* (où écrivait Laurentie) le *Mémorial religieux*, l'*Ami de la Religion*, le *Défenseur*, le *Catholique*, le *Correspondant*, le *Mémorial*, qui combattaient le voltairianisme universitaire ; le *Drapeau blanc* et le *Conservateur*. Cette dernière feuille (elle avait parmi ses rédacteurs Chateaubriand, Bonald, Lamennais, le cardinal de la Luzerne) possédait prestige et influence. C'est alors que la presse fut baptisée du nom de « Quatrième pouvoir dans l'État » :

On ne saurait imaginer aujourd'hui, disait vingt ans plus tard Alfred Nettement, avec quelle impatience un numéro du *Conservateur* était attendu. La *Minerve*, quoique bien inférieure au point de vue de l'élévation des idées et du talent littéraire, n'était guère moins accréditée chez les lecteurs appartenant aux opinions de gauche. Il y eut plus tard, sous une législation plus favorable à la liberté de la presse périodique, tel article du *Journal des Débats* qui devint un événement. On peut dire que les trois écoles qu'on retrouve dans la littérature politique, comme dans toutes les sphères où se développe l'esprit humain, arrivèrent à leur plus haute expression, la première dans le *Conservateur* et dans le *Journal des Débats*, la seconde dans le *Globe*, la troisième, à la fin de la Restauration, dans le *National* [1].

Deux causes diminuèrent beaucoup l'action des publicistes chrétiens : leur désaccord en fait de théories politiques ou sociales et leur solidarité avec les partis politiques que la masse abandonnait de plus en plus. Bonald niait l'autorité et la valeur de la Charte, que Chateaubriand affirmait comme un principe fondamental. Les deux écoles se divisèrent. Quand elles se réunirent, ce fut pour s'installer, au nom même de la liberté de la presse, sur le terrain de l'opposition et pour combattre les ministères choisis par le pouvoir royal. Elles affaiblissaient l'institution qu'elles voulaient défendre et dont elles devaient suivre le sort.

1. *Histoire de la littérature française sous la Restauration,* tome I, page 379.

Une direction toute différente, mais non moins exagérée, fut donnée au mouvement religieux, en 1830, par l'*Avenir*, que venaient de fonder Gerbet, Lamennais, Lacordaire, Montalembert, le comte de Coux, d'Eckstein, d'Ortigues, d'Ault-Dumesnil, Rohrbacher, Salinis, etc. Sous la Restauration on considérait la foi comme inséparable des principes monarchiques : brusquement la propagande est tournée en sens contraire ; et voici le nouveau parti catholique opposé, avec impatience, aux vieilles traditions, pressé, pour affranchir le culte, de rompre tout lien entre l'Église et l'État. Comme les révolutionnaires, l'*Avenir* s'en prend aux souvenirs de la royauté ; il ne veut plus s'appuyer que sur le peuple, qu'il exalte en invoquant des théories aventurées ou fausses. Brillamment rédigé, plein d'audace, le nouveau journal transforme en vérités absolues les concessions rendues nécessaires par la discorde des idées. Entouré de plusieurs prêtres, un prêtre l'anime : c'est l'écrivain de génie qui, se dressant contre l'indifférence en matière de religion a, d'un seul coup, troublé cette torpeur ; nature inquiète et emportée, esprit inflexible et hautain, âme remplie d' « un bruit de tempête [1] ».

Lamennais, dès le premier numéro (15 octobre 1830) lance le défi à tous les partisans des demi-mesures :

« Après trente années de convulsions, de guerres civiles et étrangères, de gloire au dehors et de larmes au dedans, d'anarchie et de despotisme, tout à coup on vit apparaître comme l'ombre de l'ancienne royauté et tous les yeux se fixèrent sur elle et l'on crut que l'ordre allait renaître

---

1. Lettre de l'abbé Combalot à Lamennais (1836).

et que le repos de l'avenir était assuré désormais... Des
décombres énormes de je ne sais quel édifice nouveau,
espèce de temple construit à la hâte dans lequel les
partis, abjurant leurs vieilles haines, devaient s'unir et
s'embrasser. Tout cela se passait hier; et aujourd'hui l'on
chercherait en vain quelques traces de ce qu'on disait
affermi pour jamais : le temps roule ses flots sur ces
vastes ruines.

» ..... Dans le grand naufrage du passé tournons nos
regards vers l'avenir... Rallions-nous franchement...
Mais, qu'on le sache bien, si, dans l'entraînement d'une
passion aveugle, qui que ce soit osait tenter de nous
imposer des fers, nous avons juré de les briser sur sa
tête. »


Le 18 octobre, Lamennais publie un long article
intitulé : « De la séparation de l'Église et de
l'État. »

Bientôt l'*Avenir* adjure les catholiques de rompre
pour toujours avec un parti qui *sacrifie Dieu à son roi;*
il flétrit le *régime absurde et bâtard* qu'avait organisé
la charte en 1814 ; il appelle la royauté déchue
« tyrannie sans échafauds ». Il impute aux *carlistes* le
sac de Saint-Germain-l'Auxerrois. L'*Avenir* réclamait
*la licence de la presse,* la décentralisation illimitée,
la suppression des armées permanentes. Il stimulait
les insurrections qui avaient éclaté en divers pays. Il
justifiait d'avance toute insurrection, poussant d'ailleurs au renversement de l' « œuvre impie des
» traités de Vienne » et montrant avec complai-
sance « la purification » de la patrie « au feu d'une
effroyable guerre ».

Rome arrête l'entreprise. Lamennais, un moment
soumis, prend bientôt la route de l'incrédulité et de

la démagogie, lui qui venait de donner aux croyants engourdis une commotion inoubliable. Après l'échec, tout le fruit de l'effort n'était pas perdu. Comme le dit avec autorité M. Eugène Veuillot, « si l'*Avenir* allait trop vite, s'il s'engageait parfois dans les chemins douteux, dangereux et faisait des faux pas, il montrait toujours cependant le but qu'il fallait atteindre. Son groupe avait la vie et le zèle. Il activa la lutte pour la liberté d'enseignement, fonda l'Agence pour la défense de la liberté religieuse, eut des succursales en province, donna une vigoureuse impulsion aux études ecclésiastiques, soutint d'importants procès, notamment celui de l'École libre, et poussa ferme le jeune clergé vers Rome. Ce fut aussi un mérite, moindre sans doute mais réel, de se faire jour dans le monde des lettres et des arts [1] ».

### L'Univers. *Louis Veuillot. Eugène Veuillot.*

Pendant douze années environ, la presse catholique, malgré le courage et le mérite de ses représentants, resta dans une situation effacée. Il fallut attendre que l'*Univers*, fondé par l'abbé Migne (1833) puis réuni à la *Tribune catholique* de M. Bailly et conduit par Louis Veuillot (1839), fît de la liberté de l'enseignement l'objectif de la lutte, la préoccupation constante. Ce journal donna un grand retentissement aux réclamations des évêques, aux discours de Monta-

---

1. *Louis Veuillot*, par Eugène Veuillot, tome I, pages 354, 355. Paris. Retaux.

lembert, à la prédication de Lacordaire. Une longue et ardente polémique s'engagea, durant laquelle les chrétiens pratiquants, que l'on affectait de traiter en citoyens déchus, s'habituaient à réclamer leurs droits et prenaient de plus en plus conscience de leur force.

Des voix éloquentes et glorieuses ont payé à Louis Veuillot le légitime tribut de l'admiration et de la gratitude. Dix ans après sa mort, il recevait d'un illustre écrivain, de M. Jules Lemaître, l'hommage, à la fois judicieux et enthousiaste, courageux aussi, qui proclamait la gloire conquise dans le monde des Lettres, si longtemps dédaigneux, hostile et implacable.

La personnalité de l'étonnant polémiste a triomphé enfin de préjugés invétérés. Il n'y a plus d'adversaire intelligent et quelque peu renseigné qui doute qu'en Louis Veuillot la droiture et la bonté fussent égales, si ce n'est supérieures, à son héroïque vaillance. Là-dessus, la rancune et la stupidité qui ne veulent pas se rendre ont pris du moins le parti de se taire. Les sept volumes de sa correspondance (il y en aura un huitième et peut-être plus encore) ont à cet égard multiplié indéfiniment les preuves dont rayonnent ses articles et ses livres, surtout *Rome et Lorette*.

Répandus à profusion, beaucoup de ces traits demeuraient épars. Il fallait les réunir et les fondre en un tout. C'était la tâche évidemment réservée à M. Eugène Veuillot, qui avait tous les titres pour raconter *la Vie de Louis Veuillot*, et qui est ici bien plus qu'un témoin.

Uni à son frère par une admirable affection, par une constante intimité de l'esprit et du cœur, par la communauté de vues, d'efforts et de travaux ; digne par le talent, comme par le courage, du frère qui l'appelait « le polémiste irréfragable » et qui s'y connaissait sans doute, l'éminent écrivain a joué dans cette grande lutte un rôle quotidien et important. Collaborateur préféré, il a été et il reste le continuateur de la pensée dont sont remplis les temps héroïques, temps que ramène vers nous l'esprit de négation, aveugle et infaillible instrument de renaissance chrétienne. A quatre-vingt-trois ans, ayant gardé entières et intactes la fraîcheur de sa mémoire, la finesse et la solidité de son jugement, l'élégante et sûre vivacité de ce style si français maintes fois et justement comparé à une épée rapide et brillante dans la main d'un maître ; ne connaissant que par l'exemple d'autrui les atteintes de la vieillesse, M. Eugène Veuillot retrace et fait revivre la période décisive où, sur le terrain bouleversé par la Révolution, le zèle croyant et militant reconquit droit de cité.

Dans une page inoubliable, qui est à elle seule un chef-d'œuvre, Louis Veuillot a dépeint l'humble foyer où s'alluma l'affection réciproque des deux frères destinés au journalisme chrétien :

Il y avait une fois, non pas un roi et une reine, mais un ouvrier tonnelier qui ne possédait au monde que ses outils et qui, les portant sur son dos, l'hiver à travers la boue, l'été sous l'ardeur du soleil, s'en allait à pied, de ville en ville, et de campagne en campagne, fabriquant et réparant tonneaux, brocs et cuviers... Il se nommait François, il était né dans la Bourgogne, il ne savait pas lire, il ne connaissait que son métier... Un jour, traversant une bourgade du Gâtinais, il vit à la fenêtre, encadrée de chèvrefeuille d'une humble maison, une belle, robuste jeune fille qui travaillait en chantant, il ralentit sa marche, il tourna la tête et ne poussa pas sa route plus loin. La fille était vertueuse autant qu'agréable ; elle aimait le travail ; l'honneur brillait sur son front, parmi les fleurs de la santé et de la jeunesse ; un sens droit et ferme réglait ses discours ; les fortunes étaient égales, les cœurs allaient de pair : le mariage se fit... Un enfant naquit. Des ambitions jusqu'alors inconnues entrèrent avec lui dans la pauvre demeure ; mais le plus arrêté de tous les grands projets formés autour de son berceau fut de lui apprendre à lire... Si je suis le premier de mon nom et du nom de ma mère qui ait su lire, ou tout au moins qui ait su un peu d'orthographe, c'est probablement après Dieu à ce craintif instinct de l'amour paternel et de la pauvreté que je le dois [1] !

Dans un autre livre, une autre page, bien des fois écrite de nouveau par la même plume, a célébré l'intimité profonde et charmante qui, de l'enfance à la vieillesse, unit les deux frères écrivains, les deux frères polémistes :

« J'avais cinq ans, lorsque Dieu, songeant aux besoins futurs de ma vie et de mon âme, me donna un frère. La plus ancienne joie dont je me souviens fut de voir ce beau petit frère endormi dans son berceau. Dès qu'il put marcher, je devins son protecteur ; dès qu'il put parler, il me consola... Nous avons grandi, nous avons vieilli nous tenant par la main et par le cœur. Présentement nous sommes en âge d'hommes et, grâce à Dieu, notre enfance n'a point cessé [2]. »

1. *Rome et Lorette.*
2. *Les Libres Penseurs.*

En divers endroits, Louis Veuillot a parlé de sa pauvreté d'origine mais uniquement pour plaindre son père et sa mère aux prises avec l'angoisse quotidienne de l'existence matérielle, abandonnés par une société où l'argent était si souvent la base et la mesure du droit. Quel gémissement lui inspirait encore, trente années plus tard, la pensée de l'injustice commise par les puissants contre les humbles ! Il a parlé aussi lui-même du milieu dans lequel, après avoir traversé « l'infâme école mutuelle », il recueillit ses premières notions de littérature, tout en copiant des formules procédurières.

Sous la plume de M. Eugène Veuillot, qui vient de consacrer deux volumes à cette illustre mémoire[1], le cadre s'est élargi et complété, enveloppant un tableau animé et pittoresque. L'étude de maître Fortuné Delavigne, où s'installait comme « petit clerc » d'avoué le futur grand écrivain, nous présente tout un coin du monde et reflète la bigarrure, l'originalité, l'agitation d'une partie de la société parisienne, à la veille et au lendemain de 1830. On voit Louis Veuillot, âgé de quinze ans, gagnant sa vie par les travaux de l'étude, par des copies supplémentaires, par une étonnante besogne qui lui procurait le moyen d'acquérir de temps en temps quelques livres : le matin ou le soir, sur le bord de la Seine, il aidait les pêcheurs de sable à décharger leurs bateaux. Cinq sous l'heure ! On le voit vigoureux, actif, décidé, confiant ; infatigable et insatiable en fait de lectures ; passionné pour le théâtre, mais ingénieux aussi à

---

1. *Louis Veuillot*, par Eugène Veuillot. Le troisième volume est en préparation.

saisir entre deux courses quelque leçon d'un professeur de la Sorbonne, Guizot, Cousin, Villemain.

Une sincère et délicieuse narration nous montre
Louis Veuillot, adolescent, emporté par l'inconscient
et impétueux instinct de son futur génie littéraire.
Des croquis pleins de verve ressuscitent la société
périgourdine d'autrefois, où le journaliste de vingt
ans essayait brillamment ses forces.

Les premiers essais de style, vers et prose, ont
été analysés avec l'indépendance digne du grand
frère qui s'imposait à lui-même une critique rigoureuse. Enterrées dans l'oubli par leur auteur, ces
œuvres de début gardent l'empreinte d'un talent
naissant, déjà robuste et gracieux. A vingt-quatre
ans, Louis Veuillot est un véritable écrivain, en
possession d'un genre et d'une méthode et n'ayant
plus qu'à laisser se développer ses dons naturels,
monter et jaillir sa sève, pour atteindre à l'épanouissement vaste et splendide.

Une autre maturité, celle des sentiments, avait encore précédé cette précoce maturité artistique. La
vive et tendre affection qu'il témoignait à son frère et
à ses sœurs eut de bonne heure un caractère de sollicitude. A peine engagé dans les combats de la vie,
il acceptait les préoccupations d'un chef de famille.
Avec quel courage il embrassait ce devoir et comme
ce courage était soutenu par la force dont, obscuré-
ment, il se savait muni, voilà un autre aspect qui est
mis en lumière. Les détails abondent, diversifiés,
puisés à la source et dans l'intimité de l'être, harmo-
nisés par une phrase agile, nerveuse et forte, dont
l'élégance offre un incomparable caractère de précision. Personne de notre temps ne possède comme

M. Eugène Veuillot l'attrait et le sens du mot juste
et n'a plus naturellement et plus constamment pratiqué la règle classique énoncée par La Bruyère :
« Entre toutes les différentes expressions qui peuvent
» rendre une seule de nos pensées, il n'y en a qu'une
» qui soit la bonne... tout ce qui ne l'est point (elle)
» est faible et ne satisfait point un homme d'esprit
» qui veut se faire entendre. »

Est-ce dans les premiers chapitres que l'éminent
biographe a le mieux réussi une tâche difficile et
très aimée ? Si j'osais l'assurer, je risquerais de me
démentir bientôt en indiquant d'autres pages, et
d'autres ensuite, où le récit est pénétré du souffle
immense et généreux qui remplissait Louis Veuillot.
C'est vraiment là et ailleurs la respiration d'une âme
d'élite.

De quelle manière se convertit l'illustre écrivain,
on le sait en général. Lui-même l'a dit ; et nul n'a
écouté sans émotion ces accents magnifiques. Et cependant, il restait encore bien des circonstances à
noter : les impressions produites dans la compagnie
où il avait jusqu'alors vécu, parmi tant d'amateurs
de politique ou de littérature qui gâchaient leur
effort ou leur oisiveté ; près des siens : son frère, qui
allait être de ses premiers convertis ; son père, auquel
les soucis et la besogne n'avaient pas laissé le temps
de penser à la religion ; sa mère, un peu inquiète par
suite des réflexions de gens malintentionnés ou ma-
ladroits. Nous voyons là, en mouvement, la crise où
s'affermit victorieuse cette foi intrépide qui ne devait jamais défaillir.

---

Les bourgeois de 1840 représentaient l'esprit qui *distingue* le radicalisme actuel. De l'ancienne aristocratie ils avaient hérité le goût voltairien, lequel, faute de manières raffinées, passait vite à l'état de délire furibond. Alors c'était surtout le bourgeois qui fournissait l'énergumène. On s'en aperçoit en observant que les journaux les plus considérables, même lettrés, se disputaient, au prix de folles surenchères, la gloire et le profit d'avoir la primeur des romans anti-religieux.

Romans d'Eugène Sue, pamphlets et diatribes de Michelet et de Quinet, réquisitoires de Dupin, anathèmes fulminés par Cousin et par Villemain, chroniques et vaudevilles, voilà de quoi se composaient la tactique et la stratégie employées contre les catholiques, coupables de réclamer la liberté d'enseignement et de menacer le monopole universitaire.

Cette grande affaire de la liberté d'enseignement, qui entre dans une phase nouvelle et qui nous promet encore de fortes complications, fut à l'ordre du jour durant la première moitié du siècle qui vient de finir. Indiquée de bonne heure, elle s'était affirmée avec un éclat extraordinaire en 1831, lorsque Montalembert et Lacordaire, invoquant l'article 69 de la Charte, osèrent entreprendre d'effectuer par un acte la démonstration de cette liberté et, sans demander aucune autorisation supplémentaire, se firent maîtres d'école. Dans le sens vulgaire, leur tentative échoua; en réalité, elle donna aux catholiques une énergie qui prépara la victoire de 1850.

Combien longue et difficile fut la campagne émancipatrice, on en juge exactement par l'ouvrage que M. Eugène Veuillot a consacré à la mémoire de son

frère. C'est l'histoire d'un énorme labeur ; l'étude de
caractères qui, par leur élévation et par leur ascendant, créèrent, au milieu de préjugés touffus et te-
naces, une force capable de croître, de s'élargir, de
débrouiller le chaos, de le ramener à l'ordre et de le
féconder.

Dans le premier volume de la vie de Louis Veuillot, le passé de ce parti catholique, dont la gloire
aujourd'hui seule nous est connue, occupe sept ou
huit chapitres. Outre leur valeur historique et littéraire, ils sont très importants pour la lutte actuelle
et pour la lutte prochaine ; deux surtout, ceux qui
remontent jusqu'à l'origine du mouvement libéra-
teur.

Alors l'état de la presse religieuse semblait inter-
dire tout espoir de progrès. Non qu'elle fût dépourvue d'écrivains habiles et savants, puisque, derrière
Chateaubriand, Joseph de Maistre, Bonald et Lamennais, se levaient des hommes capables de continuer
l'œuvre si brillamment commencée. Mais ce n'était
qu'une poignée. Les trois ou quatre publications qui
soutenaient le principe chrétien le montraient soli-
daire de la royauté, menacée et vacillante presque
aussitôt que rétablie. Le Concordat prenait l'aspect
d'un asile réservé aux esprits en retard, d'une sorte
de musée où se conservait le souvenir des usages
démodés. Réputée déchue de son prestige et de son
droit, l'Église produisait sur les gens instruits ou
simplement paisibles l'effet qu'elle produit sur nos
radicaux et sur nos collectivistes. Y faire une allusion respectueuse, dans les salons bourgeois, c'était
un trait de bêtise et d'inconvenance.

La société d'alors, qui venait de voir s'écrouler le vieux monde et qui ne comprenait presque rien au monde nouveau, ne soupçonnait pas que les ardeurs chrétiennes pussent jamais renaître parmi tant de ruines. Elle sursauta de surprise, non moins que de colère, lorsqu'elle entendit résonner ce vibrant appel :

Au milieu des factions de toute espèce, nous n'appartenons qu'à l'Eglise et à la Patrie.

Parmi ces choses qui passent, parmi ces débris, dans ce mouvement des idées qui s'en vont, reviennent et s'en vont encore, nous embrassons fermement les seules choses, les seules idées qui ne passent pas, l'Eglise et la Patrie.

Nous n'entreprenons point de devancer le jugement de Dieu sur les causes en litige, ni de faire violence à l'avenir pour lui arracher des secrets qui ne seront découverts qu'au jour marqué ; mais, dépouillés de toute prévention contre des opinions loyales et permises — persuadés que tout ce qui est honnête et légitime dans le désordre présent, trouvera sa place dans l'ordre futur et s'y rangera de soi-même, — nous ne sommes entièrement hostiles qu'à la source radicale du désordre, à l'impiété, à la dépravation des doctrines, à l'effroyable avilissement des mœurs. Justes envers tous, soumis aux lois du pays, dévoués à celles de l'Eglise, — libres et chrétiens, — nous réservons notre hommage et notre amour à l'autorité vraiment digne de nous, qui, sortant de l'anarchie actuelle, fera connaître qu'elle est de Dieu, en marchant vers les nouvelles destinées de la France, une croix à la main.

C'était le signal du relèvement, dont les symptômes sont décrits par M. Eugène Veuillot avec une

netteté saisissante [1]. On suit les phases du phénomène, ignoré de presque tous ceux qu'il allait bientôt saisir de colère ou d'enthousiasme. A travers les
amas de décombres on voit s'insinuer une végéta-
tion patiente, que le voltairianisme et le jacobinisme
croyaient avoir définitivement desséchée.

Malgré la terrible volonté de Napoléon lui-même,
Mgr de Boulogne déposa en terre le germe
d'un parti catholique affranchi de la tutelle gouvernementale, sous le plein soleil de la Papauté.
L'*Avenir*, d'où débordait le zèle brûlant et farouche de Lamennais, affirma l'ultramontanisme et
compromit cette cause. Un des anciens représentants de l'école menaisienne, promis à la noblesse
et à la fécondité de l'épiscopat, l'abbé Gerbet, vivi-
fia l'*Univers*, que l'abbé Migne venait de fonder
(1833) avec le concours de M. Bailly et qui recrutait
peu à peu des abonnés et des rédacteurs, en attendant l'arrivée de Montalembert (1835 et 1837) et de
Louis Veuillot (1839), en attendant l'appui moral et
financier de M. Taconet. Ces faits, ainsi que bien
d'autres du même genre, s'imposent à l'attention
du chrétien engagé dans la lutte.


La liste des hommes de savoir et de talent qui,
lors de la première période, prirent part à l'œuvre de
l'*Univers* est longue et brillante. On y voit d'abord
Charles Nodier, Récamier, les deux frères Foisset,
Frédéric Ozanam, du Lac. Celui-ci, en qui Lamennais

---

1. *Louis Veuillot*, par Eugène Veuillo  tome Ier, pages 377 et
suivantes.

avait tout de suite senti « une épée de logique », con-
sacra sa vie au journal : doué d'un style pur et puissant, théologien, humble et infatigable travailleur, il
ne voulut recueillir que « l'austère joie » de rendre
de précieux services, disait de lui quarante ans plus
tard Louis Veuillot [1] . « Sauf ce gain des forts rien
» ne fut pour lui, ni renom, ni fortune. Il prit stric-
» tement son pain quotidien et ne fut pas tenté du
» reste. » Les autres s'appelaient : l'abbé de Salinis,
de Scorbiac, Dom Guéranger, Combalot, Rohrbacher,
le P. d'Alzon, l'abbé Jules Morel, l'abbé de Cazalès,
Lenormant, Henri de Riancey, Ourliac, de Coux, les
deux Boré, le P. Ventura, Coquille, Aubineau, de la
Tour, Roux-Lavergne, de Blanche, etc.

Le premier service rendu par l'*Univers* fut (je l'ai
dit, mais cela vaut bien d'être dit deux fois) de doter
les écrivains et les orateurs, évêques, publicistes,
hommes politiques, laïques ou religieux, d'un organe retentissant. L'action avait enfin un centre et
ainsi la méthode et la continuité. Elle se fortifiait
de concours imprévus : *Timon* (Cormenin) mit au
service de la justice et de la liberté sa verve et son
courage ; et les pamphlets composés en faveur des
Jésuites, *Oui et Non ! — Feu ! Feu !* achevèrent de dérouter tant de gens qui ne pouvaient croire à un réveil
catholique. Ceux-ci éprouvaient encore plus d'étonnement que d'irritation, comme s'ils avaient soudain
entendu la voix de morts qui leur fussent restés
odieux. Fait remarquable et dont la leçon mériterait
sans doute d'être toujours présente à nos contemporains : les catholiques prenaient l'offensive. La con-

---

1. *Mélanges,* troisième série, tome VI, page 410.

dition indispensable d'une telle marche en avant était réalisée : un but précis, désigné par une formule simple. On attaquait le monopole universitaire; et les moindres soldats comprenaient leur devoir aussi bien que les chefs.

La nouvelle formation déchaîna les colères accumulées chez les partisans du système en péril. Comme le note M. Eugène Veuillot, « presque toute » la presse dite libérale et gouvernementale, révo- » lutionnaire ou conservatrice, se livrait sans relâ- » che à cette guerre [1] ».

Des hommes d'esprit cultivé et qui tenaient beaucoup à leur renommée de distinction et de libéralisme faisaient cause commune avec la tourbe. Cuvillier-Fleury apostrophait furieusement les Jésuites : « Qu'ai-je à faire de vos vertus, si vous m'apportez la peste ? » La justice dont le *Journal des Débats* daignait user envers Montalembert se manifestait sous cette forme méprisante : « Il n'écrit pas trop mal. On peut le lire sans dégoût. »

Pour décourager les « cléricaux » de réclamer des écoles libres, tous les procédés furent employés. M. Thiers, qui devait, cinq ans plus tard, appuyer et faire prévaloir en partie la cause de la liberté, accepta d'être l'allié d'Eugène Sue. D'ailleurs, le romancier s'attribuait le mérite d'avoir adapté à la propagande populaire l'enseignement de Libri, de Génin, de Michelet, de Quinet, de l'ambassadeur et pair de France Saint-Priest. Il se recommandait d'eux et affectait de les honorer, comptant bien que nul n'o-

______

1. *Louis Veuillot*, par Eugène Veuillot, tome II, pages 41 et suivantes.

serait décliner son suffrage. En effet, ajoute M. Eugène Veuillot, si le compliment ne causa pas une satisfaction absolue à tous ceux qui le reçurent, « aucun ne le repoussa ».

Cette honteuse campagne, dont l'*Univers*, Louis Veuillot, Montalembert, etc., fournirent heureusement la contre-partie, devait être racontée dans l'ouvrage de M. Eugène Veuillot. Elle l'est supérieurement, de même que la mémorable discussion devant les Chambres et la séance pour laquelle dix mille billets furent demandés ; de même que les manœuvres du gouvernement et la conspiration contre le Pape, lequel, menacé de l'émeute et du pillage, se trouva obligé de céder ; de même que le procès intenté à Louis Veuillot et à l'*Univers* pour avoir fait le compte rendu détaillé d'un autre procès contre l'abbé Combalot. Le prêtre accusé de diffamer et d'injurier l'Université, de troubler la paix publique, etc., avait été emprisonné pendant quinze jours. Louis Veuillot et le gérant de l'*Univers*, Barrier, subirent un mois de prison.

Bientôt après arrivait, pour Louis-Philippe, l'heure de recevoir des sommations impérieuses. Il n'avait pas su refuser son appui au mensonge et au scandale ; il avait cru, par le sacrifice de citoyens innocents et de prêtres sans reproche, apaiser les intrigues haineuses : elles l'emportèrent.

Et la liberté d'enseignement, prétexte des intrigues abominables, voyait bientôt, elle aussi, se lever le jour de la justice, c'est-à-dire de la victoire. A cette date de 1850, les catholiques recueillaient le fruit d'une des luttes les plus persévérantes qui aient remué notre époque.

Beaucoup d'éclat et de prestige entouraient alors
la tribune des Chambres. Comme plusieurs journalistes considérables, Louis Veuillot, de 1840 à 1850,
s'était souvent fait *courriériste*. Il rendait sensible au
dehors l'émotion produite par l'éloquente parole de
Montalembert. Avec une vigueur qui déconcertait le
parti pris et la haine, il mettait en relief les erreurs,
les inconséquences, les travers des orateurs aveu-
glés par les préjugés. Grâce à lui, il reste de cette
époque une série de portraits vivants et des tableaux
où subsiste l'animation des premiers combats pour
la liberté scolaire et que Sainte-Beuve lisait avec
ravissement [1].

Un de ses adversaires obstinés et qui d'ailleurs ne
l'a jamais compris, Edmond Schérer, a dit de lui :
« M. Veuillot est un écrivain. Il n'est que ça. » Reproche singulier, capable d'exciter l'envie de bien
des journalistes !

Si Louis Veuillot n'avait possédé que son esprit
agile et mordant, sa verve puissante, sa foi intrépide,
son ardeur et son enthousiasme, sa haute conception
du rôle de l'Église dans les affaires humaines, politiques et sociales — et c'étaient là des dons très remarquables qui se sont bien rarement trouvés réunis chez le même homme, — s'il n'avait pas reçu en
naissant et cultivé avec amour le génie du style,
n'aurait-il pas manqué de l'instrument qui lui a permis de mettre en œuvre tant d'avantages ? Il fallait la supériorité d'un grand écrivain pour faire
supporter et pour faire prévaloir finalement une idée
qui heurtait les plus vives passions. Et quelle résis-

1. *Nouveaux lundis*, tome I.

tance impitoyable s'est dressée contre lui durant trente années !

Comment il entendait son métier, Louis Veuillot l'a indiqué lui-même en quelques lignes expressives, où il se peint sans y songer et par lesquelles cependant il ne se rend qu'une très insuffisante justice :

Le talent du journaliste, c'est la promptitude, le trait, avant tout la clarté. Il n'a qu'une feuille de papier et qu'une heure pour exposer le litige, battre l'adversaire et donner son avis ; s'il dit un mot qui n'aille au but, s'il prononce une phrase que le lecteur ne comprenne pas tout d'abord, il n'entend point le métier. Qu'il se hâte, qu'il soit net, qu'il soit simple. La plume du journaliste a tous les privilèges d'une conversation hardie ; il doit en user. Mais point d'apparat, et qu'il craigne surtout de chercher l'éloquence. Tout au plus peut-il l'étreindre un instant quand il la rencontre.

On a voulu ne voir en lui que le don de l'image, de la verve et de l'imprécation, mais les vrais juges l'ont autrement apprécié. Dans l'étude que j'ai mentionnée plus haut et qui est un modèle d'impartialité, de finesse et d'élévation, M. Jules Lemaître a tracé la physionomie morale et intellectuelle du polémiste catholique :

Entre les écrivains qui comptent, Veuillot me paraît celui qui est le mieux dans la tradition de la langue, tout en restant un des plus libres, des plus personnels... Au reste, une souplesse incroyable, une extrême diversité de ton et d'accent, depuis la manière concise, à petites phrases courtes et savoureuses, et depuis la façon liée, serrée, pressante, du style démonstratif, jusqu'au style périodique de l'éloquence épandue, et jusqu'à la grâce

inventée et non analysable de l'expression proprement
poétique... Bref, il me semble avoir toute la gamme et la
force ensemble, et toujours le mouvement, et toujours
aussi la belle transparence, la clarté lumineuse et se-
reine.

... Avant de reprocher à Veuillot la violence de sa polémique, il faudrait voir comment il a été traité lui-même
pendant quarante ans.

Nous ne connaissons plus que par les *Mélanges*
ces discussions qui duraient une semaine pour reprendre le mois d'après, pour recommencer plus
tard sous la même forme ou à propos d'une circonstance nouvelle. Il n'y a rien de pareil dans le journalisme ; d'autant plus que les journalistes sont assez rares qui, de leurs articles rassemblés, ont su
composer des livres et déconcerter la défaveur assu-
rée à ces publications. Or, les dix-huit volumes de
*Mélanges* renferment trente années de notre histoire,
trente années saisies dans leur cours. A propos
des articles suggérés par les incidents et par les
personnages de la guerre de Crimée, Sainte-Beuve
a dit : « Je ne sais pas, en vérité, de plus noble
» prose ni dont la presse doive être plus fière. Ce
» sont des pages d'histoire [1]. »

Écrivain, Louis Veuillot l'était de nature ; et c'est
grâce à ce mérite, peu répandu dans la presse, qu'il
a pu, en outre de quatorze volumes qui contiennent
une série de chefs-d'œuvre, en outre de sept volumes
d'où déborde une *Correspondance* extraordinaire, rédiger, sous le coup de l'événement quotidien, ces incomparables *Mélanges*, la merveille du journalisme.

---

1. *Nouveaux lundis*, tome I.

Dans cette histoire des luttes et des conquêtes auxquelles nous devons nos œuvres, nos écoles, nos congrès, nos journaux, l'usage de nos droits, notre vitalité catholique, il y a toute une collection de crises où les individus et les partis se mêlent, se séparent pour se rapprocher encore, pour se diviser de nouveau, suivant les sursauts du courant qui les entraîne.

Il y a un drame, dont les protagonistes sont Louis Veuillot et Montalembert.

Personne mieux que M. Eugène Veuillot ne connaît le lien qui unit ces deux hommes, qui fut longtemps étroit et chaud, qui néanmoins resta presque toujours exposé à se refroidir et à se détendre, qui fut dissous en effet et dont le souvenir fut conservé par l'un avec une irritation croissante, par l'autre avec un regret obstinément affectueux et généreux. D'une main sûre, ferme et délicate, l'historien-biographe a groupé les matériaux d'un sujet très complexe et à certaines heures poignant.

L'auteur pouvait établir un parallèle en forme, dont l'avantage serait de lui-même allé à Louis Veuillot. Mais l'ardent désir d'être vrai lui a fait prendre comme point de mire le sentiment qui domina toutes les impressions de son frère, après la rupture, en plein antagonisme comme aux jours heureux de l'amitié profonde. Le magnifique testament de Louis Veuillot contient cette phrase, à propos de Lacordaire et de Montalembert : « Je les ai aimés, *Monta-* » *lembert surtout.* » M. Eugène Veuillot en apporte des preuves abondantes et d'une signification très nette. Certaines sont fournies par des articles enthousiastes, qui correspondent et qui répondent aux

plaintes, aux reproches, aux incriminations émanés
de Montalembert.

Le sentiment ainsi mis en lumière dans la conduite
de Louis Veuillot, c'est, de plus, le sentiment de
l'auteur. On le voit d'un bout à l'autre des deux volumes ; on s'en réjouit ; on admire cet esprit d'équité
qui domine aisément les contrastes des caractères
et qui, là où quelque rancune pouvait se glisser,
laisse à la bonne humeur le soin d'énumérer les
griefs personnels. S'il n'en eût pas été de la sorte,
comment M. Eugène Veuillot aurait-il indiqué d'un
ton si modéré l'incroyable importance que prit,
dans le désaccord de Louis Veuillot et de Montalembert, l'événement où s'effondra Villemain ? Le ministre de l'instruction publique, le grand-maître de
l'Université, qui avait tant déclamé contre les Jésuites, était devenu fou. Vite Montalembert apporte la
nouvelle au journal. « Il voulait, dit M. Eugène Veuil-
» lot, que l'*Univers* fît ressortir la leçon que donnait
» à tous et surtout à nos adversaires ce coup de la
» Providence. Louis Veuillot s'y refusa [1]. » L'illustre orateur garda de cette opposition une amertume absolument disproportionnée à la circonstance [2].

On serait sans excuse de le juger sur une pareille mesure, puisqu'il avait l'esprit très haut et le
cœur très tendre. Mais sa nervosité lui tendait des
pièges.

Il y a plus de justice et de profit à considérer les
raisons principales qui brisèrent l'entente des deux

1. *Louis Veuillot*, par Eugène Veuillot, tome 1er, page 528.
2. *Id.*, tome II, p. 11.

champions. En somme, elles l'avaient toujours empêchée de devenir intime, dans le sens positif du mot.

La psychologie la plus raffinée veut que ce soit par leurs différences que les âmes se tiennent et pour ainsi dire s'accrochent. De cette manière, l'hétérogénéité devient un instrument d'union, mais elle ne cesse pas, suivant les conjonctures, de fournir des prétextes de désaccord. On ne se fond pas tout à fait l'un dans l'autre. On a tant de difficulté à réaliser en soi-même un minimum d'harmonie permanente ! Un événement, une impression nous prend à l'improviste et fait surgir au dedans de nous un ennemi. Entre deux hommes, les chances de dissentiment et de brouille sont plus nombreuses et plus fortes. Combien d'alliés, combien d'amis, combien de frères se sont trouvés, dans une œuvre commune, dans une même pensée, unis jusqu'à la fin ?

Entre Montalembert et Louis Veuillot, ardente et puissante était l'identité de foi. Ils s'étaient rencontrés à un tournant de la route sur laquelle se heurtent la révolution impie et la restauration religieuse. Ils avaient un long chemin à faire ensemble, un lourd fardeau à porter, une rude pente à gravir. Ils allèrent de compagnie, se partageant la besogne.

Le but était le même pour eux, mais par suite de la différence de leurs tempéraments, de leurs origines et de leurs milieux spéciaux, ils ne l'envisageaient pas avec des dispositions identiques.

Parmi les traits nombreux et significatifs, notés dans les deux volumes, figurent les compliments et aussi les conseils que, de Madère où il avait séjourné, Montalembert envoyait à Louis Veuillot (1844). L'il-

lustre orateur allait bientôt reprendre la parole. Il
recommandait aux catholiques engagés dans la lutte
de se poser « non pas en vainqueurs ou en combat-
» tants sûrs de la victoire, mais en vaincus qui cher-
» chent à *sauver l'honneur*, après une bataille per-
» due ». Suivant lui, c'était la situation réelle ; et il
montrait ses soldats « faibles, désarmés, désunis,
» misérables en tous points ». Il leur interdisait les
« *grands airs* ».

Les Voltairiens eussent été alors très· étonnés
d'apprendre que cette recommandation était faite par
le tribun dont l'éloquence passionnée, mordante et
agressive leur paraissait une provocation continuelle
et insupportable. Ils auraient crié à la dérision, s'ils
avaient su que l'impétueux défenseur de l'Église se
flattait de les ménager. En cette circonstance, Montalembert se laissait entraîner à une erreur qui parfois se joue des hommes éminents comme du vulgaire. De plus, son impressionnabilité native s'ac-
croissait devant l'immensité des efforts nécessaires
comparés aux faibles moyens utilisables. Chez lui,
l'intrépidité ne pliait pas, mais elle se dépensait sans
confiance. Il se montrait enclin au pessimisme, dit
M. Eugène Veuillot.

La raison décisive de cet état d'esprit était peut-
être que Montalembert, par ses origines, procédait
de la vieille société abattue et dont la décomposition
se poursuivait. Dans le changement effectué, il apercevait surtout la ruine, trop réelle ; dans le changement préparé, la ruine encore, trop certaine. Sans
entamer sa vigueur, le spectacle de la destruction
obsédait la vue de son esprit et ne lui laissait pas
toujours distinguer la possibilité et les indices d'un

travail efficace en sens inverse, avec le concours des nouvelles forces amenées sur le terrain.

Même le journalisme, dont il usait avec goût et avec entrain et dont il plaida la cause (en 1846, il intervint près du Saint-Siège pour soutenir l'*Univers*, lorsqu'il croyait avoir des griefs contre lui), même le journalisme catholique ne lui inspirait qu'une sympathie mélangée. Il trouvait que l'instrument n'était pas assez discipliné, non pas envers les évêques et le Pape, mais envers d'autres personnalités considérables. Il n'a pas dit et il ne pensait pas que la seule mission de l'*Univers* fût de faire des compliments aux écrivains et aux orateurs catholiques, mais il souffrait de voir le journal exercer une influence relativement indépendante.

Louis Veuillot, sorti du peuple et d'avance affranchi des anciennes idées politiques, allait, sans avoir à s'imposer aucun sacrifice, vers l'œuvre de reconstruction, si compliquée et si vaste qu'elle fût. Un autre motif d'ailleurs, mis en lumière dans les deux volumes avec une précision admirable, le prédisposait à la confiance. Ayant expérimenté par lui-même la puissance rénovatrice attachée à la foi, il sentait la plénitude de cette puissance, il en frémissait, il en exultait. Dès le lendemain de sa conversion, il avait pris l'apostolat pour régulateur de ses devoirs publics et privés. Nous le voyons, aussitôt rentré à Paris, s'occuper d'installer dans une école religieuse ses deux sœurs, qui lui inspiraient la plus grave et la plus charmante sollicitude. Or, presque en même temps, il entreprenait, dit son frère, de « parler de Dieu à tous ceux dont il avait » reçu, à Périgueux ou à Paris, des témoignages

» d'amitié ou de sympathie », amis de divers degrés, amis de cœur ou de rencontre, y compris Roqueplan, Toussenel, Considérant, Latouche, Romieu, etc. L'apostolat par la plume et par l'exemple, il l'affrontait avec ce désir de relèvement. Régénéré lui-même, il comptait sans limites sur la régénération. Ce que la foi avait fait pour lui, il comprenait, par toutes les tendances comme par toutes les certitudes de son être, qu'elle pouvait l'accomplir en grand, qu'elle l'accomplissait déjà et que le bouleversement des pouvoirs et des rangs sociaux élaborait une refonte générale.

Il avait l'instinct et le discernement des ressources que le peuple, même incrédule, apportait à l'action de l'Église. C'étaient là des matériaux neufs dont on devait faire le tri et qui seraient employés dans l'édifice futur.

Plusieurs fois sans doute, on avait cru rencontrer, déblayé et solide, le terrain propre à la reconstruction ; mais des envahissements nouveaux s'étaient produits ; des secousses pareilles aux anciennes avaient englouti les assises posées avec tant d'efforts. Que faire ? — Que faire ? Recommencer. Recommencer toujours. Et après la courte période d'arrêt exigé pour le repos et pour le recueillement, on reprenait le travail.

Au milieu de quelles difficultés et de quelle espèce de tribulation, M. Eugène Veuillot nous le dit en des tableaux émouvants, où vibre toute l'ardeur de cet élan acharné. C'est un lumineux enseignement de l'art de combattre, une précieuse leçon, digne des chefs et des soldats qui en ont fourni le thème, digne spécialement du héros qui en est le sujet et qui, établi au centre de la bataille, debout plus de quarante ans en pleine mêlée, dépensant une valeur dont la fécondité rayonne autour de nous, se montra un de ces rares personnages doués pour pétrir la masse humaine et pour marquer leur empreinte sur plus d'une génération.

## Les coalitions. Continuel développement du journalisme.

La lutte religieuse ne détournait pas du gouvernement les hostilités qui, dès les premiers jours, s'étaient déchaînées contre lui. Son équilibre si difficile, il le rendait d'ailleurs impossible par des déclarations contradictoires. Il prétendait rester neutre entre les deux partis et, en affirmant la volonté de garantir le respect dû à la foi, sollicitait l'appui des Voltairiens. Il devenait le point de mire des railleries et des menaces. « La cour, lui disait le *Courrier Français* (1839), la cour ce ne sont pas les courtisans. La cour, c'est un gouvernement organisé, un Etat dans l'Etat... La cour règne, la cour gouverne, la cour administre... Nous n'avons pas détruit la monarchie absolue pour en voir renaître les abus, sous un autre régime et avec un autre nom. » Voyez les révérences que le *Temps* lui offrait : « Nous consentons à parler de la haute sagesse du roi et à la placer au-dessus de toute autre sagesse, à la condition qu'on ne prenne pas notre politesse au mot pour nous imposer telle ou telle politique au nom de cette formule... La France n'a pas abdiqué

aux mains de Louis-Philippe » ; le même journal en
était à regretter que le jeu n'entraînât aucun risque :
« la résistance d'une dynastie qui date d'hier, qui
n'est arrivée que par un choix de majorité, une
telle résistance est au fond si légère, si facile à vaincre, qu'il n'y a vraiment pas de danger, même pour
qui résiste ».

Berné par la grande presse, le gouvernement n'é-
tait pas plus ménagé par la petite, qui venait de renaître (1839). Chaque mois, bourdonnant sur la place
publique, les *Guêpes* le harcelaient. Alphonse Karr
l'accusait volontiers de « manquer d'intelligence ».
Le satirique disait avec une désinvolture dédaigneuse : « Fondé par la presse sur les ruines d'un
autre pouvoir détruit par la presse ; tous les jours
remis en question par elle, il n'a pas su s'allier franchement. Il a fait deux parts des écrivains : il a
acheté tous ceux qui étaient à vendre au rabais, tous
les gens sans talent, sans influence, sans esprit. Et,
appuyé sur eux, il a audacieusement déclaré la guerre
aux autres, en les écartant avec obstination de toutes
les positions honorables [1] ».

Parfois, des amis de la monarchie bourgeoise la
défendaient en dévoilant son vice constitutif. Ainsi
(février 1839) quand les partis se coalisaient de nouveau, le *Journal des Débats* proférait ces gémisse-
ments, plus pénibles pour elle que des attaques furieuses : « Le malheur de notre pays et de notre
époque c'est que chacun se croit assez fort pour se
mesurer avec la royauté... Voilà la véritable faiblesse
des royautés nouvelles, de celles qu'on a vu naître

---

1. *Les Guêpes*, livraison de décembre 1839.

au sein d'une insurrection populaire, de celles dont
on a discuté publiquement les attributions et les privilèges, de celles dont chacun peut se dire : c'est moi
qui l'ai faite. »

La coalition, la presse s'y engageait spontanément,
soit que le ministère Guizot (1840) stimulât par des
circulaires le zèle des procureurs; soit que la *Gazette
de France* (1841) publiât des lettres attribuées à Louis-
Philippe, datées de 1808 et de 1809, dans lesquelles
le prince, alors exilé, faisait des vœux pour le succès
des armées étrangères qui combattaient notre pays
en Espagne; ou d'autres lettres analogues dans lesquelles se trouvait la promesse de contenter l'Angleterre en évacuant l'Algérie (l'authenticité de ces pièces fut, d'une manière catégorique, niée à la tribune
par Guizot); soit que brusquement Thiers proposât
de ramener à Paris les cendres de Napoléon Ier, etc.
La coalition se nouait surtout entre légitimistes et
libéraux ou bien entre bonapartistes et républicains.

La *Réforme*, fondée en 1843 par plusieurs députés,
dont Ledru-Rollin, et rédigée par Flocon ; le *Journal
du Peuple*, rédigé par Godefroy Cavaignac et Dupoty,
manifestaient les progrès du mouvement démocratique et révolutionnaire, mouvement auquel, depuis
quinze années, avaient contribué avec insouciance
ou de parti pris la phalanstérienne *Démocratie pacifique* et le *Globe*, organe des Saint-Simoniens.

Les disciples d'Enfantin allaient bientôt goûter les
joies et les illusions du triomphe. On a raison de noter les recrues qu'ils avaient faites : Michel Chevalier,
d'Eichthal, les Péreire, Pierre Leroux, Jean Reynaud,
Félicien David, Hippolyte Carnot, Adolphe Guéroult,
Duveyrier. Celui-ci, dont les aptitudes étaient in-

nombrables, opéra dans l'agencement des journaux
une révolution, moins profonde que celle de Girardin et qui d'ailleurs en procédait, mais qui eut des
résultats importants. Il installa chez nous, en fait
d'annonces, le système anglais : les annonces rédui-
tes à quelques lignes et, par suite, d'un prix abaissé.
Il eut en 1845, l'idée de traiter avec plusieurs journaux (le *Journal des Débats*, le *Constitutionnel*, la
*Presse*) et d'affermer leur publicité. Avec le concours
des frères Péreire et d'Arlès-Dufour, qui versèrent
600.000 francs dans son entreprise, il ouvrit soixante
bureaux et mit en circulation de petites voitures
« pour recueillir les annonces anglaises [1] ».

Dédaignée d'abord, la combinaison devint néanmoins productive. Suivant l'usage, l'inventeur ne
retira pas de profit de son initiative. Elle prospéra
en d'autres mains, prit de l'extension et forma le système qui fonctionne aujourd'hui de Paris sur toute
la France.

L'extension ainsi réalisée nous paraît peu de chose
à nous qui voyons la vie publique et même la vie
privée envahies par la presse ; et cependant c'était
alors une conquête considérable. Dix ans auparavant, le nombre des abonnés aux feuilles parisiennes
atteignait 70.000 : en 1846, il s'élevait à 200.000,
répartis entre vingt-six journaux quotidiens, d'un
format plus restreint que celui du *Petit Journal* actuel : le *Siècle*, la *Presse*, le *Constitutionnel*, les
*Débats*, l'*Époque*, l'*Univers*, le *National*, l'*Esprit
public*, l'*Estafette*, la *Patrie*, la *Quotidienne*, le *Com-*

-----

1. *Histoire du Second Empire*, par Taxile Delord, tome II,
page 171. *Histoire de la Presse Française*, par Henri Avenel,
page 370.

merce, la *Gazette de France*, le *Charivari*, l'*Entr'acte*, la *Gazette des Tribunaux*, le *Droit*, la *Démocratie pacifique*, le *Courrier français*, l'*Écho français*, la *Réforme*, le *Moniteur parisien*, le *Corsaire Satan*, le *Messager*, le *Journal de Paris*.

Bien plus sensible encore l'accroissement d'influence. La presse, qui ne s'était pas relâchée de perfectionner son outillage ni d'étendre son domaine, s'était habituée à commander. Toute échauffée encore d'avoir renversé un gouvernement, elle avait humilié et désorganisé sans trêve le gouvernement qu'elle venait de constituer. Après dix-huit années de luttes, elle le livrait, démantelé, aux orateurs de banquets, aux partisans de la « réforme », qui donnaient l'assaut, le verre en main. Le souffle des clameurs emporta le trône orléaniste, trône de papier ; et les journaux s'installèrent dans la République comme chez eux.

# LA RÉPUBLIQUE DE 1848

« Ce fut la presse qui organisa le Gouvernement provisoire de 1848... Au *National* et à la *Réforme* siégeaient deux comités en permanence : dans chacun d'eux, on délibérait sur les mesures à prendre et on se mettait d'accord sur la nécessité de proclamer un gouvernement et d'organiser la République. Au comité du *National* on remarquait : Thomas, Emmanuel Arago, Sarrans, Duméril, Chaix (de Lyon), Aristide Guilbert, Edmond Adam, Peauger, Billaudel, Haureau, Hélie, etc. A la *Réforme*, étaient réunis : Beaune, Flocon, Gervais (de Caen), Cahaigne, Louis Blanc, Thoré, Étienne Arago, Sobrier, Albert et bien d'autres encore[1]. » Ces réunions avaient lieu « pendant que la révolution grondait encore dans les rues de Paris[2]... ». Autour de la table de rédaction de la *Réforme,* une quarantaine d'hommes, noirs de poudre pour la plupart, quelques-uns tachés de

---

1. *Histoire de la Presse française,* par Henri Avenel, page 386.
2. *Id.*

sang, se tenaient debout, appuyés sur leurs fusils [1].
Flocon et Louis Blanc portaient leur uniforme de
garde national. Là, on désignait les membres du
gouvernement provisoire et on transmettait leurs
noms à la Chambre.

Celle-ci en était encore à délibérer sur l'accepta-
tion ou le rejet du conseil de régence. On sait avec
quelle extraordinaire confusion se poursuivit le
débat : tenant ses deux fils par la main, la duchesse
d'Orléans était venue s'asseoir près de la tribune,
dans l'hémicycle. Devant la régente, qui montrait
beaucoup de courage et de dignité, une douzaine
d'orateurs discouraient pour ou contre la monarchie.
Les curieux, puis les bandes armées, envahissaient
l'Assemblée. Au milieu d'un immense pêle-mêle,
Lamartine proclamait la nécessité d'un gouvernement populaire. La duchesse dut s'enfuir, bous-
culée entre les groupes de députés et d'envahisseurs.
Devant une foule armée, frémissante, furieuse, qui
avait mis en fuite la plupart des représentants,
Ledru-Rollin lisait les noms choisis par le *National* et
par la *Réforme* : Dupont (de l'Eure), Arago, Lamartine, Ledru-Rollin, Garnier-Pagès, Crémieux, Marie,
mais pas tous les noms. Quatre personnages encore
allaient exercer les fonctions gouvernementales :
Louis Blanc, Flocon, Marrast et Albert, trois journalistes et un ouvrier, celui-ci patronné par eux ;
mais préalablement il leur fallait revendiquer aussi
pour eux-mêmes l'autorité dont ils venaient de disposer pour autrui.

1. *Histoire de la seconde République française*, par Hippolyte Castille, tome 1, page 260.

Dédaignés par la Chambre, ils coururent droit au sanctuaire des émeutes victorieuses, à l'Hôtel de Ville. Nul pouvoir enfanté dans les troubles ne possède de titre régulier et de valeur incontestable s'il n'a reçu en cet endroit les acclamations populaires. Ici le peuple confère le sacre. « Berceau et boulevard de trois révolutions, je te salue ! » dit l'auteur du second *Jérôme Paturot* [1].

L'Hôtel de Ville offrait le spectacle d'un tumulte sans nom. « Au bruit des coups de feu que les combattants déchargeaient en signe de joie dans les corridors, des chevaux abandonnés par la garde municipale bondissaient effarés, hennissants sur la poudre qui jonchait le sol et d'où leurs piétinements tiraient l'étincelle. Tout à côté, sur la paille, gémissaient des blessés, des mourants [2]. » Cliquetis des armes, bousculades dans les escaliers et à chaque étage, imprécations, rires convulsifs, formidables et folles clameurs, c'est dans ce milieu que les membres du gouvernement provisoire déjà désignés par la cohue de la Chambre, Lamartine, Dupont, Ledru-Rollin, Crémieux, Marie, Garnier-Pagès, en quête de l'investiture véritable, pénètrent, ballottés par le remous de la foule. Durant plus d'une heure, ils s'agitent et se perdent, poussés de salle en salle et

1. *Jérôme Paturot à la recherche de la meilleure des républiques.* Cette suite de *Jérôme Paturot à la recherche d'une position sociale* a été moins appréciée que les premiers volumes. Elle contient cependant beaucoup d'observations spirituelles et judicieuses et elle n'a pour principal défaut que d'être une suite.

2. *Histoire de la Révolution de* 1848, tome I, page 239, par Daniel Stern (Comtesse d'Agout).

recommençant dix fois, vingt fois, le même discours
étouffé au sein du prodigieux vacarme. Enfin, ils
trouvent un bureau moins encombré et s'y barri-
cadent pour tenir séance.

Alors ils sont rejoints par les trois journalistes
volontairement oubliés : Marrast, Flocon, Louis
Blanc, dont l'arrivée provoque une surprise désagréable. « Que viennent-ils faire ici ? » dit Crémieux
à Lamartine, qui, du ton le plus indifférent, répond:
« Je l'ignore[1] ». Pour éviter que son droit ne soit mis
en contestation, Louis Blanc prend l'initiative : « Eh!
» bien, messieurs, délibérons! » Dédaigneuse et
sévère réplique d'Arago : « Sans doute, Monsieur,
» nous allons délibérer, mais pas avant que vous
» soyez sorti. » Devant cette injonction, Louis Blanc
résiste et se fâche.

Deux ans plus tard, dans un livre consacré à sa
justification personnelle et spécialement à son rôle
lors des journées du 17 mars et du 16 avril, il a
raconté cet incident du début. On y voit combien le
monde parlementaire jugeait déraisonnables les prétentions des journalistes.

Et toutefois, Louis Blanc n'était pas un journaliste
quelconque ni un journaliste pur et simple. L'*Histoire de dix ans* (cinq volumes) avait été fort bien
reçue, et aussi le tome premier de l'*Histoire de la
Révolution*, ce commencement dans lequel il a
répandu sa meilleure érudition et sa meilleure littérature, souvent des pensées profondes, de l'éloquence et de l'art. La destinée voulait que pour Louis
Blanc le succès fût ordinairement saupoudré ou

1. *Histoire de la Révolution de 1848*, par Daniel Stern, tome I,
page 249.

saturé d'amertume. Son style et ses théories offrent
ce même caractère de promesses qui se démentent.
Très vite la phrase, tout d'abord tendue, se dénoue et
s'affaisse ; ou bien, lancée avec vigueur, elle s'égare
comme si elle avait perdu son équilibre et son poids.
La force tourne en confusion ; la solennité en banalité. Louis Blanc a eu le mérite de comprendre le
besoin d'organisation sociale, à une époque où des
observateurs instruits et perspicaces ne soupçonnaient pas qu'il y eût un problème de ce genre. Mais
immanquablement les larges aperçus du réformateur dévient et s'embrouillent. Ses innovations les
plus audacieuses sont emmaillottées de métaphores
défraîchies. Il veut prophétiser le xix° et le xx° siècles;
et il déclame comme au xviii°. Ses aspirations sont
hardies, mais ses doctrines sont creuses ; de là sans
doute le caractère plaintif de son enthousiasme. On
dirait qu'il se grise de témérité pour triompher d'un
malaise permanent et aussi qu'il remue des idées
énormes pour faire oublier sa taille minuscule.
Cette infirmité le sert parfois, puisque, lorsqu'il
se mêle à la foule et qu'il veut parler, les auditeurs
ne manquent pas de le hisser sur un banc ou sur
une table. Alors il reprend l'avantage, mais il en
reste gêné. Les exploits de Louis Blanc demeurent
inséparables d'une vieille caricature où il apparaît
installé *sur* la tribune, à côté d'un verre d'eau plus
grand que lui.

Quelle indignation étranglée, pour raconter l'offense dirigée contre lui, contre ses confrères et
contre « Albert l'ouvrier », qu'il venait de sacrer lui-
même, en tête à tête avec « le Peuple » ! Deux copies
de la liste gouvernementale étaient faites. L'une fut

portée au *National :* « Je pris l'autre pour la lire au
Peuple » qui revenait des Tuileries et affluait à la
*Réforme.* « Terrible et imposant spectacle ! » Après
avoir entendu la lecture de la liste, le Peuple approuve, mais il exige un nom de plus, et des milliers
de voix crient : « Albert ! Albert ! » Le personnage
était inconnu des amis politiques de Louis Blanc,
lequel ajoute : « Quant à moi, je ne l'avais jamais
vu, mais quels titres avions-nous qui pussent valoir
ceux de cet élu des faubourgs ? Albert était un
pauvre ouvrier mécanicien, il n'avait jamais figuré
au milieu des notabilités démocratiques... N'y avait-
il pas dans ce fait l'avènement d'un monde nouveau ?... Oui, j'en prends le ciel à témoin, ce fut avec
une invincible émotion, ce fut les yeux humides que
j'inscrivis sur la liste des *futurs dictateurs* ces mots :
— Albert, ouvrier [1] ».

Donc Louis Blanc entendait être dictateur comme
plusieurs autres, qui ne désiraient rien lui céder.
Quand il vint se joindre au gouvernement provisoire
« l'inquiétude passa comme un nuage rapide sur certains visages ; car ceux qui étaient liés avec la régence par des engagements secrets (Garnier-Pagès
surtout) savaient bien » que les trois journalistes
apportaient avec eux : « la République [2] ».

Il ne dit pas que d'abord Arago l'a sommé de partir. Il constate que Garnier-Pagès se mit à pérorer
sur la constitution du nouveau pouvoir « et laissa
tomber négligemment le mot *secrétaires* » en l'appliquant à Louis Blanc, à Marrast et à Flocon. Il affecte

1. *Pages d'histoire sur la Révolution de février,* par Louis
Blanc, pages 18, 19.
2. *Id.,* page 21.

de n'avoir pas été offusqué par cet arrangement :
« Le mot *secrétaires* nous parut s'adresser uniquement à notre qualité de journalistes, laquelle semblait nous destiner en effet d'une manière plus spé-
ciale au rôle de la parole écrite. » Cependant,
d'après les meilleurs témoins, il protesta et menaça
d'en appeler au peuple [1], puis suivit l'exemple de
Flocon et de Marrast, qui acceptaient. Le lendemain
étaient insérés dans le *Moniteur* les premiers décrets
accompagnés de tous les noms et de la désignation
des secrétaires. Louis Blanc déclare qu'il n'attachait
pas d'importance à cette désignation. Mais « apprenant que le peuple s'en étonnait [2] », il la fit disparaître sans retard. Là-dessus, il dément Lamartine, d'après lequel l'abandon du titre de secrétaires
aurait été fait peu à peu, insensiblement [3].

L'adjonction d'Albert au groupe des « futurs dictateurs » avait été imposée par Louis Blanc, qui, se
défendant d'avoir accepté, ne fut-ce que pour quelques moments, une situation subalterne, conclut avec
un orgueil endolori mais exalté : « Nous n'avions
nul besoin qu'on nous fît place dans l'audace et le
danger. Le peuple nous voulait à cette place : elle
nous appartenait, nous la prîmes [4]. »

---

1. *Histoire de la Révolution de* 1848, par Daniel Stern, tome I,
page 249.

2. *Pages d'histoire sur la Révolution de février*, par Louis Blanc,
page 21.

3. *Id.*, page 22.

4. *Id.*, page 23.

Ayant pourvu à l'installation d'un gouvernement libéral, qui comprenait trois journalistes ; voyant d'importantes fonctions réparties entre les hommes du métier (l'ineffable Caussidière, préfet de police, appartenait à la *Réforme* ; le maire de III<sup>e</sup> arrondissement, Perrée, dirigeait le *Siècle*, etc.), il était naturel que la presse s'occupât de sa liberté propre.

N'oublions pas que, pendant les premiers jours du régime républicain, elle donna en général l'exemple de la modération et de la concorde. Le 2 mars, anniversaire de la mort de Carrel, on fraternisait dans le cimetière de Saint-Mandé ; et Girardin, qui avait tué Carrel, vint publiquement exprimer ses regrets, promettre de ne plus recourir au duel et serrer la main de Marrast, directeur du *National* depuis douze ans.

Tandis que les anciens journaux travaillaient à s'affranchir des vieilles entraves, une foule de journaux tout frais marquaient leur place sur le terrain de la publicité, sans se soucier de s'être mis en règle avec la moindre obligation légale. Comme en 89, on pensait que se servir de la liberté c'est le meilleur moyen de la proclamer.

Le timbre était l'obstacle le plus gênant, du moins en principe. On demanda qu'il fût supprimé. Une pétition dans ce sens réunit le *Courrier français*, la *Réforme*, l'*Union*, l'*Estafette*, la *Presse*, le *National*, le *Constitutionnel*, la *Démocratie pacifique*, le *Charivari*, la *Patrie*, le *Commerce*, le *Droit*, la *République*, le *Représentant du Peuple*, le *Peuple constituant*, le *Populaire*, etc.

La brusque suppression du timbre avait des inconvénients, d'abord au point de vue des ressources

du fisc, puis au point de vue de la législation en elle-
même et des procédés de législation ; mais elle pouvait se justifier par un fait démonstratif bien que
bizarre : en réalité, déjà « le timbre des journaux
n'était plus payé[1] ». Aussi, après quelques tergiver-
sations, le gouvernement décida de l'abolir. Sans
retard alors, furent prononcées d'autres abolitions,
notamment celle des fameuses lois de 1835 qui, par
surcroît, subirent une flétrissure officielle. L'impulsion étant donnée, se succédèrent les décrets libéra-
teurs et vengeurs : après avoir rendu au jury les
affaires de presse (la condamnation ne pouvait désormais être prononcée que par une majorité de
plus de huit voix) et retiré aux Cours d'appel le droit
de distribuer des subventions indirectes par la voie
des annonces judiciaires, le gouvernement provisoire
proclama « l'incompétence absolue des tribunaux
civils en matière de réparation civile pour diffama-
tions injures, etc., contre les fonctionnaires[2] » ou autres personnages assimilés. Ce décret (du 22 mars)
déclarait que « les fonctions publiques sont exercées
sous la surveillance et le contrôle des citoyens » et
répudiait les mesures contenues à ce sujet dans la
Charte de 1830, expressément désignée. Quant au
cautionnement, il restait suspendu.

Dans cette atmosphère de pleine liberté naissent,
en quatre mois, *deux cents journaux*. Malgré les
mesures contraires, bientôt rendues indispensables
par l'épanouissement du journalisme, par les émeutes et par la guerre civile, la floraison conserve

1. *Hist.ire de la presse française*, par Henri Avenel,
page 390.
2. *Id.*, page 392.

assez de vigueur pour faire surgir, de 1848 à 1851,
outre 400 feuilles plus ou moins littéraires, 789
publications politiques. Dans ce dernier groupe,
on remarquait l'*Ère nouvelle*, dirigée par Lacordaire, qui allait être élu député et qui peu de temps
auparavant, au sujet des candidatures ecclésiastiques, avait écrit: « Le clergé se présente aussi. Pour
la première fois depuis un demi-siècle, il trouve
en lui-même le courage de s'offrir et dans les populations le courage d'accepter. C'est un des résultats les plus extraordinaires de la révolution qui
est sous nos yeux. » Examinant la légitimité et l'utilité de cette intervention, l'illustre Dominicain disait : « Il nous a semblé que la France, dans la situation solennelle où elle est placée, avait besoin du
concours de toutes les lumières et de tous les dévouements sans exception... Une fois la République
constituée, le prêtre se retrouvera en présence d'une
nation extrêmement jalouse de la distinction des
deux pouvoirs spirituels et temporels et qui s'est
fait dès longtemps une si haute idée du sacerdoce
qu'elle souffre avec peine tout ce qui le fait descendre, même pour un temps, des hauteurs de l'Horeb
et du Calvaire... Le clergé de France ne s'exposera
jamais sans dommage au souffle des passions politiques. » Le *Peuple constituant*, ou Lamennais, bientôt député, lui aussi, apportait aux idées révolutionnaires son concours quotidien ; l'*Ami du peuple*,
de Raspail ; la *Cause du peuple*, de M^me George Sand,
qui venait de rédiger les impérieux *Bulletins de la
République* fondés par le ministre de l'intérieur,
Ledru-Rollin, pour assurer à tout prix des élections
républicaines ; (l'un de ces *Bulletins* déclarait que,

dans le cas contraire, il ne resterait pas d'autre ressource que les barricades) ; — le *Représentant du peuple*, transformé en *Voix du peuple*, puis devenu le *Peuple*, de Proudhon, etc. attiraient les regards et faisaient fermenter les esprits.

Les excentricités ne se renfermaient pas dans la catégorie des feuilles qui les recherchaient volontairement, telles que le *Lampion*, la *Moutarde après dîner*, la *Trompette du Père Belle-Rose*, le *Croquemort de la presse*, les *Lunettes du Père Duchêne*, etc., etc.; ni dans celle des feuilles anarchiques : la *Carmagnole*, le *Robespierre*, la *République rouge*, le *Bonnet rouge*, le *Drapeau des Sans-Culottes*, le *Spartacus*, le *Pilori*, le *Tocsin des travailleurs* ; des personnalités naturellement débordantes avaient saisi l'incomparable occasion de déborder.

Dans un langage digne du héros, la *Liberté* annonçait qu'elle venait de faire « l'acquisition » d'Alexandre Dumas et de... presses nouvelles. Rien de plus curieux que la profession de foi d'Alexandre Dumas, dit M. Avenel, puisqu'elle remplissait deux numéros du journal et qu'on pouvait la résumer ainsi: « J'ai fait la Révolution de juillet ! J'ai fait la Révolution de février ! J'ai écrit 400 volumes ! Je ferai toutes les révolutions qui me seront demandées ; j'écrirai tous les volumes qu'on voudra : car je suis celui que je suis [1]. »

Victor-Hugo avait son journal, « fondé le 1er août 1848, sous l'invocation et dans l'intérêt exclusif de sa personnalité » [2], l'*Événement*, dont le premier numéro

---

1. *Histoire de la presse française*, par Henri Avenel, page 408.
2. *Id.*, page 406.

disait déjà des choses étonnantes, celles-ci : « Nous donnerons la place la plus visible à l'événement de la journée quel qu'il soit, quelle que soit la région de l'âme d'où il vienne... Si dans ces jours inouïs, il arrivait un jour ordinaire, qui serait le plus extraordinaire de tous ; si, par impossible, l'événement nous faisait défaut une fois, cette fois nous réunirions dans le même numéro, et comme en une *constellation éblouissante, tous les noms illustres qui étoilent notre rédaction*, et nous tâcherions que, ce jour-là, notre journal fût lui-même l'événement... »

### Le mouvement social. *Proudhon.*

Quelques pages récentes de M. Eugène Veuillot résument les origines et les divers aspects du socialisme ; et autrefois déjà, en 1850, l'éminent écrivain avait exposé cette question dans un volume qui contient de nombreux documents.

« Le socialisme utopique à grandes visées était entré en scène vers 1832 par le Saint-Simonisme, ayant en mains pour évangile le *Nouveau christianisme* du comte de Saint-Simon. Malgré de brillantes adhésions et beaucoup de bruit, ce fut un faux départ. C'est durant la seconde partie du règne de Louis-Philippe que ce socialisme du rêve donna des avertissements que la classe régnante n'entendit point. Les deux systèmes qui prirent alors de sérieux développements furent le fouriérisme et le communisme icarien ; tous deux recrutèrent un grand nombre de disciples, dévoués, agissants, et réunirent assez de ressources pour que les convaincus pussent croire qu'on allait passer avec succès de la théorie à la pratique [1]. »

Fourier avait vu le « naufrage » du Saint-Simonisme et avait aussitôt « conçu des espérances d'héritier [2] ». Il fonda le journal le *Phalanstère;* et son successeur, Victor Considérant, la *Démocratie pacifique.* La formule de l'école, d'après le premier maître lui-même était : « Le vrai bonheur ne consiste qu'à satisfaire toutes les passions... L'appât du gain et des voluptés doit régler l'humanité ». Les phalanstériens se défendaient de viser au communisme, mais ils y marchaient avec ardeur.

Les icariens, procédant de Cabet, ancien procureur général et député, se déclaraient hautement, eux, communautaires. Ils saluaient en Cabet « le nouveau continuateur de Jésus-Christ », « le glorieux successeur de Jésus et de Rousseau ».

Pierre Leroux, qui avait professé le Saint-Simonisme, résolut de le perfectionner par la doctrine du *circulus,* suivant laquelle la nature, les besoins et le but de l'homme sont enfermés dans deux formules : *Sensation, Sentiment, Connaissance ; liberté, égalité, fraternité.* Il voulait que tout individu fût citoyen et fonctionnaire rétribué ; que la *cité-fonction* fut substituée à la *cité-caste;* et entre quelques idées généreuses et raisonnables, il développait des conceptions fantastiques et puériles. Il avait en 1824 fondé le *Globe,* qui eut pour collaborateurs Jouffroy [3], Da-

1. *Louis Veuillot,* par Eugène Veuillot, tome II, page 252.
2. *Questions d'Histoire contemporaine,* par Eugène Veuillot, page 136.
3. C'est dans le *Globe* que parut l'article célèbre « Comment

miron, Lerminier, J.-J. Ampère, Royer-Collard, Sainte-Beuve, Thiers, Remusat, Duvergier de Hauranne, Vitet, Guizot, Villemain, de Barante, de Broglie.

Parmi les réformateurs de la société, celui qui fit le plus de bruit fut Proudhon; et peut-être ce résultat lui parut-il une récompense suffisante. Lui-même l'indiquait à peu près, dans ses *Confessions d'un révolutionnaire:* « ... L'homme, en s'affirmant de plus en plus à la place de Dieu, s'adore d'autant moins qu'il se connaîtra davantage. Qu'on rejette cette philosophie, je ne le trouve point du tout mauvais : qu'est-ce que cela me fait? *Tiens-je donc si fort à avoir des disciples?* ». Évidemment, il préférait être seul de son avis. Admises par des disciples, ses théories auraient perdu quelque chose du caractère étourdissant qui en faisait l'unique valeur. Malgré leur extrême audace, elles étaient courtes, puisqu'elles se réduisaient à la négation systématique. Parce que toute chose présente des contradictions sous certains rapports, Proudhon niait tout. Arrogance énorme ; arrogance puérile au fond, composée du désir de surprendre et de la manie d'argumenter. Si sa conception est pauvre, en revanche sa logique dispose d'abondantes ressources et, dans les ébats les plus capricieux, déploie un élan extraordinaire. Il a raconté comment il pratiqua d'abord ces exercices. Ayant obtenu de l'Académie de Besançon un prix pour un mémoire en faveur du repos dominical, mémoire dans lequel il invoquait abondamment la

les dogmes finissent ». *Histoire de la presse française,* par Henri Avenel, page 292.

Bible, il choisit comme « sujet d'expérience » ce que le monde contenait « de plus ancien, de plus respec-» table, de plus universel, de moins controversé », il trouva la propriété [1]. Comme la propriété ne va guère sans abus, il décida qu'elle est le vol ; puis, il fit de cette conclusion une devise, inscrite sur le drapeau qu'il agitait devant les bourgeois pour les affoler et pour s'amuser. Dans un nouveau mémoire, adressé à Victor Considérant, il annonçait la réforme de l'économie politique et du droit. « *La dialectique* » *m'enivrait*, un certain fanatisme, particulier aux » logiciens, m'était monté au cerveau et avait fait de » mon mémoire un pamphlet [2]. » Pour démolir et surtout pour reconstruire, Dieu le gênait : Proudhon lui déclare la guerre, mais là encore d'un façon originale, essentiellement contradictoire. Il a dit comment il cessa d'adorer Dieu « sans être ce qu'on » appelle assez peu philosophiquement un athée [3] ». Mentionnant le mot que lui adressa un jour le *Constitutionnel* : « Dieu se passera fort bien que vous » l'adoriez », il répond : « Peut-être [4]. » Son athéisme en effet a plus souvent le ton de la bravade que de l'incroyance. En blasphémant Dieu, il l'appelle, il le défie comme un rival, pour le vaincre, pour lui donner congé, sans le supprimer tout à fait, puisqu'une révolte contre le néant et une victoire sur le néant eussent été trop indigne d'un pareil effort. Certains livres du farouche révolutionnaire

1. *Les Confessions d'un révolutionnaire,* par P.-J. Proudhon, page 122.
2. *Id.*, page 124.
3. *Id.*, pages 122, 123.
4. *Id.*, page 123.

(notamment *De la justice dans l'Église et dans la Ré-volution*) renferment des pages qui, détachées du reste, semblent écrites par un apologiste chrétien. Bourrée d'arguments empruntés à la Bible, à la théologie, à l'histoire, au droit, à l'économie politi-que, à la science financière, à la comptabilité, sa polémique déconcertait les socialistes, les émeutiers, les pillards autant que les conservateurs. Elle usait d'un style vif, qui pourtant n'avait rien de nerveux : tout entier en muscles, aux étreintes et aux détentes brutales comme celles d'un hercule. Chez celui-là, l'éloquence et la verve procédaient par apostrophes, par imprécations, par railleries pleines de sursauts. Les gens mêmes qui se laissaient aller à l'applaudir soupçonnaient qu'ils étaient par lui jugés imbéciles ; parfois, il le leur disait, avec une sorte de lyrisme.

Quant à ses adversaires socialistes, il savourait la joie de leur faire pousser des cris d'indignation. Et les socialistes et les *circulistes* et les phalansté-riens se gourmaient réciproquement. Quel tapage ! Les échos en sont conservés dans le volume de M. Eugène Veuillot [1] :

*Pierre Leroux aux phalanstériens.*

« Au fond, Sauvagerie, Patriarcat, Barbarie et Ci-vilisation sont tout un pour Fourier. Pour lui, il n'y a réellement que deux formes sociales, dont l'une répond au mal et l'autre au bien : le mariage et l'absence de mariage. »

1. *Questions d'Histoire contemporaine*, par Eugène Veuillot, pages 308 à 315.

Pierre Leroux reprochait encore à Fourier de ne pas comprendre « la véritable grandeur de Mahomet ».

### Proudhon aux mêmes.

« Tout le monde a entendu parler de la prétendue *théorie* de Fourier, de la *science* découverte par Fourier, du *système* de Fourier.

» C'est, je le répète, la plus grande mystification de notre époque. Malgré le fatras énorme qui nous reste de cet halluciné, il n'y a ni science, ni théorie, ni système de Fourier ; et je mets au défi M. Considérant et toute son école de citer de cette science tant prônée trois propositions qui se suivent et s'enchaînent, trois observations, trois formules...

» Certes, il faut que je sois sûr de mes paroles, quand je viens dire aux abonnés de la *Démocratie pacifique :* il n'y a point de théorie de Fourier, point de science sociale d'après Fourier, par conséquent point d'école issue de ce prétendu réformateur, point de socialisme phalanstérien ; il n'y a qu'une coalition de charlatans, dont vous n'êtes tous que les misérables dupes !... »

### Les fouriéristes à Pierre Leroux.

« Les vieux lisent peu, étudient moins, n'apprennent jamais. Dans l'ordre de la spéculation intellectuelle il y a des jeunes qui sont vieux et des vieux qui sont jeunes... Il est on ne peut plus vieux le socialiste à qui l'on demande sans cesse et en vain ses plans d'organisation. »

« Voici un homme qui, depuis quinze ans, imprime et réimprime les mots d'*organisation sociale,* sans avoir jamais dit ce qu'il entendait par là. Pendant quinze ans, on l'adjure de faire connaître son idéal ; pendant quinze ans, il reste muet. Et certes, ce n'est pas la bonne volonté qui lui manque ; il voudrait bien donner ses plans, des plans à lui ; il y travaille sans cesse, il s'en occupe nuit et jour ; mais, enfin, il faut bien reconnaître que, depuis quinze ans, il reste muet, et muet à ce point qu'on l'aurait pu croire mort pour ce haut problème si, socialiste obstinément négatif, il n'eût, de temps en temps, donné signe de vie et rappelé ses prétentions, en mordillant au talon les socialistes positifs, les Saints-Simoniens, les phalanstériens et même les communistes, les communistes, ses amis, oui, ses vrais amis, bien qu'il s'en défende, n'étant là, non plus, ni fondateur ni chef. En être arrivé là, ou plutôt en être demeuré là, au milieu du mouvement social de notre époque, n'est-ce pas donner la marque la plus complète de la sénilité, de l'aveuglement intellectuel? »

### *Considérant à Proudhon.*

« La *folie* est incontestablement un cas *d'excuse* et d'irresponsabilité. Il faut reconnaître cependant que toutes les folies ne sont pas également intéressantes. Il y en a qui inspirent un fort *légitime dégoût...* Voyons, M. Proudhon, qu'avez-vous fait? qu'avez-vous créé? qu'avez-vous découvert? Vous avez tout abîmé, tout brûlé, monsieur Prudhon, pour vous faire un nom... Vos pères intellectuels, ceux de qui vous avez tiré quelque nourriture, *vous avez tenté de les égorger.* Il est juste de dire que vous y avez réussi comme le serpent sur la lime... Et savez-vous pourquoi vous avez fait cela ? Oui, vous le savez, mais je vais le dire pour les autres : *C'est parce que, si votre nom historique et extérieur est Érostrate, votre nom intime est bien plus sinistre encore : vous vous appelez* DESTRUCTION. »

### *Proudhon à Louis Blanc.*

« Vous vous prétendez révolutionnaire ! Mais toute votre science économique n'est qu'une maladroite application à la société de l'économie domestique, une généralisation absurde de la routine mercantile et propriétaire, mais votre système de gouvernement n'est qu'une soufflure de la politique de Ferdinand Flocon, qui faisait par elle concurrence à M. Armand Marrast, qui la tenait en droite ligne de M. Thiers, qui était un compère de M. Guizot, qui avait étudié sous M. Royer-Collard, qui, lui-même, sous le nom de Doctrine, impatronisa parmi nous cette variété de l'absolutisme. Vous êtes, en deux mots, un pseudo-socialiste et un pseudo démocrate. »

Proudhon appelle Louis Blanc « l'Americo Vespucci du socialisme ». Il lui reproche « une crasse ignorance[1] » ; et il insiste avec cruauté sur cette imputation déjà suffisamment désagréable :

« M. Royer-Collard disait un jour à M. Odilon Barrot : Je vous connais, vous êtes Pétion. Eh bien ! je vous reconnais aussi, citoyen Louis Blanc, vous êtes Robespierre. Vous avez le même amour de la

---

1. *La Voix du peuple,* 3 et 27 décembre 1849.

parole, les mêmes inclinations dictatoriales, le même talent d'agitation, et, s'il faut vous dire tout, la même nullité d'idées, la même incapacité politique. »

*Louis Blanc à Proudhon :*

« Il faut au citoyen Proudhon des flatteries monstrueuses. Or, est-il, en ce genre, un encouragement que la presse de Pitt et Cobourg lui ait refusé ? Son encre est du vitriol. C'est le sanglier du Socialisme. C'est un géant. C'est Galimafron. Et lui, loin d'être averti et arrêté par l'exagération même de ces perfides éloges, il y puise une ivresse qui touche à la folie. Si je ne répugnais à parler le langage dont il a fourni tant de modèles, je le préviendrais qu'il est, entre les mains des roués de la réaction, le Polichinelle du spectacle des marionnettes, ce pantin furieux qu'un charlatan caché montre toujours battant et toujours battu. Il est temps que le citoyen Proudhon y songe. O misères, misères de la vanité ! »

En fait d'argumentation et de style, Proudhon avait incontestablement et il eut devant le public la supériorité. Les succès du négateur durèrent jusqu'à la date où il essaya enfin d'appliquer lui aussi son système : la *Banque d'Echange*. Avec le ton de provocation audacieuse qui lui était habituel, il annonça qu'il allait « déplacer l'axe de la civilisation » et que « le monde qui, sous l'impulsion de la volonté divine » tournait d'Occident en Orient, allait désormais tourner « d'Orient en Occident ». Son secret était « l'annulation du capital [1] ». La *Banque d'Echange* vécut trois mois. Battu par lui-même, Proudhon con-

_______________

1. *Louis Veuillot*, par Eugène Veuillot, tome II, page 256.

serva sa prodigieuse assurance, continuant « d'étaler
un mépris sans pareil pour les socialistes humani-
taires (il les appelait des *blagueurs*) et pour les *idiots*
qui les écoutaient. Il n'épargna pas davantage les
catholiques, coupables de chercher un remède aux
souffrances matérielles et à l'abaissement moral du
peuple autre part que dans la guerre au capital. Il
n'hésitait pas cependant à considérer l'Ecole de l'*Univers* comme la seule que dût redouter le socialisme
et il évita toujours d'entrer en polémique ouverte et
directe avec Louis Veuillot [1].

On doit, comme le dit M. Eugène Veuillot, reconnaître chez les socialistes, en général, « des préoccupations et des aspirations supérieures à celle de la
bourgeoisie voltairienne, dont la Révolution de 1830
avait établi le pouvoir [2] ». Une preuve, entre autres,
c'est que l'école buchézienne, qui se déclarait catholique, voulait elle aussi « organiser le travail [3] ».

La masse populaire n'avait pas tout de suite distingué les socialistes des bourgeois auteurs de la
Révolution de février. « Les premiers socialistes qui
entrèrent à l'Assemblée nationale durent leur élection, comme Louis Blanc, soit à leur notoriété politique, soit aux hasards du suffrage universel et du
scrutin de liste. Ils passèrent pêle-mêle avec des
réactionnaires et des républicains plus ou moins
avancés. En somme, on ne s'aperçut pas alors qu'il
y eût en France un parti socialiste [4] ». Mais les élec-

1. *Louis Veuillot*, par Eugène Veuillot, tome II, page 256.
2. *Id.*, page 257.
3. *Id.*, page 256.
4. *Questions d'Histoire contemporaine*, par Eugène Veuillot,
pages 318, 319.

tions complémentaires révélèrent l'existence et les rapides progrès du parti. Le 6 juin 1848, Pierre Leroux, Proudhon, Lagrange furent élus représentants du peuple. « On vit alors que le socialisme avait réuni dans Paris 90.000 adhérents ».

N'oublions pas que les journaux révolutionnaires servaient de déversoir aux clubs, où bouillonnaient les rêves et les appétits. « La société parisienne... courait de club en club et se donnait, comme elle l'eût fait à un spectacle mélodramatique, une excitation de nerfs [1] ». De là jaillissait et se répandait dans le public un courant de haines et de convoitises aveugles.

Un écrivain distingué, observateur attentif et consciencieux, M. Fernand Giraudeau, a composé une collection des journaux révolutionnaires pendant cette période de frénésie [2]. Empruntons-lui quelques documents :

*Journal des Sans-Culottes*, 1er juin 1848.

« Monsieur Louis Blanc dit qu'il n'est pas vrai qu'il y ait aujourd'hui, en France, un seul homme qui veuille le progrès par la violence et la spoliation. Mais, grand législateur, frapper les grosses fortunes, c'est précisément détruire la spoliation dont elles sont le fruit ; les maintenir, c'est maintenir les fruits de la spoliation et du brigandage, c'est marcher à de nouvelles révolutions. »

*L'Organisation du Travail, journal des ouvriers*, 6 juin.

« L'ouvrier n'a pas de salon pour recevoir, des jardins splendides, ni les magnifiques dîners que vous donnez à

1. *Histoire de la Révolution de* 1848, par Daniel Stern, tome II, page 159.

2. *La presse périodique de* 1789 *à* 1867, par Fernand Giraudeau, pages 99 et suivantes.

l'hôtel de ville à ses dépens. Le peuple a faim et veut du travail. Vous avez été placé et maintenu par lui ; il demande la réalisation de vos promesses et vous somme de les tenir.

*La République rouge*, 4 juin.

« O peuple... quand donc feras-tu toi-même tes affaires ?

» Quand tu étais aux barricades, quand tu veillais sur ta bonne ville de Paris, quand tu étais debout enfin, armé et fort, nul ne te cherchait querelle ; bourgeois et marquis te parlaient chapeau bas... Et vous tous en qui le peuple a eu foi et qui faites métier de le tromper, souvenez-vous de ces quelques lignes écrites de la main de Robespierre, à l'art. 29 de la Déclaration des droits de l'homme : « Lorsque le gouvernement viole tous les » droits du peuple, l'insurrection est pour le peuple et » pour chaque portion du peuple le plus sacré des droits, » le plus indispensable des devoirs. »

« *Et prenez garde qu'à son tour il ne s'en souvienne !* »

*Le Salut social*, 18 juin.

« Peuple de Paris... veux-tu une révolution qui ait l'air de quelque chose, qui culbute dans le fossé cette société vermoulue, gangrenée, pourrie, qui pue la corruption et tombe en lambeaux ? Ah ! pour peu que le cœur t'en dise, je te conduirai par un chemin qui n'a pas de pierres... *Ton heure est arrivée, et malheur à qui laisse passer l'occasion.* »

Le 8 juin, l'*Organisation du Travail* commence à publier sous ce titre : *Aristocratie d'argent*, une liste des plus grandes fortunes territoriales et mobilières, qui débute ainsi :

« Le prolétaire à Paris, avant février, quand il avait de l'ouvrage ; moyenne par jour, 2 fr. 50 c.

» Depuis février, ainsi que dans les départements,
1 fr. 15 c.

» Louis-Philippe, 800,000,000 fr. ; le duc d'Aumale,
100,000,000 fr. ; M<sup>me</sup> Adélaïde, 70,000,000 fr. ; M. de
Montpensier, 20,000,000 fr. ; M. le baron de Roths-
child (étranger juif), 600,000,000 fr. ; M. le baron Gre-
fulhe (étranger), 100,000,000 fr. ; M. Hoop (étranger),
40,000,000 fr. ; M. Fould, pritchardiste et candidat à
l'Assemblée nationale, 30,000,000 fr. ; M. Pellaprat
(affaire Teste), 25,000,000 fr. ; M. Hottinguer (étranger), 25,000,000 fr. ; M. Mallet, 20,000,000 fr. ; M. Hal-
phen (juif), 20,000,000 fr. ; M. Aguirrevengoa (espagnol),
20,000,000 fr. ; M. Delessert (frère du dernier préfet de
police), 20,000,000 fr. ; M. Rougemont de Lowemberg,
15,000,000 fr. ; M. Baudon, 12,000,000 fr. ; MM. Delamarre, Martin-Didier, 10,000,000 fr. ; M. Ferrère-Lafitte,
10,000,000 fr. ; M. Sanlo-Baquenault (espagnol),8,000,000
fr. ; M. E. André, 6,000,000 fr. ; M. Legentil (pair de
France, 6,000,000 fr. ; M. Sellière, 6,000,000 fr. ; M. Jacques Lefebvre, pritchardiste, 6,000,000 fr. ; M. L. Javal,
6,000,000 fr. ; M. Grenne (anglais), 6,000,000 fr. ; M.
Dassier, 5,000,000 fr. ; M. de la Haute, 5,000,000 fr. ; M.
Thayer, 4,000,000 fr. ; M. de Waern, 4,000,000 fr. ; M. Ver-
nes, 4,000,000 fr. ; M. Périer, 4,000,000 fr. ; M. Paccard
Dufour, 4,000,000 fr. ; M. A. Leroux, 4,000,000 fr. ; M.
Gouin, *ancien ministre de Louis-Philippe,* 4,000,000 fr. ;
M. Blanc (Mathieu), 4,000,000 fr. ; M. Blaque, 4,000,000
fr. ; M. Audenet, 4,000,000 fr. ; M. Ardouin, 4,000,000 fr.
etc., etc. »

Cette publication fut reproduite par la *Réforme,* le
*Représentant du peuple,* etc.

Le *National,* ayant osé blâmer l'appel au pillage,
l'*Organisation du Travail* lui répondit :

« Le *National* devrait pourtant se souvenir qu'il a été

dix-huit ans sur la brèche pour défendre la liberté de la presse, pour soutenir des doctrines qu'il renie aujourd'hui ; que pendant dix-huit années, nous l'avons vu prêcher la révolte contre le gouvernement de Louis-Philippe par des articles que nous taxerons même d'exagérés contre l'aristocratie financière ; et pour nous résumer, nous dirons que cette feuille, *qui a prêché pendant dix-huit années le régicide*, est devenue bien tendre depuis qu'elle est à son tour presque souveraine. »

## Le régime de la presse.

Après de fréquentes manifestations (parfois des *promenades de deux cent mille hommes*), s'ouvrit la période des émeutes ; et il fallut prendre son parti de la guerre civile. En même temps qu'il fermait un certain nombre de clubs, le général Cavaignac prononçait la suspension de onze journaux, parmi lesquels le *Napoléon républicain* et la *Liberté* (bonapartistes), le *Lampion* et l'*Assemblée nationale* (royalistes) et aussi la *Presse* de Girardin.

Le célèbre publiciste qui, au lendemain de la révolution, avait, grâce à son article *Confiance ! Confiance !* connu le bonheur d'être l'objet de l'enthousiasme, criait maintenant, avec autant d'énergie : Défiance ! Défiance ! Il accusait les gouvernants d'avoir, par imprévoyance ou par faiblesse, livré la nation à la démagogie. Outre la suspension de la *Presse*, Girardin encourut une mesure exceptionnelle : la mise au secret pendant huit jours.

Cet illégal emprisonnement rendit plus sensible la nécessité de régler le régime de la presse. Le 9 et le 11 août 1848, deux lois furent votées qui défendaient d'attaquer les droits et l'autorité de l'Assemblée constituante, les institutions républicaines, la liberté des cultes, le principe de la propriété, les droits de la famille. De plus, elles punissaient l'excitation à la haine et au mépris des citoyens les uns contre les autres, l'exposition ou la distribution de tous signes ou symboles propres à propager l'esprit de rébellion ou à troubler la paix publique ; le tout avec le bénéfice de circonstances atténuantes [1]. C'était encore du provisoire.

La question du cautionnement, tenue en réserve depuis six mois, fut résolue enfin. Après une discussion animée où Louis Blanc, redevenu simple député, combattit avec insistance le projet du ministre de l'intérieur, Senart, l'Assemblée adopta le chiffre maximum de 18,000 francs pour la Seine, en laissant d'ailleurs au système l'inévitable caractère du provisoire. Une condamnation à six mois de prison et à trois mille francs d'amende frappa le gérant du *Peuple Constituant*, où Lamennais, annonçant que ce journal allait disparaître faute d'argent, disait avec un redoublement de son amertume accoutumée : « L'intention était claire : on voulait à tout prix nous réduire au silence. On y a réussi par le cautionnement. Il faut aujourd'hui de l'or, beaucoup d'or pour jouir du droit de parler : nous ne sommes pas assez riches. *Silence au pauvre.* »

Ce n'était pas assez que la nouvelle loi portât le coup de la mort à bon nombre de journaux : le gé-

---

1. *Histoire de la presse française*, par Henri Avenel, page 421. *Collection des Lois*, Duvergier.

néral Cavaignac supprima lui-même la *Gazette de France*, le *Représentant du peuple*, la *Vraie République*, le *Lampion*, le *Père Duchéne*. Enfin d'autres lois furent votées n'ayant d'autre but que de prolonger le provisoire, d'où la presse semblait ne pouvoir sortir.

Elle en sortit (on serait tenté de dire provisoirement) à la fin de juillet 1849, et suivant l'usage, après une insurrection. Cette fois, c'était Ledru-Rollin qui stimulait la révolte. Il en avait lancé la menace devant l'Assemblée, en fulminant contre l'expédition de Rome commencée par Cavaignac et en dénonçant le nouveau président, Louis-Napoléon, dont il demandait la mise en accusation.

Tout d'abord, la plus grande partie de la presse avait approuvé le gouvernement de prendre des mesures pour garantir la sûreté du Pape et pour offrir au Pontife, sur le territoire français, un abri contre les menées des assassins. Le gouvernement ayant déclaré que le Saint-Père recevrait en France « un accueil digne de lui et de la République » et Mgr Parisis ayant, avec dignité, exprimé des remerciements émus, le *Siècle* constatait que la Chambre entière avait répondu à la communication du pouvoir exécutif « par les témoignages de son assentiment »; et, volontairement, il s'abstenait de commentaires pour ne pas atténuer l'effet du discours. Le *Bien Public*, journal républicain inspiré par Lamartine et rédigé par Eugène Pelletan et la Guéronnière, comptant sur la prochaine arrivée de Pie IX disait : « L'intérêt, le respect qui s'attachent au glorieux Pontife vont lui préparer sur son passage un magnifique cortège de sympathies et d'admiration. »

Le *Courrier français* oubliait ses tendances révolutionnaires pour s'écrier :

« Pie IX recevra chez nous l'accueil le plus sympathique. A vrai dire, il ne sera point en exil, car il sera sur cette terre de France où le sentiment religieux n'est pas près de s'éteindre, qu'on en soit bien certain ! »

L'*Événement*, journal de Victor Hugo, s'enthousiasmait : « C'est la seconde fois en ce siècle qu'un pape aura mis le pied sur la terre de France, la première fois contraint par la volonté d'un homme, la seconde fois contraint par la force d'une révolution. Mais qu'un peuple ou un génie soit son instrument, c'est Dieu toujours qui nous amène Pie IX, comme il nous avait envoyé Pie VII. » Et le lendemain : « La France aura pour le Pape le respect dû à cette double auréole : le sainteté et le malheur. » La *Réforme* redoutait que « la vieille coalition ne saisît l'occasion d'une sainte croisade »; et la *République* n'était pas moins inquiète, mais ces deux journaux admettaient cependant que la France fît un « accueil filial » à ce « grand vieillard » qui représentait « une religion ». Presque seuls, les proudhoniens et les phalanstériens protestaient avec colère. Le *National* voulait se tenir entre les deux sentiments, pour ne pas compromettre la candidature du général Cavaignac. En réalité, le Pape ne devait pas venir. Une noble et fière pensée, plus prompte que tous les calculs, poussa le gouvernement à renforcer l'envoi de troupes françaises. Puis l'élection présidentielle avait lieu ; et Cavaignac rentrait dans l'ombre, éclipsé par Louis-Napoléon. Celui-ci se trouva en butte aux fureurs et aux dénonciations de Ledru-Rollin, qui sonna la guerre civile et qui, près d'être cerné dans le Conservatoire des Arts et Métiers, centre de l'émeute, s'enfuit pour gagner l'étranger, où l'avait précédé un autre ancien dictateur, Louis Blanc. Des mouvements insurrectionnels troublèrent Lyon, Reims, Bordeaux, Lille, Dijon, Mâcon, Valenciennes, Strasbourg. A Paris, l'un des résultats de l'entreprise fut la fermeture des clubs pour un an, la suspension de six journaux avancés. Autorisés à citer en justice le ministre (Dufaure), les gérants des feuilles frappées durent s'incliner devant une déclaration d'incompétence. D'ailleurs, le souverain état de siège terminait la procédure.

Élaborée et votée sous l'influence de pareilles émotions, la nouvelle loi (27 et 29 juillet 1849) ne pouvait manquer de traiter la presse avec défiance et avec aigreur. Délit d'*offense* envers le président de la République, autorisation obligatoire pour le colportage des livres, des journaux, des autres imprimés ; dépôt de tout imprimé au parquet ; défense de rendre compte des procès en diffamation ; défense à tout représentant du peuple d'exercer les fonctions de gérant.

Les 16 et 19 juillet 1850, nouvelle loi, appelée loi Tinguy, du nom d'un des auteurs de l'amendement instituant l'obligation de la *signature* pour tout article politique, religieux ou philosophique. On ne relevait pas le taux du cautionnement ; le timbre se confondait avec la taxe postale; mais le roman-feuilleton supportait un droit de timbre d'un centime par numéro [1].

1. *Histoire de la presse française*, par Henri Avenel, pages 429, 437.

Edmond Texier a montré dans l'institution de la signature obligatoire le signe d'une période nouvelle pour la presse : « Aujourd'hui, disait-il, les journaux disparaissent presque devant les individus. Le *Constitutionnel* s'appelle le docteur Véron ; on ne dit plus la *Presse,* mais M. Emile de Girardin : l'*Opinion publique* se nomme Nettement et le *Pouvoir*, M. Granier de Cassagnac[1]. »

Celui-ci, Adolphe Granier de Cassagnac, le père, qui avait du savoir, des idées, du style, une verve vigoureuse, une extrême fantaisie parfois puisque, lors de la lutte si passionnée entre les romantiques et les classiques, il s'emporta jusqu'à malmener furieusement la tragédie racinienne, celui-ci était « un maître », selon l'expression de M. Eugène Veuillot. Dans un tableau en relief, il a retracé le classement des opinions et de leurs organes à cette époque :

« Les journaux étaient nombreux alors, ardents et bien faits. Voulant convaincre ils discutaient ; leurs colonnes se remplissaient de longues thèses, toujours étudiées, souvent éloquentes, mais qu'on ne lirait pas aujourd'hui, parce que la presse a changé de caractère et qu'elle est devenue, avant toutes choses, un moyen d'information. Le public veut des nouvelles beaucoup plus que des doctrines ; et l'habile reporter a discrédité le grand journaliste.

« Ces journaux étaient la voix des partis et, à l'exception du *Journal des Débats* et de l'*Univers* qui eurent — l'*Univers* surtout — des moments de patriotique et éloquente impartialité, ils étaient tous

1. *Biographie des journalistes,* par Edmond Texier, préface.

placés sous la bannière des groupes parlementaires.

» La Montagne et toutes les nuances républicaines,
réunissant à l'Assemblée 220 voix, avaient pour organes : le *National*, signé par M. Léopold Duras ; le
*Siècle*, signé par M. Lamarche ; et la *Voix du Peuple*,
signée par M. Proudhon. Il est vrai que Proudhon
disparut rapidement de la scène politique. Condamné
à trois années de prison par la Cour d'assises de la
Seine, le 29 mars 1849, il se réfugia en Suisse ; mais
il revint, le 4 juin 1850, se constituer prisonnier à
Sainte-Pélagie, où il se maria.

» L'extrême droite, qui disposait de 30 voix, était
soutenue par l'*Union*, signée de M. Laurentie, mon
compatriote.

» La droite modérée, comptant 120 voix, avait la
*Gazette de France* signée par M. de Lourdoueix et
l'*Opinion publique*, signée par M. Nettement.

» Les fusionnistes, qui avaient 30 voix rangées
sous la bannière de M. Molé, s'appuyaient sur
l'*Assemblée Nationale*, que signait M. Adrien de la
Valette.

» Le parti orléaniste exclusif et le tiers parti réunissant chacun 30 voix avaient pour organe l'*Ordre*,
signé par M. Chambolle, et la *Patrie*, signée par
M. Forcade.

» Le groupe conservateur... rallié au Président et
comptant 200 voix était soutenu par le *Pays*, que
signait M. de Bouville ; souvent par l'*Univers*, que
signait Louis Veuillot ; toujours par le *Constitutionnel*, que signaient M. Véron, avec M. Boilay,
M. Cucheval-Clarigny, M. Burat, M. Cauvain et
moi.

» Dans les eaux du vaisseau à trois ponts, le *Constitutionnel*, naviguait comme aviso-mouche le *Pouvoir*, dirigé et signé par moi, et qui, en la personne
de Lamartinière, son gérant, fut traduit, le 18 juillet
1850, devant l'Assemblée Nationale et condamné à
5.000 francs d'amende, malgré l'éloquente plaidoirie
de M. Chaix d'Est-Ange.

» Le général Changarnier, soigneux de ses intérêts,
avait eu la précaution de fonder un journal pour lui
seul. Il se nommait le *Messager de l'Assemblée*. Il
passait pour être en très grande partie rédigé par
lui-même ; et l'on y trouvait la parole un peu courte
d'haleine, mais toujours nette, incisive, émue,
restée familière au général [1]. »

Fondée en mai 1848, l'*Opinion publique*, qu'on
vient de mentionner, était l'œuvre d'Alfred Nettement qui avait déjà beaucoup écrit, ayant commencé à pratiquer le journalisme dès l'âge de
23 ans. Tout en suivant les cours de l'École de
Droit, il collaborait à l'*Universel*, organe exclusivement littéraire d'abord et bientôt politique, défenseur du ministère Polignac. La *Quotidienne*, l'*Écho
de la jeune France*, le *Nouveau Conservateur*, la
*Gazette de France* avaient eu le concours de sa
plume alerte et brillante. Dans ce dernier journal, il
remplit longtemps et à diverses reprises la fonction
de critique littéraire, qui s'accordait d'une manière
parfaite avec son savoir étendu, avec son tempérament, avec son talent souple et varié. Historien,
littérateur et polémiste, chrétien instruit et zélé,

---

1. *Souvenirs du Second Empire*, par Adolphe Granier de Cassagnac.

Nettement était plein de ressources. Il devait plus
tard donner encore une série d'œuvres importantes,
telles que l'*Histoire de la littérature française sous la
Restauration*, l'*Histoire de la littérature française
sous le Gouvernement de Juillet*, les huit volumes de
l'*Histoire de la Restauration*, une foule d'études,
d'articles, de correspondances. En peu de temps,
grâce surtout à l'activité et au dévouement de son
rédacteur en chef, aidé, pour la littérature, par
Armand de Pontmartin, l'*Opinion publique* conquit
l'estime et l'influence. Là, Barbey d'Aurevilly publia
ses *Prophètes du passé*. Pour soutenir les frais de
propagande, la rédaction décida de travailler gratis.
Élu député en 1849 et mêlé de près aux combats du
parti royaliste et catholique, Nettement continua le
même labeur, faisant converger ses efforts vers la
restauration de la royauté. Il signalait avec énergie
et avec clairvoyance la tactique de Louis-Napoléon,
qui allait distancer tous ses rivaux [1].

Le coup d'État était résolu, préparé, annoncé. La
France y comptait si bien qu'elle s'étonnait de ne pas
le voir accompli. « Le 2 décembre, vers huit heures
du matin, dit M. Eugène Veuillot, au moment où je
sortais de chez moi, M. de Chapouillé, sous-lieutenant dans ma compagnie de la garde nationale,
m'aborda en m'adressant cette question, que tout le
monde alors adressait à tout le monde : — Eh ! bien,
le coup d'État ! — Soyez tranquille, vous l'aurez, —

1. Les souvenirs ainsi résumés sont empruntés au livre que
l'éminent critique, M. Edmond Biré, a donné sous le titre
*Alfred Nettement, sa vie et ses œuvres. La presse royaliste de*
1830 à 1852 et qui contient un vivant exposé de cette période
mouvementée.

lui répondis-je. — Comment ? nous l'aurons ! Mais
nous l'avons ! — L'air effaré de mon interlocuteur
me prouva qu'il disait vrai. Il ajouta : — Tenez, la
proclamation du président est affichée là, au coin de
la rue de Varenne. — Je pressai le pas. Un groupe
s'était formé devant l'affiche. On la lisait avec une
émotion visible et presqu'en silence. Cet acte si
attendu surprenait comme de l'imprévu. On l'avait
tant annoncé que l'on commençait à n'y plus
croire [1]. »

La loi de juillet 1849 avait déjà mis fin aux accès
d'ivresse qui, depuis dix-huit mois, étaient en quelque
sorte le régime du journalisme. Cette fois, le système
de surveillance et de contrainte était appliqué avec
un plein effet ; et les adversaires les plus résolus de
la dictature militaire qui, le 1er décembre 1851, la dénonçaient et la défiaient encore, se trouvaient réduits
le lendemain à garder le silence ou bien à peser leurs
mots.

2. *Louis Veuillot*, par Eugène Veuillot, tome II, pages 462, 463.

# LE SECOND EMPIRE

## Le coup d'État.

Dans la nuit du 1er au 2 décembre, la police ou la troupe s'était emparée des principales imprimeries. On avait mis sous scellés les presses du *National*, de la *République*, de la *Révolution*, de l'*Avènement du Peuple*. L'*Union*, l'*Ordre*, l'*Assemblée nationale*, l'*Opinion publique*, le *Messager*, le *Corsaire*, le *Siècle*, le *Charivari* suspendaient d'eux-mêmes leur publication. Le *Journal des Débats*, la *Presse*, l'*Univers* paraissaient sous la surveillance du bureau de censure installé au ministère de l'Intérieur [1]. Secondé très officieusement par le *Constitutionnel* et par la *Patrie*, le *Moniteur* devenait l'organe officiel.

Une nombreuse commission consultative était établie et les noms de ses membres publiés. Sur cette

1. *Histoire du second Empire*, par Taxile Delord, tome I, page 308.

liste figurait Montalembert. L'illustre orateur approuvait le coup d'État, mais pourtant il ressentit de la gêne parce qu'il avait signé la protestation en faveur des députés emprisonnés ou dispersés. Il voulut réclamer contre l'inscription de son nom parmi les membres de la commission consultative. Une note rédigée par lui disait : « Plusieurs députés, MM. de Montalembert, de Mérode, de Moustier, de Lagrange ont, dit-on, déclaré ne pas accepter ces fonctions, en présence de la détention de beaucoup de leurs collègues. » Seul l'*Univers* osa insérer cette note, transmise à divers journaux. Il fut saisi, puis averti que « s'il recommençait, il serait supprimé ou suspendu ». Enfin on l'obligea de communiquer ses épreuves au ministère de l'Intérieur et de « n'imprimer qu'après visa officiel [1] ».

Le *Journal des Débats* publia une lettre de protestation du comte Molé. « Le jour même, Morny fit aviser Armand Bertin que, sur un mot de plus, il serait supprimé [2]. »

Observons l'attitude du *Siècle*, qui d'abord très hostile au coup d'État, allait bientôt, sous le couvert d'une demi-opposition, pratiquer avec la politique impériale une entente suivie. Dans le numéro du 2 décembre, imprimé le 1er, on lit un article de Léon Plée dirigé contre le plan de revision impérialiste. Le compte rendu de la Chambre, fait par Louis Jourdan, relate les rumeurs que produisent diverses mesures et surtout les nominations dans l'État-Major de la garde nationale. Dans sa chronique, Edmond Texier

1. *Louis Veuillot*, par Eugène Veuillot, tome II, page 466.
2. *Histoire de la presse française*, par Henri Avenel, page 467.

mentionne les nouvelles alarmantes répandues par
« les amis de l'Élysée, les sanguins et les vigoureux ».
Ceux-ci avaient annoncé pour la veille une émeute
socialiste. Texier se moque d'eux : « Catilina était à
nos portes. Le dimanche 30 novembre s'est écoulé
tranquillement ; il y a eu ce jour-là beaucoup de
gardes nationaux aux mairies et peu de votants dans
les sections. Quant à Catilina, il a complètement fait
défaut. Le public a vaqué à ses affaires et à ses plaisirs et nous avons encore échappé à un de ces dan-
gers qui menacent périodiquement la société au
moins une fois par semaine... »

Le lendemain, plus de *Siècle*!... Il s'est suspendu lui-
même et ne reparaît que sept jours après, avec un numéro daté du *mercredi 3 au mardi 9 décembre* et qui
débute par de petites notes entortillées dont l'assem-
blage incohérent laisse percer beaucoup de crainte,
le désir de s'adapter à la nouvelle situation et l'embarras né de ce désir. En tête, un avis concernant les
primes gratuites destinées à dédommager les lecteurs
de « l'interruption » imposée par « les circonstances »; puis, ainsi conçue, une *déclaration de la rédaction du Siècle* : « Par suite de l'état de siège décrété
le 2 décembre, *autant que par respect pour nos principes, qui sont inaltérables* (!) nous sommes obligés de
nous abstenir de toute appréciation et de toute discussion des faits et actes officiels que nous nous bor-
nons par conséquent à enregistrer : L. Havin, directeur politique du *Siècle*, Léon Plée, Louis Jourdan,
Hippolyte Lamarche, Auguste Jullien, T. N. Benard,
J. Rousset, Gustave Cazavan, Auguste Husson, E. de
la Bedollière, Duchatelet, Félix Mornand. »

En troisième lieu, nouvelle note explicative :

« Nous remplissons vis-à-vis de nos abonnés en leur donnant le résumé des actes officiels de cette semaine, la *lacune* laissée par notre publication » ; et ensuite une colonne de décrets datés du 2 décembre et nommant des sous-préfets, des juges de paix, etc. A la deuxième colonne, avec le titre de *supplément extraordinaire* (en effet), le *décret de M. Louis-Napoléon Bonaparte* convoquant le peuple pour accepter ou rejeter le plébiscite, selon cette formule : « Le
» peuple français veut le maintien de l'autorité de
» Louis-Napoléon Bonaparte, et lui délègue les pou-
» voirs nécessaires pour rétablir une Constitution
» sur les bases proposées dans sa proclamation du
» 2 décembre » ; puis, le texte de la dite proclamation (*Appel au peuple*) :

« ... L'Assemblée, qui devait être le plus ferme
» appui du peuple est devenu un foyer de complots...
» Je l'ai dissoute... Je fais donc un appel à la nation
» tout entière... Je soumets à vos suffrages les bases
» suivantes d'une constitution que les Assemblées
» développeront plus tard : 1° un chef responsable
» pour dix ans ; 2° des ministres dépendant du pou-
» voir exécutif seul ; 3° un Conseil d'État formé par
» les hommes les plus distingués, préparant les lois et
» en soutenant la discussion devant le Corps législatif;
» 4° un Corps législatif discutant et votant des lois
» nommé par le suffrage universel, sans scrutin de
» liste qui fausse l'élection ; 5° une seconde Assemblée
» formée de toutes les illustrations du pays... Si vous
» croyez que la cause dont mon nom est le symbole,
» c'est-à-dire la France régénérée par la Révolution
» de 89 et organisée par l'Empereur, est toujours la
» vôtre, proclamez-le... » Puis, l'appel à l'armée :

« ... Soyez fiers de votre mission, vous sauverez la
» patrie...Depuis longtemps vous souffrez comme moi
» des obstacles qui s'opposaient au bien que je voulais
» faire et aux démonstrations de votre sympathie en
» ma faveur. Ces obstacles sont brisés; l'Assemblée a
» essayé d'attenter à l'autorité que je tiens de la nation,
» elle a cessé d'exister. Je fais un loyal appel au peu-
» ple et à l'armée... Votez donc librement comme ci-
» toyens; mais comme soldats n'oubliez pas que l'o-
» béissance passive aux ordres du chef du gouverne-
» ment est le devoir rigoureux de l'armée... »; puis la
proclamation du préfet de police, Maupas, aux habitants de Paris : « ... Le président de la République,
par une courageuse initiative, vient de déjouer les
machinations des partis et de mettre un terme aux
angoisses du pays... » ; puis, d'après le *Moniteur*, la
composition du ministère : Rouher, Turgot, Saint-
Arnaud, Ducos, Morny, Magne, Lefebvre-Duruflé,
Fortoul, Fould ; puis, la convocation des comices
pour le 14 décembre (renvoyée ensuite au 20) ; puis,
la circulaire à l'armée ; puis, le décret rétablissant le
scrutin secret; puis, la proclamation du ministère de
la guerre aux habitants de Paris et une proclamation
du ministre de l'intérieur et une nouvelle proclamation du préfet de police ; ordre du jour du général
Lawoestine, commandant supérieur des gardes nationales de la Seine ; décret prononçant la mise en état
de siège de l'Allier et de la Saône-et-Loire ; décret
rendant le Panthéon au culte ; nouvelles proclamations de Morny, de St-Arnaud, du président ; circulaires ; enfin, pour terminer la deuxième page, une
colonne de nouvelles en petit texte, intitulées « extrait des journaux » et rendant compte, surtout

d'après la *Patrie* et le *Constitutionnel,* des incidents relatifs à la dispersion des députés et aux arrestations. Dans le numéro du 10 décembre, après la longue série des documents officiels, se glisse cette note explicative qui n'explique que l'embarras que l'on voudrait dissimuler : « Nous continuons à extraire des journaux dont la publication n'a pas été interrompue, les récits qui peuvent, à défaut d'un historique complet, faire connaître en partie les principaux événements accomplis depuis huit jours » ; combats du 3 et du 4 ; transport des morts et des blessés. Le numéro du 11 décembre apporte un *avis à tous les électeurs* : « Nous engageons avec instance tous ceux de nos concitoyens qui ont qualité pour être inscrits sur les listes électorales affichées aujourd'hui même dans toutes les mairies à vérifier s'ils sont inscrits et à réclamer en cas de non-inscription, dans les formes voulues par les différents actes dont nous leur avons donné connaissance hier et avant-hier. » Viennent des nominations de préfets, la liste des membres composant la Commission consultative, des nouvelles politiques d'après le *Pays* et le *Constitutionnel,* etc. Le 12, répétition de l'avis aux électeurs, accompagné de décrets concernant la formation de commissions militaires, la mise en état de siège du Gers, du Var, du Lot-et-Garonne ; nominations judiciaires. Le 13 décembre, décret sur les attributions de la commission consultative ; décret sur la perception des impôts jusqu'au premier avril ; décrets nommant maréchaux les généraux Harispe et Vaillant ; gouverneur de l'Algérie, le général Randon ; rapport sur l'établissement à Paris d'un chemin de fer de ceinture. Nouvelle interruption du *Siècle* : le

numéro suivant est daté du lundi 15 au mercredi 17 ; il
présente d'abord la *Revue hebdomadaire du commerce*,
puis, en supplément, les nouvelles officielles extraites
du *Moniteur*. Le vote sur le plébiscite est renvoyé au
20 décembre : le *Siècle* continue d'enregistrer uniquement des pièces officielles, des faits divers, des
informations commerciales, des comptes rendus de
tribunaux. Le 27 décembre, il se hasarde, parce que
le *Journal des Débats* s'est risqué et il reproduit l'article qui a valu à celui-ci une observation comminatoire. Evidemment le *Siècle* ignorait ce détail. Dans
le numéro du 30 décembre, Eugène Dauriac, chargé
des éphémérides, parle du suffrage universel en
France... à propos de l'élection des évêques. Le 2
et 3 janvier, vers la fin de la première page, d'a-
près le *Moniteur*, compte rendu des réceptions du
31 décembre à l'Élysée ; congratulations de Baroche ;
réponse du prince-président : puis, très respectueu-
sement tracé, tableau de la cérémonie à Notre-Dame.
Vingt-quatre heures après, Louis Jourdan essaie une
espèce de petit article politique, mais c'est pour
blâmer un professeur du Conservatoire des Arts et
Métiers, M. Charles Dupin, chargé d'un cours de
géométrie appliquée aux arts : ce professeur était coupable d'avoir dit trop de bien de... Louis-Philippe...
Le 7, à la place d'honneur, un rapport et un décret sur l'installation de bains et de lavoirs publics ;
autre rapport et autre décret sur le chemin de fer
de Lyon à Paris ; en deuxième page, un résumé
de la Constitution de l'an VIII, pour laquelle Louis-
Napoléon Bonaparte a exprimé des préférences. Le
9 janvier, en première page, article sur la production
de l'or ; puis une série d'articles de Léon Plée trai-

tant des systèmes économiques. Le 11, on insère la
liste des personnages expulsés dans l'intérêt de la
sûreté générale ; le 12, les mesures pour la transpor-
tation à la Guyane ; en 2° page, Louis Jourdan traite
de l'organisation des pompes funèbres... et il ne
semble pas qu'il y ait dans ce rapprochement plus
d'ironie que dans le cours du blé ou des laines. L'i-
ronie que l'on aperçoit demeure toute involontaire :
elle résulte de la transformation de l'organe républicain militant en feuille simplement officielle et
administrative... Patience : le *Siècle* saura vite s'a-
dapter à ce nouveau milieu. Le premier mois, sans
modifier son format, il élargit ses colonnes ; cinq au
lieu de six. Peu à peu il change de figure ; il en
changera encore ; et sa politique, pliée aux visées
impériales, les exploitera dans le sens de la libre
pensée et de la révolution cosmopolite.

## Autorisation préalable. Avertissement. Suppression. Communiqué. Compte rendu des chambres.

Résumons les décrets qui, depuis les 17 et 23 février 1852, ont, d'une façon générale, gouverné la
presse jusqu'en 1868.

Nécessité d'obtenir l'autorisation du gouvernement pour créer ou pour diriger tout journal ou
écrit périodique traitant de matières politiques ou
d'économie sociale. Cette autorisation préalable ne
pouvait être accordée qu'à un Français jouissant de
tous ses droits ; et elle était également nécessaire
pour tous les changements opérés dans le personnel

des gérants, rédacteurs en chef, propriétaires ou administrateurs.

Maintien du cautionnement, pour les feuilles ou les livraisons paraissant plus de trois fois par semaine : dans les départements de la Seine, de Seine-et-Oise, de Seine-et-Marne et du Rhône, 50,000 francs, dans les villes de cinquante mille âmes et au-dessus ; 15,000 dans les autres villes.

Droit de timbre sur les journaux, écrits périodiques, recueils périodiques, de gravures ou de lithographies politiques : dans les départements de la Seine et de la Seine-et-Oise, six centimes par feuille de soixante-douze centimètres carrés ; ailleurs, trois centimes.

La publication de nouvelles fausses, même faite de bonne foi, était un délit.

Interdiction de rendre compte des procès pour délits de presse (le jugement seul pouvait être publié) ; tous les délits de ce genre déférés à la police correctionnelle ; le montant des condamnations encourues devait être acquitté ou consigné dans les trois jours.

Suppression du journal, de plein droit, après une condamnation pour crime commis par la voie de la presse ou après deux condamnations pour délits ou contraventions commis dans l'espace de deux années. Après une condamnation, pour contravention ou pour délits, contre le gérant responsable, le gouvernement avait, pendant les deux années suivantes, la faculté de prononcer, soit la suspension temporaire, soit la suppression. Un journal pouvait être suspendu par décision ministérielle, alors même qu'il n'avait été l'objet d'aucune condamnation, mais seulement après deux avertissements motivés et pendant deux

mois au plus. Il pouvait être supprimé, soit après
une suspension judiciaire ou administrative, soit par
mesure de sûreté générale, mais, dans ce cas, un décret spécial du président de la République, inséré au
*Bulletin des Lois*, était nécessaire [1].

Comme le dit M. Avenel, « l'innovation la plus curieuse et la plus ingénieuse du décret de février 1852
était le régime des *avertissements* ». Par là on tenait
en main les journaux. D'une secousse on leur cou-
pait l'élan ; on leur faisait sentir le mors, capable de
les étrangler. Des détails fournis par Adolphe Granier de Cassagnac, il résulte que Rouher fut l'inventeur du système. Lorsque les intéressés ignoraient
encore à qui en revenait le mérite, Armand Bertin
livrait cet aveu : « On peut dire ce qu'on voudra du
décret, excepté que son auteur est une bête. Ce décret me constitue surveillant des écarts de mon propre journal et fait de moi un fonctionnaire gratuit
chargé d'empêcher les attaques contre la Constitution et de maintenir l'ordre au profit du gouvernement. On peut rechercher si le système est efficace ;
mais on ne peut nier qu'il ne soit habile [2]. »

En ce genre, l'efficacité étant toujours chose relative et passagère, il semble que les avertissements
aient réalisé le maximum puisque, durant dix-sept
années, et durant les huit premières surtout, ils ont
maintenu les journaux dans une réserve aujourd'hui
inconcevable. Mais la contrainte aiguisait les ardeurs
de la presse ; et celle-ci ne se reposait pas de s'ingé-

---

1. *Histoire de la presse française*, par Henri Avenel, pages
448 et 451.

2. *Souvenirs du second Empire*, par Adolphe Granier de Cassagnac, tome Ier.

nier, d'autant plus que son moyen le plus sûr était
aussi le plus simple : fatiguer le gouvernement.
Elle n'y manquait pas.

Il ne faudrait pas juger du nombre des suppressions administratives d'après l'abondance des avertissements. M. Giraudeau compte neuf suppressions
de 1852 à 1867 [1]. Le gouvernement était prompt à
menacer, mais il ménageait les exécutions et prenait soin de ne frapper que de grands coups. Longtemps la menace garda une force répressive et parfois elle suffit à bouleverser tel ou tel journal.

Girardin, qui avait tant travaillé pour Napoléon III
et qui se brouilla très vite avec lui, non sans esprit
de retour d'ailleurs et quitte à redevenir enthousiaste
par l'espérance de donner de bruyants conseils, Girardin fut mis au régime des réprimandes. Le partisan du prince-président combattait violemment le
projet de restaurer l'Empire. Dès le 9 avril 1852, il
publiait dans la *Presse* un article qui lui valut un
avertissement, dont les termes méritent d'être cités,
comme type du procédé en usage :

« Vu l'article publié par le journal la *Presse*, dans
lequel se trouve le passage suivant : « Il serait (l'Em-
» pire) la provocation directe à un attentat qui vrai-
» semblablement ne se ferait pas attendre, car si,
» dans le parti républicain il ne se trouvait pas
» d'Alibaud, il se trouverait un Mérino dans le
» parti royaliste. »

« Le dit article signé Emile de Girardin.

» Considérant qu'il ne saurait être permis, sans ou-

---

1. *La presse périodique de* 1789 *à* 1867, par M. Fernand Giraudeau, page 183.

trager à la fois la morale publique et le caractère de la nation, de proclamer comme un fait inévitable un attentat sur la personne du chef de l'Etat, quels que soient d'ailleurs les prétextes ou les circonstances hypothétiques sur lesquels on appuie une argumentation si coupable.

» Considérant que le journal La *Presse* a oublié ainsi que la modération et la prudence sont la première loi de la presse périodique ;

» Arrête :

» Aux termes de l'article 32 du décret du 17 février 1852, un premier avertissement est donné au journal la *Presse*, dans la personne de MM. Rouy, l'un des gérants, et Emile de Girardin, directeur. »

Quatre mois plus tard, avertissement motivé par une série d'articles : « *Pourquoi la République a cessé d'exister* » ; en 1854, avertissement relatif à la publication d'une lettre de Manin. Officieusement informé d'une prochaine décision plus radicale, Girardin passa la *Presse* à un financier, Millaud, qui prit pour rédacteur en chef Nefftzer, le futur fondateur du *Temps.*

Si l'avertissement n'était pas rare, il y eut des périodes d'abondance pour le « *Communiqué* », note rectificative, officielle, concise. Sur l'historique et sur la théorie de ce système, M. Giraudeau a réuni des remarques intéressantes. D'ancienne date, le « *Communiqué* » avait été réclamé, entre autres, en 1835, par le duc de Broglie et, en 1840, par Girardin ; en 1849, devant l'Assemblée législative, par M. Larabit. Le premier, le gouvernement de Napoléon III le mit en pratique ; et M. de Lavalette y donna une grande extension[1]. Quand Pinard devint ministre (1869), le « *communiqué* » foisonna : « en un seul jour il y en eut dix-sept envoyés à treize journaux[2] ». Ainsi prodigué, il gaspillait son prestige.

Interdiction de rendre compte des séances du Sénat autrement que par la reproduction des articles du *Journal Officiel*.

Quant aux débats du Corps législatif, l'article 42 de la Constitution (janvier 1852) défendait tout autre compte rendu que le procès-verbal dressé, à l'issue de chaque séance, par les soins du président.

Cette question « les journaux et les débats parlementaires » fournirait un chapitre de notre histoire politique et non le moins original ni le moins mêlé. Droit public, droit constitutionnel, expédients administratifs, distinctions subtiles, changements des goûts et des mœurs, on y rencontre cela et autre chose parmi beaucoup de contrastes.

Durant la République de 1848, la Tribune avait été la victime des railleurs et des caricaturistes. On se sou-

---

1. *La presse périodique de* 1789 *à* 1867, par M. Fernand Giraudeau, page 190.

2. *Histoire de la presse française*, par Henri Avenel, page 559.

venait avec étonnement de l'énorme fantaisie intitulée l'*Assemblée nationale comique* et composée par la
collaboration de Cham et de Lireux. Celui-ci, disait
Pontmartin, dans les *Nouveaux samedis*, semblait
destiné à « faire l'épitaphe du genre humain ». L'Empire autoritaire ne voulait pas que la Presse et la
Tribune continuassent de nourrir réciproquement
leur ardeur. Outre que les députés se voyaient dé-
possédés du droit d'interpellation et réduits à ne débattre que les sujets qui leur étaient indiqués, les
courriéristes parlementaires n'avaient plus d'emploi.
En fait de comptes rendus, les procès-verbaux purs
et simples, c'est-à-dire brefs et glacés.

Huit années de ce régime ! Puis, une audacieuse
tentative, qui déconcerta le gouvernement et qu'on
n'osa point réprimer d'une façon directe, fut faite
(1860) par Floquet, alors rédacteur du *Courrier de
Paris*. Dans un volume spirituel, où ne manquent pas
les remarques sérieuses, Hector Pessard a raconté la
réorganisation de ce journal, abandonné par Hippolyte Castille et racheté en 1857 par Clément Duvernois, lequel ne possédait même pas quarante
francs pour payer le papier timbré qui devait représenter 50.000 francs de capital fictif. « Wilfrid de
Fonvielle se souvint qu'il avait fait une brochure intitulée *La Mort*, qu'il y avait quelque part trois cents
exemplaires de cet ouvrage macabre et qu'il n'était
point impossible de les céder en bloc à un libraire, à
raison de 15 centimes pièce [1]. » La vente produisit
les quarante francs nécessaires ; et aussitôt Clément
Duvernois prenait la direction du *Courrier de Paris*.

---

1. *Mes petits papiers*, 1860-1870, par Hector Pessard, page 13.

C'est là que Floquet, défiant les poursuites, soutint la thèse que, pourvu qu'on publiât le compte rendu sommaire et légal, on avait le droit de discuter les opinions exposées devant le Corps législatif; et il mit sa théorie en pratique. Il n'y eut point de poursuites ; mais, dans l'espace de quinze jours, le journal reçut deux avertissements ; et son directeur fut invité à purger des condamnations encourues en Algérie. Ressuscité par *La Mort*, de Fonvielle, le journal devenait la proie de la mort anonyme qui consume indifféremment brochures, individus, partis, constitutions.

Mais un certain élan avait été donné; et l'initiative de Floquet inspira aux journaux survivants des imitations plus ou moins hardies. Ils risquaient des critiques et les faisaient tolérer, les transformant ainsi en habitude. L'habitude s'imposa. Le 2 février 1861, un sénatus-consulte établit la reproduction détaillée et même *in extenso* des séances. Le sénatus-consulte de cette date contenait les dispositions suivantes : « Les comptes rendus des séances du Sénat et du Corps législatif, rédigés par des secrétaires-rédacteurs, placés sous l'autorité du président de chaque assemblée, sont adressés chaque soir à tous les journaux. En outre, les débats de chaque séance sont reproduits par la sténographie et insérés *in extenso* dans le *Journal officiel* du lendemain [1]. Trois mois plus

---

1. En 1832, un traité avait été conclu entre la Chambre et M⁰⁰ Agasse, d'après lequel le *Moniteur* s'engageait à reproduire textuellement et dès le lendemain tous les discours et tous les débats de la Chambre. (*Les grands journaux de France*, par Félix Ribeyre et Jules Brisson.) De 1831 à 1833, le *Sténographe des Chambres*, fondé par Chatard, spécialement consacré à la

tôt (24 novembre 1860), le décret annonçant ce sénatus-consulte avait proclamé le rétablissement de l'a-
dresse législative annuelle, promesse, à échéance
bien incertaine et bien éloignée, mais enfin promesse du droit d'interpellation. On élargissait la brèche que les *Cinq*, et surtout M. Emile Ollivier, avaient
ouverte en glissant des espèces d'interpellations
dans l'examen du budget.

Pour le présent, la discussion de l'adresse n'offrait
guère de ressource aux journaux, mais il les encourageait. Le double compte rendu aussi leur était un
gage de victoire. Elle se fit attendre. On continua
longtemps de les voir occupés à se débattre entre
« l'analyse », qui leur restait interdite, et l' « appréciation », qui leur était concédée à moitié et encore d'une
manière implicite et douteuse. En dépit d'erreurs
inévitables, de réclamations portées de temps en
temps à la tribune, le compte rendu fut jugé complet
et sincère. M. Fernand Giraudeau a noté les éloges
qu'en firent publiquement MM. Ollivier et Picard,
Jules Favre, Garnier-Pagès, Eugène Pelletan. Ce
dernier appelait « un chef d'œuvre d'exactitude » la
sténographie recueillie par le *Moniteur* [1] et livrée
ainsi aux autres journaux, qui recevaient directement
« l'analytique ». On était loin des procédés employés
sous le régime parlementaire. Plus d'un ancien journaliste les a rappelés, par exemple l'auteur des *Indis-*

publicité des débats parlementaires, paraissait aussitôt la clôture
des séances. Il rendait un compte rigoureux des discussions du
jour et donnait un bulletin des nouvelles officielles et des actes
du gouvernement. (*Bibliographe de la presse*, Eugène Halin.)

1. *La Presse périodique, de* 1789 *à* 1867, par M. Fernand Giraudeau, page 199.

*crétions contemporaines* [1] : le courriériste réduit à faire tout son résumé avec des phrases notées au vol, sans aucun moyen de vérifier et très favorisé lorsqu'il pouvait avoir communication d'une épreuve sténographique du *Moniteur* !

## Les journaux bonapartistes.

La date de 1860 annonce la longue apogée du *Moniteur*. L'organe officiel possédait ou posséda bientôt une rédaction où figuraient Sainte-Beuve, Mérimée, Théophile Gautier, Ampère, Théodore de Banville, Beulé, Cucheval-Clarigny, Caro, Viel Castel, Eugène Delacroix, Octave Feuillet, Edouard Fournier, Désiré Nisard, Léon Gozlan, Arsène Houssaye, Paul de Molènes, Viollet le Duc, etc.

Propriété de Delamarre, un banquier, qui en avait fait une feuille très répandue depuis la Révolution de 1848, la *Patrie* servait principalement la politique impériale au moyen des informations. Cependant Limayrac et Joncières y pratiquaient la polémique. A côté d'eux trônait une des premières femmes journalistes, peut-être la première courriériste de la mode, M^me de Lascaux, que Villemessant avait découverte, baptisée « Vicomtesse de Renneville » et ainsi pourvue du sceptre de l'élégance [2].

Galvanisé en 1845 par l'odieux roman le *Juif-Errant* (payé cent mille francs à Eugène Sue) le

---

1. *Indiscrétions contemporaines*, par Joseph d'Arcay, pages 106 et 195.

2. *Les grands journaux*, par Félix Ribeyre et Jules Brisson.

*Constitutionnel* était sorti des mains, pourtant bien adroites, du docteur Véron. Médecin pour dames, lanceur d'un célèbre produit pharmaceutique (la pâte Regnault) ; *impresario* d'affaires et de littérature non moins que de théâtre ; épicurien, député, ce singulier personnage qui, lors du vote de la loi Tinguy, s'était tranquillement écrié: « Puisque désormais il faudra signer ses articles, je vais me mettre à en faire [1] » et qui en fit comme il avait déjà fait tant de choses, le docteur Véron, devenu bonapartiste, avait, dans ce nouvel avatar, déployé un zèle indiscipliné. Il subit les avertissements. La deuxième fois qu'il fut frappé, il attendait chez lui pour le lendemain tous les ministres et un maréchal France : ces invités se dérobèrent [2]. Véron vendit son *Constitutionnel* au banquier Mirès, qui opérait avec le concours de Morny et qui déjà possédait le *Pays*.

On vit dans la rédaction du premier Amédée de Cesena, qui allait fonder la *Semaine politique*, mère de ce *Courrier du dimanche* réservé à un rapide succès et à l'étranglement administratif; Paulin Limayrac, le futur rédacteur de la *Patrie* ; Vitu, l'érudit fureteur ; Grenier, le lettré polémiste. Ici et là, Henri de Parville inaugurait ses *Causeries scientifiques*, charmantes déjà comme aujourd'hui encore. Au *Pays* gouvernèrent Adolphe Granier de Cassagnac et l'ardent et vague Grandguillot. Celui-ci passa du *Constitutionnel* au *Pays*.

Déjà les deux feuilles avaient été unies dans la personne du même directeur, le vicomte de la Guéron-

1. *Indiscrétions contemporaines*, par Joseph d'Arcay, page 42.
2. *Id.*, page 51.

nière, disciple et protégé de Lamartine, ondoyant d'abord, puis bonapartiste fervent et destiné à remplir, pour les affaires religieuses et diplomatiques, la fonction de publiciste de l'Empereur.

## L'opposition.

« Napoléon III a toujours adoré le journalisme et surtout le journaliste. Un homme qui savait lestement trousser un article a toujours émerveillé le prince, qui aimait lui-même à manier la plume. » En signalant cette « passion pour le papier imprimé », Jules Richard ajoute qu'elle formait « un des grands défauts du second empereur » et que « les grandes fautes de 1866 à 1869 sont dues à l'accès facile que certains journalistes audacieux et sans tenue avaient aux Tuileries [1] ». Il y eut sans doute aussi quelque autre motif ; mais la même disposition a été observée par Granier de Cassagnac. Il rapporte qu'en 1867 l'empereur demandait à Vitu quelle était la cause du succès du nouveau *Figaro*. L'interpellé demeurant embarrassé, le souverain fit lui-même cette réponse : « Je crois que le succès du *Figaro* tient à ce qu'il procède par articles courts variés et nombreux, exposant chacun une idée différente [2]. » Comme le note encore Cassagnac, Napoléon III avait fait du journalisme avec la Guéronnière, mais aussi avec d'autres, parce qu'il aimait bien plus encore à manier

1. *Comment on a restauré l'Empire*, par Jules Richard, page 81.
2. *Souvenirs du second Empire*, page 98.

les idées qu'à diriger les hommes. Son énergie se
nourrissait de longues méditations, sur des sujets
d'ailleurs peu nombreux ; et l'acte qu'elle faisait surgir représentait l'aboutissement d'une pensée qui,
pour s'achever, prenait la forme pratique. De bonne
heure, dans un opuscule où des vues assez justes se
mêlaient aux rêveries sentimentales, il s'était prononcé en faveur de plusieurs réformes économiques.
Lors de l'Exposition universelle de 1855, le cousin
de l'empereur, le prince Jérôme, commissaire général, témoignait ses sympathies à la classe ouvrière ; et
cette attitude se ressentait des désirs et des projets
de Napoléon III, qui, sept ans plus tard, favoriserait
l'envoi de délégués ouvriers à l'Exposition de Londres,
selon les conditions fixées dans le *Siècle* par le cise-
leur Tolain ; puis, en 1863, affranchirait les sociétés
de consommation et enfin, en 1864, reconnaîtrait le
droit de grève. Un éloquent ouvrage, dû à M. Etienne
Lamy, a exposé cet intéressant aspect de l'histoire
du second Empire [1].

Mais alors la démocratie ouvrière comptait pour
peu devant le monde issu de 89 et de 92, ennemi des
moindres aspirations corporatives en dehors de lui
et résolu à rester le maître. Il la tenait en défiance ;
et d'ailleurs elle naissait à peine.

L'objectif, la passion de la bourgeoisie révolutionnaire française, c'était comme le dit M. Georges
Goyau « l'idée de l'émancipation des peuples »[2]. Dans
son livre plein de faits et de pensées, le brillant

1. *Études sur le second Empire*, par Etienne Lamy, pages 24
et 35.

2. *L'idée de patrie et l'humanitarisme*, par Georges Goyau,
page 13.

écrivain montre ce parti obsédé du désir d'unifier l'Allemagne et l'Italie. En combattant l'Autriche, on effaçait le souvenir de la Sainte Alliance[1] ; en soulevant les Italiens, on humiliait le prestige de la Papauté : ce double espoir enthousiasmait la société voltairienne et lui rendait supportable le régime autoritaire intérieur. Napoléon III ne souhaitait pas de détruire la souveraineté civile des Papes, mais il se condamnait lui-même à la restreindre, à l'ébranler, finalement à la ruiner ; et le besoin de s'assurer des appuis lui faisait accepter le concours et parfois l'arrogante tutelle des ennemis de son principe dynastique.

Donc, les feuilles royalistes, comme la *Gazette de France* et l'*Union*, étaient seules à pratiquer l'opposition complète ; et les autres, libérales ou démocratiques, les *Débats*, la *Presse*, le *Siècle* et, après 1860, l'*Opinion Nationale* et le *Temps*, n'exerçaient qu'une demi-opposition. Entre ces journaux et le pouvoir, entre les deux partis contraires, il y avait, pour la politique extérieure, une entente suivie ; parfois, des rapports qui, le plus souvent, s'établissaient par l'intermédiaire du prince Jérôme.

Rien de plus significatif peut-être que le fait cité et répété par M. Emile Ollivier. En 1856, Girardin, ayant passé sa propriété au financier Millaud, la *Presse* manquait d'un directeur. Millaud proposait Nefftzer, « alsacien instruit, pesant de corps, agile d'esprit, renfermé, bourru, à la plume ferme, incisive, souple, qui, lorsqu'il sortait du scepticisme politique, son vrai fond, se trouvait orléaniste ». Pour obtenir

1. *L'idée de patrie et l'humanitarisme*, par Georges Goyau, page 13.

l'indispensable autorisation ministérielle, on voulut
employer l'influence du prince Napoléon. Celui-ci
subordonna son appui à « une démission en blanc,
remise entre ses mains » ; et Nefftzer y consentit[1].
En 1857, Nefftzer avait momentanément quitté la
*Presse* à la suite de difficultés avec le prince
Napoléon, qui lui reprochait des manières trop raides
et qui le menaça d'« exhiber sa démission en blanc[2]».
Notons encore un détail propre à faire juger des
contraintes et des surprises dans lesquelles vivait le
journalisme. Les trois députés de l'opposition,
Emile Ollivier, Darimon, Hénon venaient de prêter
le serment requis. Alphonse Peyrat, successeur de
Nefftzer, ayant écrit dans la *Presse* un article appro-
batif, recevait les compliments du prince Jérôme,
lorsque le gérant de la *Presse* apporta un arrêté
par lequel le ministre de l'intérieur suspendait le
journal pour deux mois[3]. A côté de Peyrat vint plus
tard se placer Adophe Guéroult, ancien Saint-
Simonien, ancien diplomate, économiste, et qui devait fonder, en 1859, l'*Opinion nationale*, organe de la
démocratie impériale.

Le *Siècle*, conçu par Girardin et créé par Dutacq
le même jour que la *Presse*, avait depuis 1848 et conserva longtemps comme directeur Léonor Havin,
député sous le gouvernement de juillet et sous la
deuxième république, fils d'un conventionnel, ancien juge de paix, normand d'origine et de caractère, orléaniste de nature, capable de tenir pied

1. *L'Empire libéral*, par Emile Ollivier, tome IV, pages 16
et 17.

2. *Id.* page 59.

3. *Id.*, pages 59, 60.

entre deux ou trois politiques, passionné surtout
pour le succès de son journal. Les dénonciations
contre la prétendue intolérance du parti catholique
ayant repris faveur, il adopta cette mode et y demeura fidèle, tout en se défendant avec componction
de former aucun projet hostile à la Foi. A l'entendre
attester sa déférence envers les prêtres et envers les
évêques, on eût pris pour un paroissien modèle ce
publiciste(?) dont le journal excitait continuellement
les préjugés anti-religieux. Havin assurait qu'il ne
combattait que les excès, mais il se livrait, lui, à de
continuels excès de platitude littéraire, écrivant d'un
style creux, sentencieux et gauche. Il disait gravement : « les électeurs ne seront pas enchaînés par
une nuance » ; il annonçait ainsi la réception de
Canrobert à Stockholm : « L'opinion publique s'est
principalement manifestée lors de l'arrivée du général Canrobert, en l'honneur duquel les poètes enthousiastes du Nord ont allumé les flambeaux de
leurs muses. » Il confondait la promulgation et la
révocation de l'Edit de Nantes. Inutilement, Louis
Veuillot lui donnait les avis les plus justifiés : « Son
style, quoique revu, relavé et repurgé... dénote toujours l'homme spécialement destiné à ne pas écrire.
Avoir une si heureuse vocation et la mépriser !
Pouvoir passer pour l'inspirateur de la rédaction du
*Siècle*, pour la main qui lance M. de la Bedollière,
qui tient la ficelle de M. Jourdan dans les airs, qui
règle les essors de M. Plée, qui discipline les ardeurs
de M. Napoléon Benard, et consentir à paraître le
moindre d'entre eux ! Mais ce n'est que la petite
faute de M. Havin, une faiblesse d'homme d'élite.
M. Ingres se pique de jouer du violon, M. Arnal a

voulu débuter dans la tragédie, M. Thiers aspire à
commander des armées. Ainsi Chateaubriand prétendait faire des vers, ainsi Molière prétendait que
sa femme fût fidèle, ainsi M. Havin prétend écrire[1]. »
Sous la direction de Havin collaboraient abondamment, d'une façon moins ridicule mais d'un style
sans valeur et en se servant des idées banales, Louis
Jourdan, jadis Saint-Simonien et la Bedollière. Celui-
ci, qui avait autrefois publié une *Nouvelle morale en
action*[2], menait, comme les autres rédacteurs, la
guerre aux « superstitions religieuses », mais il dépensait une impétuosité remarquablement ignorante
et parfois candide. Louis Veuillot s'est beaucoup
amusé de lui. Mis ainsi en rapports avec le gros public par une large médiocrité intellectuelle et littéraire, le *Siècle* pouvait sans inconvénient réserver une
place à Taxile Delord et à Edmond Texier. Le premier,
délaissant la besogne charivarique, écrivait là, d'un
ton froid, des études sur des personnalités diverses ;
il a composé plus tard une *Histoire du second Empire*, en quatre volumes ; il fut député. Edmond Texier
répandait dans la chronique une verve fine et correcte ; il a tracé de la presse à cette époque plusieurs
jolis tableaux. Le *Siècle* augmentait encore ses avantages en réalisant soigneusement le type d'un journal modelé sur la physionomie quotidienne de la
société. Les questions de jurisprudence avaient leur
spécialiste, Cuzon ; Frédéric Thomas, auteur des
*Petites causes célèbres* (36 volumes) conquit la vogue
avec ses « Lettres du Palais ».

1. *Mélanges religieux, historiques politiques et littéraires*,
par Louis Veuillot, 2ᵉ série, tome V, pages 169, 170.

2. *Les grands journaux de Paris*, par Félix Ribeyre et Brisson.

Aux *Débats*, Alloury, Hippolyte Rigault, Laboulaye, Prévost-Paradol, renforçant la vieille rédaction augmentée de Bersot, s'appliquaient à en insuffler l'esprit libéral dans la politique autoritaire. Lettrés, suivant la tradition, ils avaient plus de ressources que d'autres et pouvaient tirer parti de tous les sujets. Comment Rigault, critique, se fit moraliste, Sainte-Beuve l'a raconté dans les *Nouveaux lundis :*

« Ç'a été un des aspects de son talent critique et par où il prétendit à une sorte d'originalité. Il essaya, de 1855 à 1858, de créer au *Journal des Débats*, pour une revue de quinzaine, un feuilleton moral dans le genre d'Addisson. Quelques-uns ont fort réussi. Dans le premier, par excès de préoccupation morale, il commit une faute; à force de vouloir éviter la chronique scandaleuse il se jeta dans la chronique vertueuse et raconta comment des demoiselles de sa connaissance, millionnaires, prenaient leurs maris parmi des jeunes gens distingués et sans fortune, précepteurs de leurs jeunes frères. Il proposait cela en exemple et comme idéal de roman dans la vie. Cette divulgation choqua. Comme il s'est montré fort sévère pour les fautes de goût d'un autre genre, il est permis de noter celle-ci, singulière dans son espèce. Il se releva vite de ce faux pas et eut de bonnes rencontres. »

Prévost-Paradol brilla tout de suite comme une étoile de première grandeur et conserva son éclat. Normalien distingué, parfaitement préparé au professorat, qu'il dédaigna très vite, il tirait sa valeur d'une culture variée et raffinée et d'un style plein de vivacité, d'adresse, de finesse et d'élégance. Des nombreux portraits que nous avons de Prévost-Paradol, le plus vivant et le plus curieux peut-être est celui que nous devons à M. Émile Ollivier : « On

prétend qu'il se forma, comme presque tous les écrivains de ce siècle, par l'étude de Rousseau ; je croirais plutôt que, dans une existence antérieure, il
s'était longuement façonné à l'art d'écrire, tant il en
connut dès son début les ressources et les gammes
diverses, les souplesses aussi bien que les puissances, les ironies non moins que les élévations. Si l'on
avait pu désirer quelque chose dans un ensemble
aussi accompli, c'eût été un peu plus de relief et de
couleur : il ne les recherchait point, par horreur de
l'emphase, on n'en trouve pas trace dans ses écrits
les plus véhéments, et cependant ils entraînent, car
ils sont passionnés et la véritable passion se commu-
nique sans phrases redondantes. La sienne était
intense et de toutes les manières[1]. » Nous ne sup-
posons pas que M. Émile Ollivier professe la mé-
tempsycose, mais la comparaison qu'il emploie
s'accorde vraiment bien avec la spontanéité du talent de Paradol. Des traits plus familiers et néanmoins expressifs, relevés par Maxime du Camp,
montrent le personnage au milieu de la rédaction des
*Débats* dont, par « ses allures hardies et sa phrase
pétulante[2] », il réveilla la prose un peu éteinte. « Peu
d'hommes ont été plus ambitieux que lui et ont plus
difficilement supporté la discipline que lui imposait
le parti d'opposition auquel il était affilié. Il avait la
phrase facile, de beau langage, l'épigramme habilement enveloppée et une grande habileté à se maintenir dans une mesure irréprochable. Il était ou
paraissait toujours affairé. Il arrivait au bureau des

1. *L'Empire libéral,* par Émile Ollivier, tome V, page 52.
2. *Souvenirs littéraires,* par Maxime du Camp, tome II, page 399.

*Débats*, échangeait un bonjour avec les uns et les autres, s'asseyait et écrivait deux ou trois billets de cette longue écriture qu'il s'efforçait de faire ressembler à celle du temps de Louis XIV. Volontiers il eût repris la vieille orthographe; il s'y essaya, ses amis le raillèrent et il y renonça... » La passion qui imprégnait son style tendait vers le pouvoir. Ce libéral était fort impatient de gouverner. « La politique s'était emparée de lui... On eût dit qu'il voulait s'exercer à ses grandeurs futures et faire l'apprentissage des élégances que le sort lui réservait... Il ne comprenait rien au mouvement démocratique qui soulève les nations ; il croyait encore pouvoir sauver la prépotence de la bourgeoisie, des classes éclairées... Il répétait en 1870 ce que l'on avait dit en 1830, semblable à un jeune Épiménide doctrinaire qui se serait réveillé tout à coup après un somme de quarante ans... Nous étions dans la grande allée centrale des Tuileries d'où l'on découvre le Palais. Je lui dis : Quelle est votre rêve? Il s'arrêta et, me montrant le pavillon de l'Horloge, il répliqua avec une sorte d'exaltation que je ne lui connaissais pas : — Le maître de la France est là ; eh ! bien, je voudrais être le maître de ce maître [1]. — En 1869, passant par la porte de l'Empire libéral, le brillant journaliste pénétrait dans les régions du pouvoir. Il ressentit l'amer chagrin de n'y être pas reçu avec empressement, tandis que ses anciens amis ne l'épargnaient pas. Il demanda un poste diplomatique en attendant mieux ; mais l'heure favorable était loin en arrière. Prévost-Paradol

---

1. *Souvenirs littéraires*, par Maxime du Camp, tome II, pages 400 à 408.

avait prévu et signalé les périls dont nous menaçait
l'Allemagne. Quand, à Washington, il apprit que le
conflit allait s'engager, il eut la vision du prochain
désastre, se sentit perdu lui-même et se suicida.


## La polémique religieuse et politique.


La loi de 1850 couronnait, non point par une véritable émancipation mais par une réelle conquête, la
lutte que les catholiques avaient soutenue depuis
vingt années. En consacrant leur victoire, elle désor-
ganisait leur parti. Les uns cherchaient désormais
un accommodement entre les conceptions dites modernes et la vérité religieuse. Les autres montraient
dans celle-ci la base et la garantie de toute vérité.
Une fois obtenu l'affranchissement partiel, il fallait
l'utiliser. Or, n'y avait-il pas lieu de remanier le programme des études et de réclamer pour les auteurs
chrétiens une place moins réduite que celle qu'ils
occupaient ? Nombre de bons esprits le crurent et
se mirent en campagne, suivant l'impulsion donnée
par l'abbé Gaume, qui venait de publier (1851) un
livre intitulé *Le Ver rongeur des sociétés modernes.* Ce
« Ver rongeur » c'était la prépondérance de l'élément
païen dans l'instruction de la jeunesse. Le Cardinal
Gousset, Mgr Parisis, d'autres évêques, beaucoup de
personnalités importantes appuyaient l'abbé Gaume.
Plus tard, Montalembert parut partager l'opinion
contraire, mais tout d'abord il avait approuvé le
projet de réforme, par une lettre que l'*Univers* lui-
même ne voulut pas insérer sans modifications telle-

ment elle était hardie[1]. Mgr Dupanloup, depuis assez
longtemps en désaccord avec ce journal, le désavoua,
le combattit, en interdit la lecture. Deux partis se cons-
tituèrent, ayant chacun à sa tête des représentants de
l'épiscopat. Ce fut un conflit d'une ardeur extrême,
« l'affaire la plus chaude où je me souvienne d'avoir
passé », écrivait plus tard Louis Veuillot. Il ne con-
testait pas la supériorité littéraire du latin païen sur
le latin chrétien : il soutenait que celui-ci est plus
sain et qu'il mérite non pas d'être seul employé mais
d'occuper une place prépondérante dans l'enseignement qui a pour but de « faire des hommes de foi, de
bonnes mœurs, connaissant bien leur religion[2] ». Les
articles écrits par Louis Veuillot pendant cette vive
et longue polémique et les documents qui s'y rapportent remplissent presque un volume des *Mélanges*.
Une déclaration blâmant l'*Univers*, rédigée par
Mgr Dupanloup et signée par quarante-quatre évêques, rejetait au second plan l'affaire des classiques et mettait en péril l'existence du journal. Une
note du Saint-Siège prescrivit le silence sur cette
question, « aussi grave du côté des parties qui y
étaient intéressées que grosse de conséquences dé-
plorables par suite de la manière dont elle avait été
engagée[3] ». L'*Univers* se trouvait hors de cause ; le
débat sur les classiques allait s'éteindre, quand une
nouvelle lutte s'alluma, provoquée par M. l'abbé
Gaduel, qui, dans l'*Ami de la religion*, dénonçait les
abus et les empiètements de la presse religieuse et
laïque, en reprochant aux journalistes laïques d'of-

1. *Mélanges* de Louis Veuillot, deuxième série, tome I, page 145.
2. *Louis Veuillot* par Eugène Veuillot, tome II, page 496.
3.        *Id.*              *Id.*              *Id.*    page 507.

14

fenser continuellement la doctrine. Louis Veuillot répondait : « Pourquoi la vérité, destinée à soutenir une guerre éternelle, n'aurait-elle pas des escadrons légers, des soldats exercés aux combats des broussailles et toujours prêts à partir? Voilà l'œuvre des laïques; ils sont bons à cela; je dirai plus, ils y sont plus propres que d'autres. » Exposant sa thèse, Louis Veuillot invoquait Bossuet, qui a prescrit à tout le monde de prêcher l'Évangile dans les simples conversations comme ailleurs ; il rappelait l'exhortation de Bourdaloue : « Vous et moi devons être les garants des intérêts de Dieu »; enfin il citait les encouragements reçus de Mgr Parisis qui constatait que, sans le journalisme catholique, « la plupart des questions catholiques ne seraient pas même soulevées parmi le monde ». L'archevêque de Paris, sanctionnant les accusations émises par l'abbé Gaduel, avait interdit la lecture de la feuille dénoncée. Mais bientôt survenait l'Encyclique *Inter multiplices*, (21 mars 1853) dans laquelle un passage recommandait à la bienveillante protection des évêques les écrivains laïques, auteurs de livres et de journaux religieux. L'archevêque leva les censures dont il avait frappé l'*Univers*.


## L'affaire Mortara. Le Pouvoir Temporel.


On se tromperait du tout au tout en supposant que la polémique sur des sujets religieux n'intéressât que les chrétiens. Elle passionnait les libres-penseurs. Dans les dix-huit volumes des *Mélanges*, nous voyons continuellement aux prises les deux partis. Contre les *Débats*, contre la *Presse,* contre le *Siècle*, etc., Louis Veuillot développe sans arrêt l'apologie rendue nécessaire par des attaques ininterrompues. Qu'il s'agisse du rôle historique et social de l'Église ou de la vérité et de la crédibilité de la doctrine surnaturelle, il a une ardeur toujours prête, toujours sûre, souvent magnifique. Dans une instruction synodale, un évêque, comme Mgr Pie, signale les erreurs de la philosophie incrédule : aussitôt les *Débats*, la *Presse*, le *Siècle* réclament, chacun selon ses manières, et à leur tour veulent faire la leçon ; les vieux arguments voltairiens reparaissent; et il faut discuter le procès de Galilée, les droits du clergé, la propriété ecclésiastique, la Saint-Barthélémy, les miracles. Louis Veuillot résiste à tous les adversaires et fonce sur eux, prodiguant sa logique, sa verve, son éloquence. Il ne manque pas, et assurément il en a bien le droit, de noter que, sous une forme correcte ou élégante, Guéroult et Prévost-Paradol émettent les mêmes idées que Jourdan, Plée et Labédollière. Les apparitions de Lourdes scandalisent la fière raison des journalistes libres-penseurs et inquiètent le respect qu'ils se flattent d'accorder à la vraie foi : Louis Veuillot leur rappelle que, dans l'histoire et dans l'enseignement du dogme, dans la prédication et dans les actes de Jésus-Christ, les miracles abondent, affirmés avec solennité. Il presse ses contradicteurs de se demander comment ils peuvent respecter une Eglise ainsi remplie de ce surnaturel qu'ils croient avoir le droit de bafouer. Là-dessus, jamais aucun n'a répondu directement.

Mais tout à coup s'engage une autre polémique

dont nous ne savons plus que le nom ; et encore que dit-il à nos contemporains? L'affaire Mortara.

L'affaire Mortara, débat formidable, débat universel où se rencontraient la politique et la théologie, la puissance et les droits du baptême, le Pouvoir Temporel, les intrigues des révolutionnaires italiens, la conspiration et la domination juives, le programme poursuivi par la libre-pensée ralliée à l'Empire, programme dont Napoléon III était le prisonnier.

La polémique se produisit comme une explosion, aux secousses répétées durant six semaines. Elle mit en mouvement tous les partis qui attendaient l'heure de se ruer sur le Saint-Siège ; elle eut des conséquences dont le monde porte encore le poids.

Un enfant juif de Bologne ayant été baptisé *in extremis* par une servante chrétienne, le gouvernement pontifical, en exécution de la loi civile aussi bien que de la loi religieuse, ordonna que cet enfant chrétien fût retiré de la maison de son père et élevé chrétiennement.

A peine la nouvelle leur était-elle parvenue, que le *Constitutionnel*, les *Débats*, le *Siècle* montaient au paroxysme de la colère pour y rester jusqu'à épuisement. Ils invoquaient le droit naturel, dénonçaient un crime, enjoignaient au gouvernement français de faire agir notre ambassadeur. Le *Constitutionnel* criait que la France entretenait dans les Etats romains assez de « baïonnettes » pour y modifier a son gré la loi politique et la loi religieuse. « En effet », répondait ironiquement Louis Veuillot, « à qui fera-t-on croire qu'un juif est baptisé si quelques baïonnettes françaises assurent qu'il ne l'est pas » ?

Les journaux partaient de ce point : qu'on était en

face d'un simple fait d'arbitraire commis par une administration fanatique.

Il fallut leur apprendre que la situation des Juifs dans les Etats pontificaux était réglée d'après des lois spéciales.

Depuis longtemps les Juifs sont les hôtes de l'Église romaine, écrivait Louis Veuillot : « Elle les accueillait et les protégeait sur son territoire, lorsque, partout ailleurs, ils étaient ou proscrits, ou bâtonnés et rançonnés. La protection s'étendait non seulement à leurs personnes et à leurs biens, mais à leurs croyances. Longtemps avant qu'ils fussent devenus une puissance en Europe, l'Église, chez elle, garantissait leur faiblesse contre le zèle indiscret qui aurait voulu les convertir par la force ou par la ruse, soit adultes, soit enfants. Pour plus de sûreté, elle défendait aux Juifs, ses hôtes, de *garder dans leurs maisons des domestiques chrétiens*. Deux cas seulement étaient prévus où les enfants juifs pouvaient être baptisés sans le consentement des parents : 1° le péril de mort ; 2° l'abandon. Pour le premier cas, les Juifs pouvaient l'éviter en fermant leurs maisons aux chrétiens. Pour le second, ils n'avaient rien à dire[1]. »

L'impulsion et la formule étaient données : on voulait que le baptême eût été conféré par force, avec l'appui de l'autorité. Cent fois, Louis Veuillot et ses collaborateurs durent démontrer qu'au contraire l'autorité publique avait précisément pris des mesures pour empêcher un tel abus et que c'était dans le dessein de prévenir les excès de zèle que la loi pontificale interdisait aux Juifs d'employer des

---

1. *Mélanges*, deuxième série, tome V, page 25.

domestiques chrétiens. Les parents du petit Mortara
ayant contrevenu à la loi prévoyante et protectrice,
la responsabilité initiale leur incombait.

En vain l'*Univers* rappelait ce fait essentiel aux
journaux ameutés : ils continuaient de dénoncer et
de flétrir comme s'ils n'en eussent jamais entendu
parler. Puis ils se mirent à citer des auteurs avec
lesquels ils venaient de faire trop rapidement connaissance. Le *Journal des Débats* invoquait Benoît XIV ; le *Siècle* produisait des décisions rendues
par les congrégations romaines ; la *Patrie* commentait saint Thomas ; et tous concluaient en chœur contre le baptême par force. Eh ! justement, répliquait
l'*Univers,* le gouvernement pontifical a voulu mettre
les familles juives à l'abri de cette atteinte ; et voilà
pourquoi il a pris des mesures au sujet de leurs
domestiques. Il y eut même divergence au sein de
la presse catholique ; et dans la *Gazette de France,*
M. de Lourdoueix crut pouvoir dire que la mesure
appliquée par l'autorité pontificale à Bologne était,
non pas l'exécution des lois de l'Église, mais « une
petite pratique du gouvernement romain ». A quoi
l'*Univers* répondait que Pie IX avait mis en pratique
l'Instruction même rendue par Benoît XIV comme chef
de l'Église. Il ajoutait que, peu de temps auparavant
les protestants anglais, utilisant la souscription faite
au profit des orphelins des soldats morts en Crimée,
avaient placé dans des écoles protestantes les nombreux catholiques qui se trouvaient parmi ces enfants. Bien que l'archevêque de Dublin eût réclamé
en produisant la liste des familles catholiques dont
les enfants étaient ainsi détournés de leur foi, ni le
*Journal des Débats,* ni le *Siècle,* ni les autres n'a-

vaient songé à s'indigner. Peu de mois auparavant,
en Suède, à Œrebro, un enfant avait été baptisé de
force, cette fois, par des luthériens, avec parrain et
marraine désignés d'office par l'autorité supérieure ;
le *Journal des Débats* s'était contenté de quelques
lignes de blâme ; et les autres journaux avaient
feint de ne rien apercevoir...

Contre le Pape, au contraire, le déchaînement était
de règle.

Un avertissement officieux mit fin à la discussion
sur l'affaire Mortara. Mais la polémique reprit aussitôt sur un autre terrain, le prince Napoléon ayant
introduit des Juifs dans les conseils généraux de
l'Algérie. Louis Veuillot saisit l'occasion pour publier
une série d'articles sur le Thalmud. Il citait en abondance les textes par lesquels les thalmudistes ont
« formé et maintenu l'orgueil et l'insociabilité de la
» nationalité juive ».

La question romaine était devenue l'objectif d'ardentes menées. Les libres-penseurs qui, en France,
poussaient à la guerre contre l'Autriche, voyaient
dans l'unification de l'Italie le moyen le plus sûr de
déposséder le Pape. Quelques mois après le vacarme
alimenté par l'affaire Mortara, un volume d'Edmond
About, dont les premiers chapitres avaient été insérés
dans le *Moniteur* et dont la suite avait été interrompue après une réclamation du *Journal de Rome*,
parut en Belgique sous le titre la *Question romaine*.

C'était un pamphlet d'une inconvenance continuelle
et systématique, au fond ennuyeux et qu'on peut
juger sur ce début :

« L'Eglise catholique que je respecte sincèrement, se
compose de 139 millions d'individus, sans compter le
petit Mortara.

» Le cardinal évêque de Rome, qu'on désigne aussi
sous le nom de vicaire de Jésus-Christ, de saint-père ou
de Pape, est investi d'une autorité sans bornes sur l'esprit des 139 millions de catholiques.

» Cette discipline des intelligences honore infiniment
le dix-neuvième siècle. La postérité nous en saura gré si
elle est juste.

» Cette royauté du Pape s'appuie sur de nombreux abus
et a créé de tous temps des mécontents.

» Défalquez le parti conservateur, c'est-à-dire les hommes qui ont un intérêt dans le gouvernement et les malheureux qu'il a tout à fait abrutis, il ne reste que des
mécontents. »

A cet esprit, paraît-il, on reconnaissait un *petit-
fils* de Voltaire. « Voltaire ne l'a pas volé », disait
Louis Veuillot, qui dépeignait ainsi l'auteur :

« M. Edmond About paraît doué de cette sorte d'esprit
qui naturellement voit tout d'une façon basse et injurieuse, tourne tout en dérision, se plaît à rapetisser
tout ce que d'autres naturellement admirent. Décrivant
les magnifiques pins et les solennels cyprès qui donnent
au paysage romain un si auguste caractère de beauté, il
compare le pin au parapluie ouvert, et le cyprès au parapluie fermé. En une seule image, c'est tout son pittoresque. Il applique ce procédé aux hommes comme aux
choses, mais avec le fiel que ces natures malheureuses
ont accoutumé de ressentir devant tout ce qui est plus

grand et plus digne de respect. La beauté les irrite, la majesté les offense, elles naissent ennemies de toute grandeur. Il n'y a point de lieu dans le monde où de tels esprits se puissent trouver aussi mal à l'aise qu'à Rome, parce qu'il n'y en a point où on rencontre en pareille abondance les spectacles, les hommes, les choses qui éveillent l'amour, qui impriment le respect. Plus ils voient qu'autour d'eux, de toutes parts, on cède à ces nobles sentiments, plus ils sont tourmentés du besoin de dénigrer ou d'insulter, et il faut qu'enfin ils vomissent ce qu'ils ont dans le cœur. Chateaubriand, assez médiocre chrétien alors, rencontrait à Rome des choses auxquelles son âme ne savait pas, ne voulait pas résister ; il se jetait à genoux. Suivez M. About aux mêmes endroits : il tire la langue. »

Louis Veuillot expliquait pourquoi ce genre d'esprit est surtout nuisible aux écrivains qui s'en servent ; et il prophétisait les déboires dont furent gâtés tous les succès d'About. Combien d'autres prophètes ont donné, avec la même inutilité, le même avertissement ! On le retrouve, transposé par Alexandre Dumas fils et recueilli par Jules Levallois, dans les *Mémoires d'un critique*. A quelque déjeuner où se réunissaient les principaux écrivains du *Moniteur* et d'autres notabilités, About, qui s'était prodigué en fantaisie et en pétulance, entendit Dumas lui dire : « Toi, mon bonhomme, tu irais bien sur la corde raide, mais ce qui te manquera toujours c'est le balancier[1]. »

---

1. *Mémoires d'un critique*, par Jules Levallois, page 218.

Outre les singuliers journaux opposants qui, devant la perspective de notre intervention en Italie, luttaient d'enthousiasme avec la presse ministérielle, il y avait encore un organe d'un caractère et d'un fonctionnement particuliers : la brochure impériale. D'abord elle fut anonyme ; mais, sous le voile, on ne tarda pas à reconnaître le personnage de la Guéronnière, chargé de transmettre aux partis politiques de France et de l'extérieur, aux chancelleries et aux souverains, les pensées de Napoléon III. Sans relief, distendu et traînant, chargé d'amplifications et de périphrases, et, pour ces motifs, passablement harmonisé avec la façon d'écrire que l'on pratique dans la « carrière », le style de l'important brochurier frayait assez bien la route à quelque formule saillante, révélatrice ou captieuse, élaborée par le maître. Ainsi, l'opuscule publié au commencement de février 1859, sous le titre *Napoléon III et l'Italie* et qui résumait, en les adoptant, tous les griefs en cours contre le gouvernement romain, proposait de nommer le Pape président d'honneur d'une Confédération italienne. C'était le plan chimérique que devait poursuivre Napoléon III jusqu'après la paix de Villafranca. La brochure mettait le Pape en demeure de séculariser l'administration pontificale et, comme sanction, affectait de croire à un congrès impossible. Elle préparait ainsi le public à la guerre, qui devenait inévitable dès le moment que la France décidait d'appuyer devant l'Autriche les réclamations du Piémont. Par la guerre, on précipitait le mouvement révolutionnaire dans toute l'Italie : le *Siècle* y comptait bien. L'*Univers*, ayant osé signaler les conséquences possibles d'une telle aven-

ture, se vit dénoncé par le *Siècle* et même par
le *Charivari,* comme par la *Patrie* et le *Constitutionnel.* Après la guerre, lorsque les évêques ex-
primèrent l'inquiétude que provoquait la situation
du Souverain Pontife, l'*Univers* ne put enregistrer
qu'une partie des lettres épiscopales. Il venait de
recevoir un premier avertissement pour avoir blâmé
avec vigueur notre politique en Asie. Le 22 décembre 1859 paraissait une autre brochure impériale,
intitulée *Le Pape et le Congrès,* destinée, ainsi que
la première, à notifier les concessions que le gouvernement attendait du Saint-Siège. Cette fois l'auteur,
qui continuait de prendre le ton d'un catholique
zélé, indiquait l'abandon des Romagnes. La délimi-
tation du nouveau domaine pontifical devait être
réglée par le congrès, qui restait en perspective. Or
bientôt on dut renoncer à ce congrès, dont la Guéronnière avait cru accomplir la besogne par avance.
Coup sur coup se précipitèrent les documents et les
événements : le 3 janvier, le Pape, prononçant un discours public, flétrissait l'hypocrisie de la brochure ; le
11 janvier, le *Moniteur* répliquait par la publication
d'une lettre, datée du 31 décembre, et dans laquelle
Napoléon III, toujours en vue d'un prochain congrès,
pressait le Pape « de faire le sacrifice des provinces
révoltées ». Le 28 janvier, parvenait à Paris l'Encyclique où Pie IX, frémissant d'indignation et de
fierté, disait : « Sa Majesté n'ignore pas par quels
hommes, avec quel argent et quels secours, les
récents attentats de rébellion ont été excités et accomplis à Bologne, à Ravenne et dans d'autres
villes. » Averti peu de temps auparavant, pour avoir
envoyé une adresse au Pape ; informé officieusement

qu'une mesure de suppression était prête ; certain
que la publication de l'Encyclique provoquerait le
coup fatal, Louis Veuillot résolut d'offrir à la cause
du droit un suprême exemple de fidélité : « Je dis à
mes collaborateurs : Voici l'arrêt de mort ; le journal
ne vivra plus demain. Nous éprouvions plutôt un
sentiment de joie de trouver une si belle occasion de
périr ; et nous nous mîmes immédiatement à traduire l'Encyclique, pour la donner dans l'édition du
matin, avant qu'aucune défense de la publier n'arri-
vât et afin que le journal ne fût pas saisi à l'imprimerie [1]. » Le lendemain, 29 janvier 1860, un décret
impérial, proposé par le ministre Billault, supprimait
l'*Univers*, déclaré coupable d'avoir compromis « l'ordre public, l'indépendance de l'État, l'autorité et la
dignité de la religion ! »

C'était le premier journal supprimé avant d'avoir
été suspendu ou condamné par les tribunaux ; ensuite vint le tour de la *Bretagne*, de la *Gazette
de Lyon* et de l'*Algérie nouvelle*. Excepté Louis et
Eugène Veuillot, à qui le gouvernement interdisait
le journalisme, la plupart des rédacteurs de l'*Univers* purent continuer leur œuvre dans l'ancienne
*Voix de la Vérité*, devenue le *Monde*. A cette tribune,
la philosophie chrétienne et la théologie gardaient
comme interprète du Lac, dont Louis Veuillot a glorifié le savoir et le caractère. Les principes de la
politique chrétienne étaient défendus par Coquille,
l'auteur des *Légistes*, incomparable dans la connaissance et dans l'exposé du droit coutumier ; esprit
très ferme et très fin, sous un aspect bonhomme ;

_______________

1. *Mélanges*, deuxième série, tome VI, page 296.

personnalité originale et modeste, à qui le républicain et libre-penseur Spuller a rendu, avec une louable indépendance, un témoignage pénétré de respect.

---

Un journal libre-penseur de plus, l'*Opinion nationale*, venait d'être autorisé.

Adolphe Guéroult, son directeur, un ancien Saint-Simonien encore, avait servi à la *Presse* l'idée de l'unité italienne avec une passion qui lui valait la sympathie impériale. Il possédait l'appui du prince Jérôme, protecteur de tout écrivain hostile au Vatican. Guéroult méritait bien cette confiance ; car en lui le zèle anti-catholique vivait à l'état de fanatisme, mais dans l'esprit et non dans le cœur. Outre l'autorité ecclésiastique, il combattait les dogmes avec emportement. Sa violence était sincère ; et si elle s'égara jusqu'à traiter de « chancre » le Pouvoir Temporel, d'ordinaire elle s'imposait le joug d'un style châtié et elle prétendait se nourrir d'aspirations libérales. Il y avait chez Adolphe Guéroult bien plus de droiture que parmi ses alliés de France ou d'ailleurs. L'*Opinion nationale* était vieille de deux ans, lorsqu'il pouvait revendiquer pour elle le déplorable honneur d'avoir infatigablement poussé à généraliser la révolution italienne et d'avoir mérité d'être surnommé « le *Moniteur* de Garibaldi ». Il rappelait ce double titre dans une circulaire employée à provoquer des abonnements ; car le succès se faisait prier. Dès les premiers jours, (18 septembre 1859), se plaignant d'être tenue en quarantaine, l'*Opinion nationale* avait, par la plume de Guéroult, dénoncé la « conspiration du silence » et montré « l'autel de la liberté adossé contre une boutique ». Son zèle impérialiste ne suffisait pas pour écarter d'elle les avertissements, qui ne lui faisaient pas plus de mal qu'au *Siècle*. A côté de Guéroult parurent Sauvestre, ancien instituteur, anti-clérical furieux et maniaque, de qui ses amis eux-mêmes disaient : « un curé par jour, un évêque le dimanche, voilà la ration de Sauvestre[1] » ; Francisque Sarcey, Edmond About, Alfred Assolant, Henri Maret, Jules Levallois, Castagnary, Hector Malot.

Suivant l'ordre chronologique, viendraient ici le *Temps* et la *France*, mais mieux vaut mentionner tout de suite l'*Avenir national* (1863), sorti de la *Presse* comme l'*Opinion nationale* et qui était un peu une autre *Opinion nationale* mais plus sectaire, plus rude et plus tranchante. Son directeur, Peyrat, descendant d'une famille de pasteurs du désert, avait consacré ce qui lui restait d'ardeur religieuse à la défense de l'orthodoxie jacobine. Henri Brisson, Allain-Targé, Elias Regnault faisaient partie de la rédaction, où l'on voyait aussi, pourvu du titre de feuilletoniste dramatique, un homme universel sinon par les aptitudes du moins par les prétentions, Emmanuel Arago, important parce qu'il était fils d'un savant illustre et parce qu'il possédait une voix formidable. Malgré la chronologie encore, inscrivons ici l'*Époque*, fondée en 1864 d'après un programme

---

1. *Mémoires d'un critique*, par Jules Levallois, page 164.

libéral et vague. Il s'y trouvait cependant un point précis et curieux : bien que le rédacteur en chef, Ernest Feydeau, n'eût que la notoriété du romancier, l'*Époque* s'interdisait le roman-feuilleton [1]. Deux ans après se déployait l'*Étendard*, entre les mains d'Auguste Vitu, de qui Barbey d'Aurevilly avait dit, à propos du livre très intéressant *Ombres et vieux murs:* « C'est un esprit très érudit, fort au courant de la bibliographie du XVIIIᵉ siècle et de la Révolution... un écrivain d'un style très clair, très cristallin, qui mettrait les turpitudes et les sottises sous le plus brillant cristal, pour qu'on les vît mieux [2]. » L'*Étendard* se proposait de combattre les abus, dût-il « censurer les agents du pouvoir » afin de relever le prestige du gouvernement. Cette tâche, moins la partie critique, c'était celle aussi de la *France*, fondée en 1861 et dirigée par l'interprète des pensées impériales, la Guéronnière, qui avait pris pour collaborateur J.-B. Dumas, Caro, Paul de Saint-Victor, de Viel Castel, etc. L'*Époque* et l'*Étendard* jouèrent un rôle peu important ; et la *France*, après un heureux début sous la conduite de la Guéronnière et un déclin rapide entre les mains du financier Genty, eut besoin de l'impétuosité de Girardin pour retrouver de l'élan.

------

1. *Histoire de la presse française*, par Henri Avenel, page 518.

2. *Les Œuvres et les Hommes. Journalistes et polémistes. Chroniqueurs et pamphlétaires*, par Barbey d'Aurevilly, pages 114, 115.

Un vieux journal, effacé, abandonné, mais ravivé par Nefftzer avait, en 1861, pris une influence solide qui devait s'élargir d'une façon continue et préparer, pour le lendemain de l'Empire, un personnel, un régime, un programme : presque toute la république actuelle. Nefftzer, ancien rédacteur de la *Presse* (cette feuille, d'où venaient de sortir l'*Opinion nationale* et l'*Avenir national*, avait rempli dans le domaine de la publicité une fonction analogue à la nébuleuse solaire dans notre système cosmique), Nefftzer était-il donc républicain ? Bien modérément. Sa formation intellectuelle lui donnait une physionomie à part. Protestant rationaliste, il procédait de la philosophie étrangère la plus compliquée, c'est-à-dire la plus éloignée des traditions et du caractère de notre race. Non seulement Strauss mais Hegel l'avaient longtemps occupé. Comment la nuageuse métaphysique allemande s'unissait-elle à un remarquable sens pratique chez le directeur de la feuille ressuscitée, on ne sait trop ; mais l'accord demeura complet et donna un résultat puissant. Avec Nefftzer s'installa une méthode qui engendra une école, une politique où la conception sociale offrait un caractère réfléchi et raisonné non moins que résolu. Là, Dieu étant laissé de côté, la doctrine religieuse se réduisait à une espèce de sentiment ; et la morale réalisait enfin la conquête de l'indépendance. Autonomie ! autonomie ! la société et l'humanité ne relevant que d'elles-mêmes. On voit ce principe formulé dès l'origine. On voit aussi, dans le programme du *Temps*, tout l'opportunisme, attribué à Gambetta vingt-cinq ans après. Ayant ainsi composé les catégories de son journal : politique générale, Schérer,

Ch. Dollfus, Erdan, J. Grenier, Servais ; économie
politique : André Cochut, Maurice Block ; critique
théâtrale : Louis Ulbach ; critique musicale : J. Weber ;
Courrier de Paris : X. Aubryet ; Beaux-Arts : Ch.
Blanc, Burger, Ch. Dollfus, de Sault ; Sciences mathé-
matiques, physiques et naturelles : Grandeau, Laugel ;
Histoire, voyages, etc. : Nivien de Saint-Martin ;
Agriculture : Guy de Charnacé, Marie, E. Risler,
Sanry ; Variétés, embrassant l'ensemble de la litté-
rature française et étrangère : Baudry, Boscowitz,
Cahen, Cherbuliez, Ch. Dollfus, Fontanes, Guardia,
P. Janet, Maron, F. Morin, Michel Nicolas, A. Réville,
Edmond Scherer, Ch. Schmidt, Daniel Stern ; —
Nefftzer disait : « C'est uniquement mais infaillible-
ment par l'éducation politique des masses que se
résoudra le problème, plus élémentaire qu'on ne
croit, de la conciliation entre la liberté et l'égalité.
Loin que les deux notions s'excluent, elles se supposent réciproquement ; on peut même dire qu'au
fond elles sont identiques ; car l'égalité a son principe dans l'égale aptitude des hommes à la liberté et
à la dignité morale et personnelle et elle ne sera
pleinement réalisée que lorsque tous les hommes
seront de fait également libres, autonomes et ramenés à eux seuls pour la direction de leurs actions. L'égalité parfaite répond donc exactement à
la liberté parfaite..... C'est la conscience qui fait
les nationalités comme les personnes. Nous serons
du côté des nationalités. Nous n'oublierons pas
toutefois que si le droit est le même pour toutes,
l'opportunité peut être différente et que la politique est essentiellement la *science de l'opportunité.* Elle se meut dans les limites du possi-

ble et non dans le champ abstrait de l'absolu. »

Ce style incolore avait la consistance de la pensée et de la volonté capables de miner l'édifice impérial, en organisant le parti destiné plus tard à gouverner. Tout de suite le *Temps* dévoilait l'hostilité modérée d'apparence, au fond inflexible, dont il était animé envers l'Église ; il attaquait le célibat des instituteurs religieux. A côté de Nefftzer, un autre protestant devenu rationaliste (combien de protestants rationalistes ont collaboré à cette feuille ? un professeur de dogme, Auguste Sabatier, a longtemps et jusqu'en 1901, rédigé les articles politiques où les Chambres et les Ministères cherchaient des directions ; et même le critique musical, Weber, avait commencé par la théologie !) un ancien professeur de science biblique, Edmond Schérer, menait les discussions quotidiennes en traitant les problèmes de la philosophie moderne. Sa philosophie à lui s'appauvrissait graduellement et se dissolvait dans l'incertitude totale. Comme conclusion d'un examen prolongé, Schérer en arrivait à penser que ni le monde ni la vie ne signifient rien. Trois mois avant de mourir, à propos du *Sens de la vie*, d'Edouard Rod, il écrivait avec une fierté lamentable : « C'est quelque chose d'avoir appris que, parmi les questions qui ont le plus agité l'esprit humain, il en est qui n'ont point de solution ni même de sens [1]. » Il aurait bien dû pousser la logique un peu plus loin et se demander si quelques heures de cette vie dépourvue de sens pouvaient en avoir un ; et aussi l'usage de ces quelques heures employées à écrire un article ; et enfin

---

1. *Le Temps*, 24 janvier 1889.

l'article lui-même !... Il s'éteignit en plein dénuement intellectuel, après avoir néanmoins plusieurs fois désavoué l'intolérance jacobine. Dans la rédaction du *Temps* prirent place Jules Ferry, Charles Floquet, Challemel-Lacour, Spuller, Claude (des Vosges), Kaempfen et aussi Edouard Hervé, Hector Pessard, Clément Duvernois. Erdan envoyait des lettres de Rome ; Louis Blanc, d'Angleterre; plus tard, M. Clémenceau, des États-Unis. M. Adrien Hebrard, succédant à Nefftzer, continua de faire progresser le journal, qui prit (en 1874) un format jusqu'alors inconnu dans la presse française. Après la victoire définitive du parti républicain, ce fut pour le *Temps* une tradition d'avoir toujours au moins un de ses collaborateurs en possession d'un portefeuille ministériel.

### Avant et après Sadowa.

« Plus tard, quand on fera, dans la vallée de Josaphat, le décompte exact de ce qu'ont coûté à l'humanité ses passions mystiques ou ultra-matérialistes, on reconnaîtra que les négations religieuses lui ont fait dire autant de sottises que les actes de foi lui ont fait commettre de crimes et que notre collaboration enthousiaste à l'unification de l'Italie — prodrome de l'unification de l'Allemagne et de notre écrasement — a eu pour cause principale, intime, profonde, notre manque de philosophie véritable et nos préjugés anti-cléricaux [1]. »

1. *Mes petits papiers*, par Hector Pessard, pages 115, 116.

Ainsi s'est confessé Hector Pessard, confessant du même coup nombre de confrères incorporés à l'opposition dont il faisait partie. Ce qu'il écrivait des « crimes » inspirés par les « actes de foi » procédait encore des préjugés anti-cléricaux qu'il pensait avoir dépouillés ; mais l'influence désastreuse des dits préjugés sur notre politique générale n'en est pas moins attestée. La plupart des journalistes contemporains de Pessard qui se trompèrent comme lui finirent par s'en apercevoir ; et quelques-uns eurent la sincérité de le reconnaître tout haut ; cependant, en général, ils restaient encore invinciblement attachés à leur erreur favorite, lorsque les inévitables conséquences de cette erreur éclataient devant eux et les emplissaient de crainte.

Deux groupes distincts se formaient au sein du même parti. Le *Siècle* et l'*Opinion nationale*, par exemple, passaient résolument, et même avec enthousiasme, de l'unité italienne à l'unité allemande. Pris d'un effroi soudain, le *Temps* repoussait la seconde, sans désavouer la première, bien entendu, et en préconisant toujours le principe qui engendrait l'une et l'autre. La tentation est irrésistible de mentionner une prophétie faite dans le *Temps* par Schérer, lorsque s'annonçait la guerre entre la Prusse et l'Autriche. Voici la prévision du professeur critique, à la date du 23 mai 1866 : « M. de Bismarck ne réussira ni à fonder l'absolutisme en Prusse ni à soumettre l'Allemagne à la Prusse *autocratisée*. On peut aller plus loin et dire hardiment que l'entreprise de M. de Bismarck aura des effets précisément opposés à ceux qu'il attend. Un grand pays jeté dans une grande guerre sans être consulté, lancé dans les

aventures malgré lui et pour servir des desseins
qu'il ignore, tout cela n'est pas de notre temps... »
C'était Schérer qui méconnaissait son époque ; et
le canon de Sadowa, le fusil à aiguille et la centralisation allemande lui en fournirent la preuve, sans
d'ailleurs lui inspirer le moindre doute sur la solidité de son jugement ou sur l'équilibre de ses con-
jectures. Descendant de la foi mystique à l'incrédulité et au scepticisme, lâchant en route toutes les
règles successivement, cet homme acquérait en ses
propres lumières une confiance d'autant plus grande.
On a le droit de rappeler qu'il raillait chez Joseph
de Maistre le « tic prophétique », mot emprunté de
Sainte-Beuve à propos d'un autre personnage. Eh
bien ! et la prédiction de 1866 ?

Nefftzer aussi prophétisait. Le 16 juin de la même
année, examinant les conditions requises pour
l'absorption de l'Allemagne, par la Prusse: « une
supériorité militaire de la Prusse sur l'Autriche et
le concours de toutes les forces libérales et révolutionnaires de l'Allemagne ». il concluait que la
première de ces conditions était « au moins problématique ». Quant à la seconde, il la déclarait catégoriquement « impossible ». Un an après, en face
du problématique et de l'impossible réalisés, Nefftzer
ne voulait pas démordre du principe des nationalités
et il s'appliquait à chercher la manière par laquelle
on aurait pu le combattre en le soutenant :

« Il est une chose qu'il faut concéder à l'illustre orateur (Thiers) : c'est que l'*Allemagne est sortie de l'Italie ;*
c'est que M. de Cavour a enfanté M. de Bismarck. S'ensuit-il
que nous devions voir du même œil les deux formations,
les deux puissances ? S'ensuit-il même que la seconde,

parce que fatale, n'eût pu être empéchée ? Non... Dès
que l'unité italienne était faite, notre attention devait se
porter sur l'Allemagne, où la tendance à l'unification était
nettement accusée. Cette tendance pouvait être tempérée,
modifiée, et même complètement détournée... Si, prenant
franchement notre parti de l'unité italienne, nous l'avions
*complétée* en poussant nous-mêmes jusqu'à Venise, l'Italie n'eût pu devenir l'alliée providentielle de M. de Bismarck. Dans l'affaire des Duchés nous pouvions avoir deux
conduites... Nous pouvions soutenir le principe des nationalités avec une énergie décisive, nous pouvions, au prix
de l'abandon du protocole de Londres, exiger le suffrage
des populations qui eût ajouté un état de plus à la Confédération germanique. Nous eussions ainsi fortifié une
puissance inoffensive, arrêté M. de Bismarck à ses débuts
et conquis une immense faveur en Allemagne... Quant au
mouvement unitaire nous l'eussions certainement as-
soupi si, après la guerre d'Italie, nous eussions désarmé
et remis la *liberté en honneur*, car nous donnions *le ton
à l'Europe* ; et les Allemands, au lieu de chercher le mystère de la force et de se tourner vers la Prusse, auraient
encore une fois reçu de nous le *mot d'ordre* qui les eût
rassurés. »

Le directeur du *Temps* ne prenait pas soin alors
de relire les conseils qu'il avait donnés, précisément
à l'heure de la lutte pour les duchés. Or, en 1864
(6 février) il acclamait le principe des nationalités
qui venait de surgir « en Europe » et qui devait « la
renouveler et la faire à son image ». Il disait encore
(10 février 1864) :

« L'intégrité de la monarchie danoise, principe du protocole de Londres, signifiait quelque chose dans le système
de l'équilibre des forces ; elle ne signifie plus rien dans

le système des nationalités, qui base la paix du monde
non plus sur la pondération factice des forces et sur le
droit écrit des traités, mais sur le droit naturel de la vie
et sur la satisfaction légitime et complète de toutes les
vitalités nationales. »

Exalté d'admiration devant le fameux principe
moderne, il le définissait et l'affirmait sans mesure :
« Un sentiment nouveau est entré dans la conscience
de l'Europe. Ce sentiment c'est tout simplement l'idée
de la liberté personnelle appliquée aux nationalités.
Le nouveau *Credo* de l'opinion publique en Europe,
c'est qu'aucun traité n'a le droit de disposer des
gens, individus ou nationalités, sans leur consentement. » Demandait-il donc alors que la France inter-
vînt en faveur du Danemarck ? Non, il s'étonnait seulement de l'hésitation de l'Angleterre.

Ce principe des nationalités, le Piémont venait de
s'en servir pour s'annexer par la fraude, par l'in-
trigue et par la force, une partie des sujets du Pape.
Un diplomate éminent, qui a noté les terribles conséquences de cette erreur, M. Rothan, a écrit à propos
des origines de la guerre de 1870 : « Dans ce conflit
que l'histoire signalera toujours comme un monument d'artifices, de mauvaise foi et de confusion,
tous les gouvernements ont plus ou moins joué le
rôle de la Prusse ; la Russie par sa réserve prémédi-
tée ; l'Autriche par ses inconséquences ; les cours
allemandes par leur aveuglement ; le Danemarck par
son obstination. Mais le gouvernement français, par
ses compromis avec le principe des nationalités, est
celui qui a le plus volontairement méconnu ses intérêts et le plus contribué au démembrement de la

monarchie danoise[1]. » Dans un article publié cinq jours après Sadowa, mais destiné à une feuille hebdomadaire et évidemment rédigé plus tôt, Edouard Hervé avait la sagesse de le comprendre et le courage de le dire : parmi les grandes nationalités, la théorie nouvelle engendrait fatalement l'idée unitaire; et celle-ci éveillait la tendance à la centralisation et les appétits de la conquête[2]. Le *Temps* s'en apercevait trop tard. Ne voulant pas désavouer la politique suivie en Italie ni répudier ses anciennes illusions sur les résultats enchanteurs que le désarmement de la France aurait produits en 1860, il combattait à moitié les mesures proposées, trop tard aussi, pour relever notre puissance militaire. Suivant lui, le projet du maréchal Niel allait épuiser l'état[3]. M. Brisson, reprenant la fausse conception de Nefftzer, la présentait sous cette forme ridicule :

« Aurons-nous fait assez quand nous aurons fait des soldats de nos fils et n'importe-t-il pas davantage, même pour en faire de bons soldats, d'en faire des hommes libres et des *citoyens fiers?* En même temps que *nous séduirions les nations voisines par le spectacle* de nos libertés et de nos garanties publiques, ne les rassurerions-nous pas en détendant du même coup les ressorts de notre politique étrangère, en *faisant disparaître* le *spectre de la France armée jusqu'aux dents* et mise à la disposition d'une volonté solitaire[4]? »

1. *La politique française en 1866. Les origines de la guerre de 1870*, par Rothan, 1883; au chapitre « La question danoise », pages 16, 17.

2. Le *Courrier du dimanche*, 8 juillet 1866.

3. Le *Temps*, article de Nefftzer, 9 mars 1867.

4. *Id.*, article de M. Brisson, 23 mars 1867.

On comprend que cette logique et ces combinaisons n'aient pas impressionné le *Siècle* et l'*Opinion nationale*, accusés par le *Temps*, et avec justice, d'avoir fait de Bismarck, « le soldat de la Révolution, le missionnaire du suffrage universel [1] » et de « se prosterner » devant le ministre prussien [2].

Profonde était la division, passionnées les antipathies au sein de la presse opposante. Elles avaient éclaté depuis plusieurs années, surtout depuis 1863, lorsque le *Siècle*, l'*Opinion nationale* et la *Presse* avaient prétendu dresser pour tout le monde une liste de candidats. L'insurrection contre le triumvirat électoral fut alors conduite avec la plus grande ardeur par le *Courrier du dimanche*.

Ce nom, demeuré vivant dans les souvenirs du journalisme et de la politique, manifesta la coalition des ennemis du régime impérial. Un aventurier de la presse, un roumain, Gregory Ganesco, avait eu l'idée de grouper des écrivains de toute couleur, simples libéraux, orléanistes, radicaux, socialistes, entre autres, Prévost-Paradol, J.-J. Weiss, Edouard Hervé, Gustave Isambert, Villetard, Alfred Assolant, Ferdinand Duval, Lambert de Sainte-Croix, Castagnary, Erdan, Clément Duvernois. « Il réunit ainsi une rédaction tout à fait remarquable. Chaque nu-

1. Le *Temps,* article de Jules Ferry, 28 juin 1866.
2. *Id.*, article de Nefftzer, 24 juin 1866.

méro contenait un article à sensation [1]. » De 1857 à
1866, la feuille hebdomadaire augmenta, dans les
salons et dans les milieux lettrés, ses succès et son
influence, sans se ressentir de l'expulsion de Ganesco,
en 1861.

C'était Weiss principalement qui, lors des élections de 1863, combattait l'hégémonie du groupe
Havin et de Havin lui-même, Havin chef de l'opposition dans la presse, ancien candidat officiel tout en demeurant opposant officieux. Weiss avait beaucoup
d'érudition et autant d'originalité, un style substan-
tiel et alerte, de l'esprit, de la verve, de la force,
une fantaisie souvent déconcertante et qui, par des
détours imprévus, revenait d'ordinaire au bon sens.
Comme critique, il a fait plus tard une œuvre vigoureuse et originale. M. Jules Lemaître a dit de
lui avec raison : « M. Weiss a tout ce qu'on voudra :
l'esprit, la sagacité, la profondeur ; mais, par-dessus
tout le reste, il a « l'humeur » au sens où on l'entendait au siècle dernier. Il est très souvent l'homme
qui a des idées à lui et qui serait fâché qu'elles fussent à d'autres [2]. »

Weiss abîmait Havin et lui rappelait une circulaire électorale où l'étrange opposant disait :
« M. le Ministre de l'Intérieur m'a offert spontanément de m'appuyer à Thorigny-sur-Vire. L'Empereur a bien voulu me faire écrire par son secrétaire,
M. Moquart, qu'il voyait avec plaisir ma candidature
et qu'il avait apprécié, lors de la guerre de Crimée et
depuis le commencement de la guerre d'Italie, mon

1. *L'Empire libéral*, par Emile Ollivier, tome V, page 49.

2. *Les Contemporains*, par Jules Lemaître, deuxième série,
page 252.

loyal et patriotique concours. Enfin, M. le préfet a recommandé à MM. les maires de se montrer bienveillants pour ma candidature. » En reproduisant cette pièce, le *Courrier du dimanche* notait que le même Havin, cherchant à justifier la dissolution de la Société de Saint-Vincent de Paul et, à bout de raisons, avait imaginé cet argument sublime : « Et puis, si l'administration a dissous la Société, nous devons croire qu'elle a eu ses raisons pour cela. » Le *Courrier* notait encore qu'Eugène Pelletan, compagnon de Havin sur la liste de l'opposition, avait, dans le même *Courrier du dimanche* (fin décembre 1861), appelé Havin « un maquignon politique ». Weiss ne se privait pas de railler plusieurs des rivaux associés, parmi lesquels figuraient quatre journalistes : Havin, Guéroult, Darimon, Eugène Pelletan ; ce dernier, rédacteur de divers journaux, principalement de la *Presse* et du *Siècle*, ancien lamartinien, rêveur et déclamateur dont la passion politique fit un sectaire sentimental, ou, comme disait plus tard Barbey d'Aurevilly, « une espèce de Tibulle d'une République innocente, mélée de Jocrisse et de Platon [1] ».

## La chronique. Les journaux littéraires. La presse populaire.

Pendant la première période du régime autoritaire, lorsqu'il n'était pas encore affaibli par l'u-

1. *Les Œuvres et les Hommes. Journalistes et polémistes. Chroniqueurs et pamphlétaires*, par Barbey d'Aurevilly, page 207.

sage qu'on en faisait et aussi par l'audacieuse ingéniosité des feuilles politiques à le dérouter et à
l'ébranler, l'extension des nouvelles vulgaires, des
commérages et des fantaisies activait rapidement
les progrès de la *Chronique*. Celle-ci, depuis 1857,
possédait son domaine parmi les journaux de diverses nuances puisque, selon l'exemple qu'avait
donné Paul d'Ivoi dans le *Courrier de Paris*, elle
avait pris un rôle quotidien, en empiétant même sur
les colonnes jusque-là réservées à la politique. Le
*Messager de Paris*, né des cendres de l'*Estafette*, et la
*Patrie* avaient adopté l'innovation. La *Patrie* disposait de cinq à six chroniqueurs, y compris Paul
d'Ivoi, qui avait l'art d'improviser « sur l'anecdote
du jour, mort ou mariage, bal ou concert, livre ou
tableau, succès dramatique ou sport, une causerie
ingénieuse et délicate[1] ».

*Figaro* parut le 2 avril 1854, sous la forme d'une
feuille hebdomadaire. « Minuit venait de sonner à
toutes les horloges de la ville », disait-il lui-même en
débutant. Il offrait dans le premier numéro un article préface écrit par Jouvin et Villemessant, un portrait de Lamennais par Jouvin, une chronique de
Villemot, un article sur les Beaux-Arts, par Louis
Enault et quelques « nouvelles à la main ». Bientôt,
un portrait de l'Arétin met en colère Jules Janin, qui
proteste contre une ressemblance injurieuse. Une
condamnation à 500 francs d'amende vient frapper
Villemessant, qui l'accueille comme une caresse du
succès.

1. *Les grands journaux de France,* par Félix Ribeyre et Jules
Brisson.

Le bruit était une condition de réussite. Il éclate et Villemessant l'entretient, l'augmente, le renouvelle, avec une extraordinaire faculté d'invention. Léo Lespès, qui devait, au *Petit Journal*, conquérir la célébrité et la fortune sous le nom de Timothée Trimm, Léo Lespès commence dans le *Figaro* une série d'études dite de mœurs. Ce sont des chroniques sur les tables d'hôte, sur les annonces, sur n'importe quel sujet. Elles sont intitulées « la tragédie de la bouteille » ou « la guerre des fenêtres ». *Figaro* institue la polémique par lettres. Villemessant multiplie les farces. Contraint d'insérer une longue réponse, il en donne chaque semaine une ligne. En 1856, le journal devient bi-hebdomadaire. Exposé à périr sous les procès, il adresse une supplique au prince impérial, âgé de quatre jours, et obtient la remise des peines encourues [1]. En même temps que les procès, les duels attirent l'attention. Henri de Pène, doué d'un style fin et charmant, a le même jour et à quelques moments d'intervalle deux duels avec des officiers qui l'accusent d'avoir offensé l'armée. Sans répit, *Figaro* crée des rubriques et des genres : Société d'encouragement pour améliorer l'esprit français ; dîners qui sont payés dix francs, plus l'obligation de « faire un mot », avec le plaisir de voir son nom publié dans la liste des invités ; correspondance, à laquelle collaborent Michelet, Sainte Beuve, Philarète Chasles, Alexandre Dumas, Taine, Saint-Victor, Beaudelaire, etc. Villemessant surveille tout, l'imprimerie, la mise en pages, la rédaction ; mais il

---

1. *Les grands journaux de France*, par Jules Brisson et Félix Ribeyre.

s'approvisionne de préférence au café, au cercle, au théâtre, sur le boulevard. Il note le mot piquant, bien que l'on raconte qu'il n'a jamais pu posséder un crayon : « J'allais en acheter un, disait-il, lorsque la Révolution de 48 vint à éclater[1]. » Quand Rachel meurt, il obtient un succès énorme en consacrant tout un numéro à la tragédienne. Le *Figaro* se vante de payer cher ses collaborateurs, qui parfois se succèdent chez lui comme en un défilé : Noriac, Monselet, Albéric Second, Gustave Claudin, Nestor Roqueplan, Barbey d'Aurevilly, Banville, Aurélien Scholl, Albert Wolff, Delvau, Vallès, Rochefort, etc.. etc. Là, Rochefort prélude aux irrévérencieuses fantasmagories de la *Lanterne*, qui aveugleront l'Empire en déroute.

Enfanté là aussi le *Petit Journal*, où Timothée Trimm (Léo Lespès), à la date mémorable de 1862, inaugure le système d'un article par jour. « Pendant quelques années, le peuple ne jura que par Timothée Trimm ; ce fut un engouement, un fanatisme ; on s'empressa sur les pas de Timothée Trimm, autant pour le voir que pour le lire... Un article par jour, cela supposait pour le peuple un phénomène d'imagination, un puits de science, un colosse d'esprit, un foudre d'éloquence... Il avait inventé une langue particulière, composée de petits alinéas qu'il avait empruntés à Emile de Girardin, puis qu'il s'était appropriés et qu'il avait perfectionnés. Et ce style propre à tout rendre, effroyablement clair, il le débitait en menues tranches, à la façon de l'ancien marchand de galettes du Gymnase[2]. »

1. *Les grands journaux de France*, par Jules Brisson et Félix Ribeyre.
2. Charles Monselet, *Souvenirs littéraires*.

Combien d'imitations suscita l'exemple donné par *Figaro* ? la *Chronique parisienne*, le *Satan*, la *Causerie*, les *Nouvelles de Paris*, le *Gaulois*, plus tard le *Nain-Jaune* nécessairement satirique comme sous la Restauration et rempli de l'inépuisable verve d'Aurélien Scholl. Au-dessus de l'*Univers illustré* et du *Monde illustré* avait pris place la *Gazette des Beaux-Arts*, dont Charles Blanc était rédacteur en chef, ayant Daubigny, Flameng, Guillaume Viollet-Leduc, Paul Mantz, Mérimée, Étex, Feuillet de Conches pour collaborateurs principaux [1]. Vers 1862, fondée par Marcelin (Émile Planat) et bientôt en possession de la vogue, la *Vie parisienne* donne aux gens du monde, financiers, diplomates, artistes, officiers, le goût de la littérature légère et répand dans les salons et dans les cercles la chronique risquée, décolletée, malsaine souvent, symptôme de la désorganisation qui se propage. Dans la *Rive gauche*, feuille populaire parmi les étudiants, Rogeard publie, sous le titre de *Propos de Labienus*, une âpre satire, que le gouvernement interrompt en supprimant le journal.

## L'empire libéral.

Tandis que la moquerie s'anime, éclate et déborde, la passion politique redouble d'ardeur et de vivacité, prend confiance, gagne du terrain. Le débat sur l'A-

---

1. *Histoire de la presse française*, par Henri Avenel, pages 489, 490.

dresse fournit un précieux sujet de critiques et de
réclamations. En 1866, plus de quarante députés du
centre accordent aux Cinq un appui partiel et donnent une secousse qui lézarde l'édifice gouvernemen-
tal. Celui-ci lance les avertissements à droite et à
gauche, saisit les correspondances à la presse monarchique de province, provoque une condamnation
qui finalement est annulée, supprime le *Courrier du
dimanche* ; mais les journaux deviennent de plus en
plus agressifs ; et certaines feuilles prétendues
simplement littéraires attaquent l'autorité politique
par la propagande anti-religieuse, comme la *Libre-
pensée*, qui n'avait même pas un masque de dentelle.
En province, cinquante-six journaux s'inspiraient de
l'opposition parisienne et triplaient la besogne des
préfets, qui les surveillaient et les menaçaient en
intimidant aussi les imprimeurs, dont le sort dépen-
dait d'un brevet, titre toujours révocable après condamnation.

Du 19 janvier 1867 au 1er juillet 1868, les journaux
escomptèrent l'Empire libéral, annoncé par Napoléon III lui-même. La nouvelle loi (qui contenait la
fameuse proposition Guilloutet sur le *mur de la vie
privée*) semblait ne pouvoir aboutir. En attendant,
les publications satiriques se multipliaient : alors
naquit la *Rue,* organe de Jules Vallès et d'un bon
nombre de futurs représentants de la Commune ;
l'*Éclipse,* succédant à la *Lune* et maintes fois frappée
comme elle pour les mordantes caricatures de Gill ;
le *Corsaire,* habile à louvoyer dans les eaux de la
politique sous le pavillon de la littérature artistique et sociale, commandé par M. Jules Lermina
et muni d'un équipage où figuraient Paul Arène,

Blavet, Jules Claretie, Lockroy, Ranc, Sarcey, etc.

Le *Journal de Paris* (27 août 1867) restaurait en bonne partie le programme du *Courrier du dimanche* et rajeunissait la coalition composée d'orléanistes et de républicains, de radicaux et d'impéralistes. Un ancien rédacteur du *Journal de Paris*, qui vint y prendre place au commencement de 1870 (avec MM. Louis Joly et Jules Delafosse), et qui, d'une plume incisive, a dessiné maints portraits originaux, M. Louis Teste, un lettré et un politique, nous donne, en quelques lignes, une vue de l'opposition libérale : « Quand le *Courrier du dimanche* fut supprimé après Sadowa et pour en avoir prédit les conséquences, M. Hervé, que la sagesse de son esprit, la distinction de sa personne et la sérénité de son talent avaient déjà fait mettre à la tête de ce journal, fonda avec M. J.-J. Weiss, le *Journal de Paris*. La rédaction en était encore plus éclectique, pour ne par dire plus fantaisiste, parce que l'influence de M. J.-J. Weiss y avait plus de part. On y voyait M. Spuller, M. Ranc, M. Victor Noir, et combien d'autres qu'on ne se serait pas attendu à y voir ! M. Spuller y faisait et y défaisait les ministères austro-hongrois et M. Ranc y tenait le sceptre de la critique dramatique. Le grand plaisir de M. J.-J. Weiss était de corriger les faits divers de M. Victor Noir, qui arrivait toujours dans le petit pigeonnier du *Journal de Paris*, de la rue Coq-Héron, avec de superbes gants rouge-brique, qu'il étalait un peu à la façon de Dumanet. Ce gros, grand, bon et primitif garçon, qui éclatait autant de l'orgueil d'être journaliste que de sa belle santé, l'intéressait fort. Mais voyez les destinées des hommes ! Au moment où

M. Victor Noir tombait sous la balle du prince Pierre Bonaparte qu'il avait provoqué à l'étourdie, M. J.-J. Weiss devenait conseiller d'état en service extraordinaire et secrétaire général du ministère des Beaux-Arts [1]. »

----

L'*Univers* reparut le 15 avril 1867, relevé par Louis et Eugène Veuillot, de nouveaux collaborateurs et bon nombre des anciens ; parmi ceux ci, outre du Lac, Léon Aubineau, érudit, polémiste, éminent historien de la piété et dont Louis Veuillot avait dit, en parlant de la *Vie de la mère Émilie*, « M. Aubineau peint merveilleusement cette pauvreté, ce courage, cette allégresse, ces miracles que l'on retrouve à l'origine héroïque de toutes les familles religieuses, et qui, d'âge en âge, nous font voir de nos yeux et toucher de nos mains ce qui pourrait nous sembler de plus incroyable dans l'histoire des saints [2] ». On approchait du Concile. L'annonce de l'événement suivait de près une recrudescence d'animosité antireligieuse, l'invasion des États-Romains par Garibaldi, l'apothéose de Voltaire, apothéose dont le *Siècle* se faisait une réclame, enfin l'enivrement matérialiste provoqué par l'*Exposition universelle* ; et il fallait encore que Louis Veuillot réfutât les prétentieux bavardages de Villemot (*Figaro*) sur la morale religieuse et sur les miracles. Le tome IV de la troi-

1. *Notes d'histoire contemporaine*, par Louis Teste, pages 136, 137.

2. *Mélanges*, deuxième série, tome V, page 597.

sième série des *Mélanges* est tout entier rempli de la
pensée du Concile ; cent cinquante lettres écrites de
Rome par Louis Veuillot notent les péripéties et dé-
roulent le décor du long et solennel débat théolo-
gique. C'est une histoire palpitante, un hymne de
foi, une polémique aux allures d'épopée.

La polémique fut ininterrompue avec le *Français*,
fondé le 1er avril 1868, par Augustin Cochin et Mgr
Dupanloup, entourés de MM. Thureau-Dangin, Leca-
mus, Plantier (neveu de Mgr Plantier), Récamier,
Léon Lefébure (l'auteur des remarquables études sur
les œuvres d'assistance et de charité, bientôt après
député du Haut-Rhin, puis député de la Seine et
sous-secrétaire d'État), le duc de Broglie, de Chabrol,
Buffet, de Talhouët, d'Andelarre, etc. Le rédacteur
en chef, François Beslay, qui n'avait pas encore touché au journalisme, prouva qu'il en possédait, inné,
le sens théorique et pratique. Les autres rédacteurs
étaient MM. Lavedan, Séguier, de Rambuteau, Gigot,
Lauras, Sazerac de Forges, Diard, Burin Desroziers,
Lacombe, Heinrich, Aubé, Paul Perret. Plus tard,
sous le pseudonyme *Bernadille*, Victor Fournel ré-
digea de savantes et divertissantes chroniques, conti-
nuées avec succès par M. Ernest Baudouin, qui signait
*Peccadille*.

Habituelles aussi furent les escarmouches avec la
*Gazette de France*, habilement dirigée par M. Janicot,
dont les collaborateurs ordinaires étaient : MM. Bourgeois, Charles de Lacombe, Léopold de Gaillard,
Armand de Pontmartin, Escande, Lenthéric, Arthur
de Boissieu, (celui-ci auteur des spirituelles *Lettres
d'un passant*).

Le 11 mai 1868, l'Empereur sanctionnait la loi soumise à l'examen de la Chambre depuis plus d'un an et que les défenseurs du régime autoritaire considéraient comme le prologue de la capitulation. Cependant les nouvelles mesures interdisaient encore de résumer autrement que par le compte rendu officiel les séances du Corps législatif et du Sénat, punissaient la nouvelle fausse ou bien erronée, conservaient le cautionnement et le timbre. Peu importait au fond, puisque disparaissait la nécessité de l'autorisation préalable. L'affaire essentielle était que les divers partis eussent enfin l'avantage de crier à pleine voix. Nulle crainte des poursuites : elles apportaient des garanties de succès et fortifiaient l'émulation. Elles vinrent en effet, abondantes et rapides, puisque, dans l'intervalle de sept mois, soixante-quatre journaux furent frappés par la justice correctionnelle[1] ; mais, en moins d'une année, Paris s'était enrichi de *cent quarante* feuilles nouvelles !

La plus petite était la plus tapageuse. Une mince brochure, de format réduit ; par exemple, ornée d'une couverture rouge et d'un titre emprunté aux souvenirs de 93, voilà l'instrument de guerre qui fit pâlir et vaciller le gouvernement. De cette arme jaillissaient les plaisanteries et les calembours, qui retombaient en pluie de mitraille. La *Lanterne* réalisait la caricature écrite, bernant de nasardes le pouvoir. Celui-ci ressentait d'autant plus vivement la peine d'être berné, que la foule prenait soin de proclamer qu'il l'était en effet. Suivant son expression,

1. *Histoire de la presse française,* par Henri Avenel, page 562.

Rochefort dansait « un cavalier seul dans le cotillon politique ». Il s'amusait en amusant bourgeois et gentilshommes, auxquels il présentait ces réflexions : « La France contient, dit l'*Almanach impérial*, trente-six millions de sujets sans compter les sujets de mécontentement. » Ayant commencé ainsi son premier numéro, il appliquait à l'empereur le même système narquois : « Je suis profondément bonapartiste. On me permettra cependant de choisir mon héros dans la dynastie. Comme bonapartiste, je préfère Napoléon II. C'est mon droit. J'ajoute même qu'il représente pour moi l'idéal du souverain. Personne ne niera qu'il ait occupé le trône, puisque son successeur s'appelle Napoléon III. Quel règne, mes amis, quel règne ! Pas de contributions, pas de guerre, pas de liste civile. » Ensuite : « Je saisis l'occasion de signaler une injustice dont l'histoire s'étonnera. Il est perpétuellement question de la reine Hortense dans les sphères officielles et jamais je n'ai trouvé, même dans la bouche des dévouements les mieux payés, un mot gentil pour le roi de Hollande, son époux. Il y a là, dans cette sorte d'abandon du roi Louis, comparé au culte dont la reine Hortense est l'objet, quelque chose qui échappe à ma pénétration et qui appelle un communiqué ». Ces plaisanteries sont devenues des souvenirs historiques : elles offraient la nouveauté de la désinvolture et de l'audace et elles constituaient un symptôme. L'éclat de rire provoqué par elles enhardit le public ; et le gouvernement se sentit dépouillé de tout prestige. Un écrivain des plus distingués, qui a composé, à propos du second empire, une histoire où sont mises en lumière les inconséquences, les fautes, les aberrations de la politique impériale, M. Pierre de la Gorce a marqué, avec la sûreté d'un moraliste, l'état général du régime à cette époque : « La vogue devenant engouement, la rapidité du tirage eut peine à répondre à l'impatience du public. Vers la fin de l'après-midi, on ne voyait plus, de la Madeleine à la rue Montmartre, que gens qui tous lisaient la petite brochure rouge et semblaient se pâmer d'aise. Tout accrut la curiosité, et, très spécialement, la personnalité de Rochefort. Que voulait ce gai boulevardier, soudain transformé en pamphlétaire ? Était-il républicain ? Révolutionnaire ? Aspirait-il seulement à brusquer la renommée ? Plusieurs, se fondant sur son origine et sur le patronage de Villemessant, affirmaient, avec beaucoup d'assurance, qu'il n'était qu'un légitimiste déguisé [1]... Cette prise à partie de l'Empereur par un simple journaliste parut au public rangé en galerie le spectacle le plus piquant du monde. Jamais on ne s'était tant diverti depuis la *Grande Duchesse de Gerolstein* [2]. » Le onzième numéro de la *Lanterne* fit condamner l'auteur à un an de prison et 10,000 francs d'amende. Rochefort la transporta à Bruxelles, d'où elle pénétra en France, malgré toutes les mesures administratives, et d'où il devait revenir en mai 1869 comme candidat à la députation, candidat triomphant d'avance.

1. *Histoire du second Empire*, par M. Pierre de la Gorce, tome V, pages 399, 400.

2. *Id.*, page 402.

### La lutte suprême.

Le succès de la *Lanterne* encourageait l'esprit d'i-
mitation. Dans ce genre, Louis Ulbach fonda la
*Cloche* ; Aurélien Scholl, le *Lorgnon* ; M. Lockroy,
soutenu par Villemessant, le *Diable à quatre*. Jules
Vallès lança le *Réfractaire ;* Vermorel, la *Réforme*,
organes républicains virulents. Alors aussi fut réor-
ganisé, par Henry de Pène et Edmond Tarbé, le
*Gaulois*, littéraire, mondain, libéral. Parmi les nouvelles feuilles, le gouvernement ne recevait guère un
appui résolu que du *Public*, que dirigeait Ernest
Dréolle et du *Peuple français*, organe semi-officiel
confié à Clément Duvernois.

Trois grands journaux, le *Réveil*, le *Rappel*, la
*Marseillaise*, représentaient les « radicaux irréconciliables », qui prenaient la direction de la lutte
suprême. Au *Réveil*, entouré de MM. Ranc, Siebeker,
Quentin, Naquet, grinçait Delescluze, froid, sec,
dur, haineux. Girardin lui avait dit autrefois :
« Quand vous prenez une plume ce n'est pas pour
écrire, c'est pour proscrire. » Au *Rappel*, les deux
fils de Victor Hugo et la troupe du maître répétaient
l'assourdissant programme dicté par le maître lui-
même. Dans la *Marseillaise*, Rochefort, député, ayant
éteint sa *Lanterne*, secouait à la fois la vieille opposition et l'empire et malmenait le *Siècle*, l'*Opinion
nationale*, l'*Avenir national*, le *Temps*, qui lui avaient
témoigné une hostilité jalouse.

La concentration du nouveau et de l'ancien parti
s'accomplit cependant, autour d'une tombe, décou-

verte fortuitement et transformée soudain en une
estrade gigantesque. L'idée formulée par Delescluze
d'ouvrir une souscription pour élever un monument
à Baudin, victime du coup d'état, entraîna les volontés comme un signal d'assaut. L'*Avenir National*, de
Peyrat, la *Revue politique et littéraire*, de Challemel-Lacour, occupaient le premier rang. Le *Temps*,
le *Siècle*, le *Journal de Paris*, la *Tribune* hésitaient,
lorsque le gouvernement ordonna des saisies et des
poursuites : ils se mirent en marche, déployant, eux
aussi, des listes de souscription, où se réunissaient
les noms de Victor Hugo, de Louis Blanc, de Prévost
Paradol, de Berryer. Du procès résulta une commotion formidable. Les peines prononcées (Delescluze,
six mois d'emprisonnement et deux mille francs
d'amende ; Quentin, Challemel-Lacour, Peyrat, deux
mille francs d'amende, etc.) furent considérées
comme un bénéfice, même par les condamnés; et l'a-
vocat de Delescluze, Gambetta, qui avait sacrifié son
client, savoura la volupté d'un vacarme inouï, pré-
sage de son propre destin.

----

« Pendant six mois, nous eûmes, en 1869, un avant-
goût de l'anarchie. Élections générales, élections
particulières, troubles dans la rue, la perspective d'une
révolution à échéance fixe, rien ne manquait à la
fête... L'émeute tendait à devenir un sport. » Cette
agitation, décrite par Hector Pessard [1], avait fini par

1. *Mes petits papiers*, par Hector Pessard, pages 229, 279.

s'apaiser ; mais sous le calme relatif se préparait une nouvelle tempête. Elle fondit sur Paris, venant de la Corse. Le prince Pierre Bonaparte, troisième fils de Lucien, avait, dans l'*Avenir de la Corse*, répondu à un violent article publié contre Napoléon Ier par un journal de Bastia, la *Revanche*. La *Marseillaise* prit la polémique à son compte ; et des provocations étaient échangées entre Rochefort et Pierre Bonaparte, lorsque le 10 janvier 1870, un rédacteur de la *Marseillaise*, qui collaborait à la *Revanche*, Paschal Grousset, un Corse, lui aussi, envoya au prince ses témoins, Victor Noir et Ulric de Fonvielle. Pierre Bonaparte habitait Auteuil. Une altercation eut lieu chez lui, une rixe même. Il tira deux coups de revolver, dont l'un, le second, traversa le paletot de Fonvielle ; le premier tua Victor Noir.

« Ce vent de meurtre et de mort passa comme une trombe sur Paris et fit flamber sur-le-champ, en un immense incendie, les foyers révolutionnaires encore mal éteints [1]. » Le soir, la *Marseillaise* imprimait en forme de placard cet article de Rochefort : « Assassinat commis par le prince Pierre-Napoléon Bonaparte sur le citoyen Victor Noir. »

« J'ai eu la faiblesse de croire qu'un Bonaparte pouvait être autre chose qu'un assassin.

» J'ai osé m'imaginer qu'un duel loyal était possible dans cette famille où le meurtre et le guet-apens sont de tradition et d'usage.

» Notre collaborateur Paschal Grousset a partagé mon erreur ; et aujourd'hui nous pleurons notre pauvre et cher ami Victor Noir, assassiné par le bandit Pierre-Napoléon Bonaparte.

1. *Mes petits papiers*, par Hector Pessard, page 311.

» Voilà dix-huit ans que la France est entre les mains ensanglantées de ces coupe-jarrets, qui, non contents de mitrailler les républicains dans les rues, les attirent dans des pièges immondes pour les égorger à domicile.

» Peuple français, est-ce que décidément tu ne trouves pas qu'en voilà assez ?

» HENRI ROCHEFORT. »

Poursuites contre la *Marseillaise* ; mais, en réalité, c'est celle qui poursuit l'Empire. Les obsèques de Victor Noir font trembler Paris. Condamné à six mois de prison, Rochefort sortira de Sainte-Pélagie membre du gouvernement de la Défense nationale.

Après le 9 février, la *Marseillaise* cesse de paraître pendant plusieurs jours : ses deux gérants et la plupart de ses rédacteurs et tous bientôt sont emprisonnés[1]. On supprime *Candide* (journal de Blanqui), le *Père Duchêne*, le *Faubourg*, le *Jocko*, le *Gueux*, etc.

Le plébiscite divise les journaux en trois camps : partisans de l'Empire ; adversaires implacables ; neutres, enclins à l'hostilité ; et le résultat du scrutin les remplit tous d'une surprise manifeste. Plus de sept millions de « oui », même les bonapartistes ardents n'y comptaient pas. Les libéraux ne dissimulent pas leur désarroi ni les irréconciliables leur colère découragée.

Donc l'empire est rajeuni ; et ce gain moral si imprévu va lui permettre de rétablir facilement la concorde dans le pays. Quant à la paix extérieure, elle ne court aucun péril ; et nulle complication n'est en vue.....

---

1. *Histoire de la presse française*, par Henri Avenel, pages 587, 592.

## La guerre.

Deux mois plus tard, la France se dresse sous les
armes, exaltée ; impatiente de batailles où elle restera vaincue et, durant la moitié d'une année, intrépide. Quels événements déterminèrent le conflit?
L'histoire politique et diplomatique nous l'enseigne,
en nous montrant Napoléon III désemparé et fatigué,
prisonnier de ses chimères, de ses complicités, de
ses origines et combattu par une opposition active à
se fortifier, audacieuse à nouer des trames et à tendre des pièges. Mais la presse, elle aussi, a joué un
rôle dans les préliminaires et dans l'exécution du
drame.

Écoutons ce qu'elle a dit et ce qu'elle a fait. Nous
pouvons la suivre, jour par jour, en feuilletant un
volume qui produit l'effet d'un cinématographe [1].

Lorsque, sous le patronage de la Prusse, apparaît
la candidature d'un Hohenzollern au trône d'Espagne vacant, tout le monde s'émeut parmi nous, y
compris les députés de la gauche, qui venaient encore de réclamer l'abolition des armées permanentes.

Tous les journaux (excepté le *Journal des Débats*)
déclarent que la dignité de la France est com-
promise :

Le *Temps*, 5 juillet :

« De toutes les conditions imaginables, ce serait la plus

1. *La vérité sur la campagne* de 1870, par M. Fernand
Giraudeau ; pages 23 à 55.

désagréable et la plus gênante pour le gouvernement français et la plus réellement inquiétante pour la situation européenne de la France... Si un prince prussien était placé sur le trône d'Espagne, ce n'est pas jusqu'à Henri IV seulement, c'est jusqu'à François I<sup>er</sup> que nous nous trouverions ramenés en arrière. Qu'était-ce en effet que l'empire de Charles-Quint si ce n'est l'Allemagne, l'Italie et l'Espagne enlaçant la France et l'isolant ? »

L'article n'était pas de Nefftzer, mais de M. du Bouzet. Dans les *Débats*, John Lemoinne se moqua de ces appréciations et des « alarmistes » qui les répandaient. Nefftzer ensuite désavoua quelque peu son collaborateur, en disant (8 juillet) :

« Quand *on* parle, à propos du cas actuel, de la restauration de l'empire de Charles-Quint, cela n'est vrai qu'en un certain sens et sous de fortes restrictions. »

Il restait encore là un abondant sujet d'émoi ; néanmoins, à partir de ce jour, le *Temps* s'efforça de contenir l'inquiétude publique qu'il avait contribué à surexciter.

Le *Siècle*, 6 juillet :

« ..... La situation serait, à beaucoup d'égards, plus grave pour la France qu'au lendemain des traités de 1815. »

Le *Rappel* :

« ..... Les Hohenzollern en sont venus à ce point d'audace qu'ils osent méditer ce monstrueux projet de domination universelle qu'ont vainement rêvé Charles-Quint, Louis XIV et Napoléon. Ils aspirent à dominer l'Europe ! Ce sera pour notre époque une éternelle humiliation que ce projet ait été, nous ne dirons pas entrepris, mais seulement conçu. »

Le *Soir*, 6 juillet :

« Quoi ! (s'écrie M. About, adversaire déclaré du cabinet) on permettrait à la Prusse d'installer un Proconsul sur notre frontière d'Espagne ! Mais nous sommes 38 millions de prisonniers, si la nouvelle n'est pas fausse ! Elle le sera si l'on veut, mais le gouvernement est-il encore capable de vouloir ? »

Le *Gaulois*, 6 juillet :

« ..... S'il a plu à l'Empire autoritaire d'accepter Sadowa et de se consoler de l'affaire du Luxembourg, la France, rendue en partie à elle-même, ne saurait supporter qu'on la brave et qu'on la provoque impunément... La guerre ! Personne ne la hait plus que la France libérale..... Mais s'il faut choisir une fois encore entre la patrie amoindrie, réduite, et la guerre, nous n'hésitons pas ! .. »

M. Cochery interpelle. Par la bouche du duc de Gramont, le gouvernement notifie ne pas vouloir supporter « qu'une puissance étrangère, en plaçant un de ses princes sur le trône de Charles-Quint » dérange « l'équilibre des forces en Europe » et mette en péril les forces et l'honneur de la France ». Et comme Crémieux s'écrie : « Vous voulez donc la guerre ? » M. Émile Ollivier réplique : « Le gouvernement désire la paix, il la désire avec passion, avec passion mais avec honneur... Nous ne voulons pas la guerre, nous ne sommes préoccupés que de notre dignité... Si nous croyons un jour la guerre inévitable, nous ne l'engagerons qu'après avoir demandé et obtenu votre concours. »

Les journaux approuvent et stimulent le gouvernement.

L'*Opinion nationale* :

« Autant il nous a paru que nous devions nous montrer réservés tant que l'action de la Prusse se renfermait en Allemagne, autant nous devons nous montrer susceptibles dès que l'action de la Prusse s'exerce dans des conditions suspectes parmi le groupe des nations latines. En restant sur ce terrain, le gouvernement peut tenir, comme il l'a tenu en effet, un langage haut et ferme. Il aura toute la France derrière lui... M. de Bismark passe toutes les bornes ; s'il veut conserver la paix, qu'il recule. Quant à nous, nous ne le pouvons plus. »

Le *Gaulois* :

« Pour la première fois depuis le 23 février, le ministère a parlé aujourd'hui le seul langage digne d'un cabinet français, digne du pays qui l'écoutait... Si nous avions supporté ce dernier affront, il n'y avait plus une femme au monde qui eût accepté le bras d'un Français. »

Le *Figaro* :

« En admettant aujourd'hui que la Prusse dégage à la fois son intérêt et sa responsabilité dans la candidature du prince de Hohenzollern ; c'est-à-dire qu'elle prouve qu'elle n'y a pas trempé, qu'elle ne veut pas le soutenir et qu'elle le désavoue, la France est en droit d'exiger plus. »

Le *Journal de Paris* :

« Le cabinet des Tuileries avait des raisons de se montrer susceptible que le cabinet de Berlin ne saurait invoquer. Si M. de Gramont n'avait pas parlé, on aurait pu croire, à la fin, que toute la politique de la France était dans la résignation et dans l'effacement. »

Le *Soir* (Échos de la Chambre) :

« Quoi qu'il arrive, tout est pardonné. Le *Soir* l'a dit et les députés qui sont là jugent que le *Soir* a bien raison : il faut soutenir les ministres. »

La *Presse* :

« Nous sommes convaincus que la Prusse cédera... La victoire morale sera donc complète. Si nous étions capables de plus de vanité que d'orgueil, le triomphe nous serait facile. Notre diplomatie humiliée par nos agents serait relevée par notre politique. »

L'*Univers* :

« Les agents prussiens pourront donc faire savoir à S. M. Guillaume et à M. de Bismark que nos ministres ont incontestablement été dans cette circonstance les organes contenus de l'opinion générale. »

La *Liberté* :

« Nous ne pouvons avoir de doute, car les hésitations de la Prusse prouvent qu'elle ne cédera que devant la peur... Finissons-en ! »

Comme le *Journal des Débats* et le *Temps* prêchent la patience et la conciliation, le *Français* proteste :

« Non ! ce n'est pas là de la grande politique. Il y avait autre chose à faire que de continuer à récriminer contre les termes d'une déclaration déjà vieille de plusieurs jours. Il fallait soutenir au contraire les réclamations de la France, tout en veillant à ce qu'elles fussent limitées. »

Quelques jours plus tard, les négociations du gouvernement ont abouti ; et il annonce que le prince de Hohenzollern abandonne la candidature.

Est-ce la paix avec honneur ? L'opinion publique

est-elle satisfaite? Non; presque tous les journaux indépendants jugent que le retrait pur et simple de la candidature ne prouve pas qu'elle ne sera pas posée plus
tard. Ils veulent des garanties. Ils veulent que le
gouvernement prussien (et non plus seulement le
prince de Hohenzollern) s'engage à ne jamais laisser
ce projet reparaître :

La *Presse* :

« Que la Chambre intervienne. Qu'elle retrouve un de
ces élans par lesquels elle a accueilli la déclaration du
5 juillet. Elle a soutenu la politique de la France quand
cette politique était hardie et nationale. Qu'elle relève
maintenant ceux qui voudraient faiblir. »

L'*Opinion nationale* ne peut croire que le différend
soit terminé et qu'il faille se réjouir :

« Nous nous étions dit : la France ne veut plus de la
politique de concessions... De là, l'adhésion donnée à la
crânerie du cabinet, et l'espèce d'allégresse avec laquelle
on allait au-devant d'une guerre dont la gravité pourtant
n'échappait à personne. »

Le *Gaulois* :

« Paris a donné hier, la France donnera aujourd'hui le
spectacle d'une grande nation plongée dans la stupeur,
par une nouvelle qu'on salue ordinairement avec des cris
de joie. »

L'*Univers* :

« La renonciation des princes de Hohenzollern aura
pour résultat, si elle est acceptée comme valable, de ridi-
culiser nos réclamations... que faire ? Ne faudrait-il pas
parler net et dire tout haut que la candidature du prince
de Hohenzollern, bien qu'habilement retirée, a montré

l'ambition de la Prusse et son dessein d'isoler la France, de l'entourer d'ennemis : que devant de tels projets nous devons tout au moins exiger la stricte observation du traité de Prague et que nous l'exigeons? »

Le *Figaro* :

« La France ne désire pas la guerre, mais elle ne la redoute pas... Elle veut des garanties. »

Le *National* :

« C'est une paix sinistre que celle dont on nous parle depuis vingt-quatre heures. »

La *Liberté* :

« Les journaux prussiens continuent à célébrer la victoire remportée par le cabinet du 2 janvier. »

*Paris-Journal* :

« Qui diable se serait douté que nous aboutirions à ce joli résultat? »

La *Gazette de France* :

« Il faut rendre cette justice à M. le comte de Bismarck...
» Il a jugé du premier coup nos hommes d'Etat à l'œuvre ; il sait ce qu'il peut attendre d'eux, en dépit des apparences. C'est très fort. »

Le *Siècle* :

« Qui nous répond que dans trois mois, dans six mois, la question du Nord-Schleswig, la question des rapports entre l'Allemagne du Sud et la Confédération du Nord ne nous condamneront pas aux mêmes alarmes?... La France repousse toute solidarité avec des hommes qui peuvent à ce point la compromettre. La paix pouvait être honorable ; ils feront si bien qu'elle sera ridicule et éphémère. »

Le comte de Bismarck nous guettait. Il enregistrait la marche de l'exaspération allumée par lui, résolu de nous pousser à bout, même en forçant la main à son roi, qui n'acceptait pas sans crainte et sans scrupule les hasards du conflit.

Comme Guillaume s'était dérobé aux instances de notre ambassadeur, en déclarant n'avoir rien de plus à lui dire que ce qui avait été dit déjà, le ministre dénature le caractère de cette réponse et rédige une dépêche fausse qu'il jette dans la circulation. D'après le télégramme arrangé avec une audace et une perfidie incomparables, le roi avait refusé de recevoir notre ambassadeur : c'était un outrage pour la France. Bismarck comptait que l'indignation la pousserait aux imprudences suprêmes. Il ne se trompait pas. Il tenait le moyen de nous affoler et de nous laisser, suivant les apparences du moins, la responsabilité de la déclaration de guerre.

Au bruit de l'injure prétendue, la presse éclate en protestations et en cris de vengeance. Quatre ou cinq députés de la gauche essayant de soutenir que la nouvelle reste douteuse ou que le fait n'a pas la portée qu'on lui attribue, les journaux fulminent, le gouvernement suit l'impulsion générale : la parole est au canon.

Aussi haut que lui parle la presse, pour recommander l'union et pour promettre la victoire.

---

En dépit du réel désir de concorde, les récriminations ne tardent pas à se faire place ; et elles sont motivées par la réserve que le gouvernement veut imposer à la curiosité.

Le 19 juillet, il propose et fait adopter cette loi :

Art. 1er. — Il pourra être interdit de rendre compte, par un moyen de publication quelconque, des mouvements de troupes et des opérations sur terre et sur mer.

Cette interdiction résultera d'un arrêté ministériel inséré au *Journal Officiel.*

Art. 2. — Toute infraction à l'article 1er constituera une contravention qui sera punie d'une amende de 5.000 fr. à 10.000.

En cas de récidive, le journal pourra être suspendu pendant un délai qui n'excédera pas six mois.

Art. 3. — La présente loi cessera d'avoir effet si elle n'est pas renouvelée dans le cours de la prochaine session ordinaire.

Trois jours après apparaît l'arrêté prévu :

Nous, garde des sceaux, ministre de la Justice, avons arrêté et arrêtons ce qui suit :

Article unique. — A partir de ce jour il est interdit de rendre compte, par un moyen de publication quelconque, des mouvements de troupes et des opérations militaires sur terre et sur mer.

Paris, 22 juillet 1870.

Émile Ollivier.

La plupart des journaux réclament contre une telle contrainte.

A la mesure qui vient d'être notifiée, ils opposent le texte de « l'invitation » publiée en Allemagne :

« J'ai l'honneur d'inviter (*ergebenst*) les honorables

rédacteurs des journaux qui paraissent en Prusse à n'ins-
crire et à ne publier, à partir d'aujourd'hui, aucune communication, quelqu'insignifiante qu'elle puisse leur paraître, relative au mouvement des troupes.

Le Ministre de l'Intérieur,<br>Comte Eulenbourg.

En réalité, à Berlin comme à Paris, le procédé est
le même. Les journaux ennemis comprennent très
bien le caractère comminatoire de l'avis rédigé sous
forme d'invitation ; et la teneur de celle-ci prouve
seulement que la rigueur prussienne sait être céré-
monieuse. Notre presse continuant de réclamer et
de regimber, le *Journal Officiel* (25 juillet) l'exhorte
et la menace :

Malgré l'interdiction prononcée par le gouvernement,
certains journaux continuent à donner des nouvelles
militaires, au grand détriment de la cause nationale.

Le gouvernement avait espéré que l'appel fait à leur
patriotisme serait entendu. C'est à regret qu'il se verrait
forcé d'avoir recours à la loi.

Autre avis :

Quelques journaux du soir ont annoncé qu'un ancien
rédacteur du journal la *France*, accompagnait l'armée
en qualité de publiciste officiel. Cette assertion est entièrement inexacte. Le service de la publicité officielle est
confié exclusivement à des personnes de l'État-major général de l'armée.

---

En expédiant des instructions aux autorités judiciaires, M. Emile Ollivier avoue que l'espérance ne

s'est pas réalisée de voir le sentiment patriotique suffire pour faire accepter une « restriction momentanée » de la liberté illimitée :

... Tandis qu'un grand nombre de journaux aident la cause nationale par leur réserve après l'avoir aidée par leur parole, il en est d'autres qui remplissent leurs colonnes de renseignements qui, malheureusement, ne sont pas toujours faux. De telle sorte que les feuilles publiques allemandes, muettes sur ce qui se passe en Allemagne, sont pleines de détails sur les opérations militaires qui s'accomplissent chez nous. J'ai donc été obligé de mettre en vigueur, un arrêté de loi sur les mouvements de troupes. Appliquez cet arrêté avec mesure et avec bienveillance. Avant de poursuivre, appelez les journalistes ; tâchez d'obtenir de leur libre assentiment ce que j'appelle le silence du salut public. Mais si vos exhortations restent sans effet, poursuivez avec fermeté...

25 juillet 1870.

Émile Ollivier.

L'*Officiel* du 27 juillet signale les dispositions prises pour procurer des renseignements aux journaux :

Un bureau de renseignements, destiné à fournir à la presse des nouvelles du théâtre de la guerre, sera établi à partir de demain au ministère de l'Intérieur.

Pour que les divers journaux de Paris puissent profiter de ces communications, il suffira que chacun d'eux accrédite auprès du ministère un de ses rédacteurs.

Le bureau de publicité, ouvert de huit heures du matin à minuit, donnera communication de toutes les nouvelles officielles au fur et à mesure qu'elles arriveront.

L'installation du « bureau de renseignements »

n'apaise pas les griefs. Le *Figaro* décide de le mettre en pénitence et annonce qu'il ne publiera pas les nouvelles venant de cette source.

Le 29 juillet, les représentants de la presse sont réunis chez M. Émile Ollivier, qui les reçoit avec déférence et qui réussit à calmer un peu leurs plaintes. Mais la nouvelle de la défaite de Wissembourg est répandue dans des conditions qui réveillent la colère générale. Le *Figaro* adresse et publie une lettre *à l'empereur* et dit notamment :

Au lendemain d'un arrêté ministériel qui nous condamnait au silence pendant la durée de la guerre, M. de Villemessant déclarait qu'en conséquence de cette défense, il supprimerait de ce journal toutes les nouvelles de la guerre. L'opinion s'associa à l'attitude de M. de Villemessant...

Hier, une dépêche de dix lignes apprenait à la France que, devant l'écrasante supériorité du nombre, nos soldats, après avoir soutenu un combat héroïque, avaient dû se retirer.

Ce ne fut que vers huit heures du soir que les *premiers détails* du combat de Wissembourg parvinrent à Paris ; ils venaient des journaux anglais, du *Times*, du *Daily Telegraph*, du *Morning Post*.

Ce matin encore, la capitale et la province, qui ne savent pas qu'elles doivent lire le *Times* pour avoir des nouvelles de l'armée française, eussent ignoré ces détails, s'ils n'avaient ouvert que le *Journal officiel*, car l'organe du gouvernement est moins explicite que les journaux de Londres.

Aujourd'hui, la nouvelle a circulé que Mac-Mahon avait écrasé les Prussiens. Explosion d'enthousiasme. On pavoise. On prépare les illuminations... Hélas ! si la presse eût été instruite par les siens, elle eût pu d'un mot faire tomber cette exaltation patriotique à laquelle a succédé une morne inquiétude. Mais les journaux sont frappés par la loi du silence.

A son tour, le *Temps* proteste en décrivant l'agitation publique :

L'affaire de Wissembourg a causé hier une vive émotion dans le public ; Paris a été toute la soirée en proie à une agitation fiévreuse ; une foule énorme encombrait les boulevards ; on s'arrachait les journaux, on commentait avec véhémence la fâcheuse nouvelle qui venait d'arriver de la frontière.

Cette dépêche si laconique, sans indication de lieu d'origine et qui ne disait même pas si le combat avait eu lieu la veille ou seulement le matin même, était en effet bien faite pour surexciter les imaginations. Elle ne contribuera pas à mettre en crédit le monopole que le gouvernement s'est arrogé sur les informations de la guerre ; elle donne la plus triste idée de la manière dont on comprend à l'état-major général les devoirs de la publicité vis-à-vis d'un pays qui, cependant ne marchande ni son sang, ni son argent.

Pendant que le gouvernement hésitait, ici, vingt-quatre heures à nous livrer le secret des faits, la nouvelle de ce sanglant engagement de Wissembourg courait l'Europe ; et une dépêche officielle prussienne l'apportait assez rapidement en Angleterre pour que le *Times* ait pu, non seulement la donner dans son numéro d'hier matin, mais même avoir le temps d'y consacrer un article.

Retarder de quelques heures la divulgation de faits irréparables est un pauvre expédient, auquel tous les gouvernements ont recouru, auquel ils continueront de recourir, même après l'avoir blâmé, même après avoir subi les colères qu'une inutile et maladroite compression a rendues plus violentes.

Ballottés entre le désir et l'inquiétude, les esprits allaient s'échauffant. Quelle dérision de lire dans le *Figaro* du 4 septembre, imprimé le 3, la nouvelle réjouissante à laquelle correspondait la réalité du désastre !

D'après des renseignements qui nous sont parvenus d'une source particulière mais en laquelle nous avons une entière confiance, de graves événements se seraient accomplis le 1er septembre, que notre correspondant désigne comme le troisième jour de combat.

Le maréchal Mac-Mahon, après avoir été renforcé par le corps du général Vinoy, a livré un combat dans lequel nos armes auraient remporté un succès éclatant.

Les Prussiens seraient vaincus, culbutés et 30 canons leur auraient été enlevés.

D'un autre côté, Bazaine est sorti de son Quartier Général et après un rude combat, marche vers...

Enfin si le document que nous recevons est exact, le mot « massacre » appliqué à l'armée allemande ne serait pas une expression exagérée.

Une autre communication de source officieuse, mais digne du plus grand intérêt, surgit à l'instant même.

Un ami de la famille d'Orléans à Paris a reçu une lettre du prince de Joinville, datée de Bruxelles le 1er septembre, à 5 heures du soir. Cette lettre a quatre pages, qui contiennent de navrants détails sur les journées des 30 et 31, le refoulement de Mac-Mahon sur la Meuse et les pertes de notre armée.

Mais elles se compètent par un *post-scriptum* qui est un véritable bulletin de triomphe et un véritable cri de joie. Nous tenons le texte de ce *post-scriptum* de la bouche même de la personne qui l'a lu dans la lettre originale.

La bataille continue, en ce moment nous aurions pris trente canons. Bazaine marcherait vers Mac-Mahon. Vive la France !

La grande défaite était consommée au moment où
les journaux excitaient ainsi l'espérance ; et le lendemain, ils étalaient leur stupeur.

———

Mais les inconvénients d'une dissimulation inutile
et d'autant plus maladroite, quand la lugubre vérité
va briser toutes les contraintes, n'empêchent pas que
la prudence recommandée à la presse, un mois plus
tôt, n'ait été justifiée. L'ennemi lui-même nous en a
donné la preuve irréfutable. Le récit de la guerre
franco-allemande, rédigé par la section historique
du grand état-major prussien [1], nous montre cet état-
major puisant dans certains journaux français des
indications précieuses et décisives. C'était l'heure où
Mac-Mahon s'efforçait de démontrer à Napoléon III,
au conseil de régence, au général Palikao, ministre
de la guerre, les énormes difficultés d'une marche
vers Bazaine. L'ennemi croyait à notre retraite vers
Paris. Puisque la tentative désespérée devait s'accomplir, du moins fallait-il la lui cacher et le tenir
dans l'incertitude. Il tâtonne, il se trompe, et nos
journaux contribuent à l'éclairer. Écoutons-le raconter les délibérations dont Ligny fut le théâtre, à la
date du 24 août, et Bar-le-Duc, le 25 :

Le quartier-maître général Podbielski émettait, le
premier, l'avis qu'une tentative des Français pour se

1. Traduite par M. Costa de Serda, chef d'escadron de l'État-
Major français, deuxième volume, pages 925 et 934.

porter de Reims au secours de Bazaine, si elle était difficilement admissible en raison des objections qu'elle sou-
levait au point de vue militaire, pouvait cependant s'expliquer par des considérations politiques... Cependant tous
les renseignements que l'on possédait alors paraissaient
contredire cette hypothèse, en indiquant au contraire
que l'intention de l'ennemi était de couvrir la capitale,
soit directement, soit en prenant position latéralement à
peu près vers Reims... Dans l'après-midi, le prince
Albrecht avait encore adressé au commandant en chef
*un journal de Paris* qui confirmait les nouvelles reçues
dans la matinée, à savoir que le maréchal de Mac-Mahon
avait pris position à Reims, avec 150.000 hommes environ.

.   .   .   .   .   .   .   .   .   .   .   .   .   .   .   .   .   .   .

Dans la soirée du 25... de nouvelles informations par-
venues au grand quartier général de Bar-le-Duc, laissaient entrevoir un mouvement de troupes françaises sur
Vouziers. A l'un de ces documents était joint *un journal
français* dans lequel était reproduit un article [1] portant
en substance qu'un général français ne saurait abandonner ses compagnons d'armes sans encourir la malédiction du pays. *D'autres feuilles de Paris reçues au grand
quartier géneral* rapportaient les discours prononcés au
Corps législatif pour signaler la honte qui rejaillirait
sur le peuple français, si l'armée du Rhin n'était pas se-
courue. D'autre part, un *nouveau télégramme* de Londres,
mandait, *d'après le TEMPS* du 23 août, que Mac-Mahon
s'était subitement décidé à courir à l'aide de Bazaine, bien
qu'en découvrant la route de Paris il compromit la sécurité de la France ; que toute l'armée de Châlons avait
déjà quitté les environs de Reims, mais que cependant
les nouvelles reçues de Montmédy ne faisaient pas encore mention de l'arrivée de troupes françaises dans ces
parages.

---

1. Emprunté à un journal belge.

... A la réception des nouvelles ci-dessus, les généraux de Molkte et de Podbielski allaient donc en faire part au Roi Sa Majesté, prenant en considération les circonstances présentes, approuvaient le projet de conversion de l'armée de la Meuse et des Bavarois sur la droite, et, dans le courant même de la nuit, *toutes les dispositions* étaient arrêtées pour que ces troupes pussent rompre vers le nord dès le 26, si les rapports de la cavalerie, jetée sur Vouziers et Buzancy, venaient à confirmer la marche de l'ennemi dans la direction de Metz.

Ainsi la nouvelle apportée par le *Temps* à Londres est de là télégraphiée au grand état-major prussien. Elle permet à celui-ci de régler « toutes les dispositions » pour rendre impossible des efforts qui exigeaient surtout que l'ennemi restât dans l'ignorance de notre situation, de notre marche et de nos combinaisons. Il manquait des renseignements nécessaires : par inadvertance le *Temps* les lui fournit.

———

Si justifiée était la réserve à l'égard des informations dont l'ennemi pouvait profiter que les républicains, aussitôt saisis du pouvoir, la recommandent à leur tour et la veulent appliquer même aux choses diplomatiques. En rendant compte de la célèbre visite faite à M. de Bismarck et des entretiens de Ferrières, Jules Favre se plaint d'une « indiscrétion coupable » commise par la presse :

... Il m'importait que, pendant qu'elle s'accomplissait, cette démarche fût ignorée. Je recommandai le secret et j'ai été douloureusement surpris, en rentrant hier soir, d'apprendre qu'il n'a pas été gardé. Une indiscrétion coupable a été commise. Un journal, l'*Électeur libre*, déjà désavoué par le gouvernement, en a profité. Une enquête est ouverte ; et j'espère pouvoir réprimer ce double abus.

L'*Électeur libre* était l'organe d'Ernest Picard, membre du gouvernement.

Le 5 octobre, le *Journal Officiel* publie la note suivante :

Malgré des avertissements réitérés au *Journal Officiel*, certains journaux persistent à donner dans leurs colonnes des renseignements de la nature la plus coupable sur les dispositions de défense et sur les opérations projetées.

Le gouvernement fait une fois encore appel au patriotisme de la presse et il déclare que, si de semblables infractions se renouvellent, il sera dans la nécessité de les déférer à la cour martiale.

Le 14, le *Journal Officiel* insère une longue note explicative pour rétorquer et flétrir les assertions de *La Vérité* (alors dirigée par Edouard Portalis) qui reprochait au gouvernement d'avoir détourné des nouvelles importantes et d'avoir refusé un armistice :

Le but de cette publication ne peut être douteux, et ce qui achève de le révéler, c'est que ces inventions criminelles ont été en partie au moins placardées sur les murs de Paris.

Le gouvernement a donné l'ordre d'arrêter l'auteur de cette manœuvre et de déférer ses actes aux tribunaux.

Le 27 octobre, le *Journal Officiel* en est réduit à cette dénonciation :

Le gouvernement a tenu à honneur de respecter la liberté de la presse, malgré les inconvénients qu'elle peut parfois présenter dans une ville assiégée. Il aurait pu, au nom du salut public et de la loi, la supprimer ou la restreindre. Il a mieux aimé s'en référer à l'opinion publique, qui est sa vraie force. C'est à elle qu'il dénonce les lignes odieuses qui suivent et qui sont écrites dans le journal *Le Combat*, dirigé par M. Félix Pyat: « Le plan Bazaine. Fait vrai, sûr et certain, que le gouvernement de la Défense nationale retient par devers lui, comme un secret d'état et que nous dénonçons à l'indignation de la France comme une haute trahison. Le maréchal Bazaine a envoyé un colonel au camp du roi de Prusse pour traiter de la reddition de Metz et de la paix au nom de Sa Majesté l'Empereur Napoléon III. »

En mentionnant que l'article était signé « le *Combat* », l'organe officiel disait: « c'est à coup sûr le combat de la Prusse contre la France ».

Le 20 novembre, le gouverneur de Paris interdit l'affichage des journaux; et le surlendemain il est amené à prendre une résolution ainsi motivée :

Le gouverneur de Paris, commandant l'état de siège ;

Considérant que les mouvements militaires et les travaux exécutés dans l'intérêt de la défense sont immédiatement signalés par les journaux, malgré des avertissements réitérés et de fréquents appels au patriotisme de tous ;

Que récemment plusieurs journaux ont publié, sur les fortifications extérieures, des détails descriptifs et critiques qui portent à l'ennemi des révélations compromettantes au plus haut point, pour la défense, et lui livrent le secret des opérations ;

Arrête : il est interdit aux journaux de faire aucune publication relative aux mouvements des troupes, aux travaux de fortification, aux mesures militaires prises par la défense.

Les journaux contrevenant aux présentes dispositions, qui sont de salut public, seront l'objet de poursuites criminelles devant la juridiction militaire.

Six jours après, le gouvernement doit répéter les mêmes injonctions et, pour en augmenter la force, évidemment insuffisante, il les fait paraître avec la signature de MM. Jules Favre, Jules Simon, Emmanuel Arago, Ernest Picard, Eugène Pelletan, Jules Ferry, Garnier-Pagès.

Le 1<sup>er</sup> décembre, nouvelle adjuration officielle au patriotisme des journaux. Le 23, le gouvernement se trouve obligé de frapper ; et il prononce la suppression de la *Patrie*, pour avoir raconté des opérations militaires. Quelques jours avant la capitulation, le 22 janvier 1871, il sévit encore : cette fois le *Réveil* et le *Combat* subissent l'interdit, pour « excitations à la guerre civile ».

---

« A outrance ! » c'est, depuis Sedan jusqu'au 26 janvier, le cri général et continu ; et, dans cette ardeur palpite un patriotisme véritable, mais comme l'insanité s'y fait largement sa part ! Aussitôt l'Empire tombé, l'*Opinion nationale* a l'idée de proposer

que « toutes les lois, tous les décrets, tous les jugements » soient rendus AU NOM DE LA FRANCE : « Pourquoi, s'écrie-t-elle, pourquoi mettre au nom d'un chef
quelconque, d'un président de la République ou d'un
gouvernement provisoire ? Il n'y a guère plus qu'une
chose vraie : AU NOM DE LA FRANCE ! » Et de son autorité
propre, comme s'il eût absorbé tous les pouvoirs, le
journal décide : « En conséquence, tous les actes publics
seront ainsi libellés : — La France... par ses chefs
librement élus... mande, ordonne, etc. » L'excen-
tricité se donne cours avec tant d'aisance que bien
peu de journaux se permettent de critiquer l'extraordinaire manifeste par lequel Victor Hugo apostrophe les vainqueurs, comme si les alinéas solennels, les antithèses fulgurantes et l'olympienne majesté du poète devaient avoir plus d'effet que nos
canons :

« Allemands, dit Victor Hugo, celui qui vous parle
est un ami... Il y a trois ans, à l'époque de l'Exposition
de 1867, du fond de l'exil, je vous souhaitais la bienvenue
dans *votre* ville... Quelle ville ?... Paris... Car Paris ne
nous appartient pas à nous seuls. Paris est à vous autant
qu'à nous... Paris n'est autre chose qu'une immense hos-
pitalité... Nous avons eu Vercingétorix comme vous avez
eu Arminius... Si, par malheur, votre erreur fatale vous
poussait aux suprêmes violences ; si vous veniez nous attaquer... nous lutterons de toutes nos forces contre vous,
mais, nous vous le déclarons, nous continuerons d'être
vos frères ; et vos blessés savez-vous où nous les met-
trons ? Dans le palais de la Nation. Nous assignons d'a-
vance pour hôpital aux blessés prussiens : les Tuileries !...
En ruinant Paris, vous le sanctifierez... Maintenant, j'ai
dit, Allemands... »

L'*Électeur libre*, officieux, imagine cet exposé de
la situation politique et militaire :

Soixante mille hommes du général Vinoy et des débris de Mac-Mahon se concentrent à Laon, prêts à marcher vers Paris.

Cent mille hommes, de l'armée de Lyon, sont appelés
devant nos murs. Les dépôts peuvent donner 50,000 hommes. Total 210,000 hommes de force active et armés de
chassepots.

Vingt mille travailleurs de bonne volonté, au service
de la République, doivent achever en huit jours le fort
de Montretout et les travaux de défense.

Enfin sur toute l'étendue du territoire de la République, dans chaque mairie, des bureaux d'enrôlement. Une
haute paie de 3 francs par jour aux volontaires de la
République.

Un emprunt de deux millions garanti par l'impôt pro-
portionnel et ouvert par le ministère national.

Une commission de subsistances militaires fonction-
nera sur l'heure dans toute l'étendue du territoire.

La flotte bombarde Hambourg ou lui impose des ré-
quisitions.

L'industrie privée, libre de toute entrave, fournit des
armes au pays et se pourvoit à l'étranger.

Les 90,000 fusils Remington de la Suède sont achetés.

Le maréchal Lebœuf sera traduit devant une haute
cour martiale, s'il n'est tué à l'ennemi.

Trois ateliers nationaux sont ouverts à Saint-Etienne
et à Paris ; cent mille ouvriers, armuriers et serruriers,
sont convoqués pour la fabrication des armes de défense
nationale.

***Les Prussiens sont mis hors du droit des nations.***


¹ Le mot de concorde, qui coulait de toutes les
plumes, n'avait pas en tous lieux la même significa-

tion. On s'en aperçut assez vite. Pour les journaux jacobins, le maintien de la concorde impliquait des mesures rigoureuses contre diverses catégories de citoyens, arbitrairement soupçonnés de vouloir la troubler.

La responsabilité de nos défaites étant rejetée tout entière sur le régime tombé et sur les idées qu'il avait plus ou moins favorisées, le parti violent imagina de dire, et beaucoup de ses adeptes se persuadèrent sans doute, qu'un système de Terreur était le meilleur moyen de réunir toutes les volontés dans l'œuvre de salut.

Deux décrets (10 octobre et 27 octobre 1870) avaient desserré les liens de la presse : plus de cautionnement, plus de poursuites devant les tribunaux correctionnels.

Les feuilles révolutionnaires, multipliées très rapidement, s'abandonnaient à leurs instincts, qui s'inspiraient aussi bien de la fantaisie que de la fureur.

Pendant que les Prussiens s'avancent vers Paris, la *Cloche* publie la proposition suivante de M. Louis Ulbach : « Je demande que le gouvernement de la défense nationale traite comme des factieux les membres de la droite qui se réunissent plus de cinq à la fois. »

Le *Rappel* trouve que rien n'est changé et que le 4 septembre aurait dû supprimer le télégraphe en France, « arrêter en masse les gens gorgés de millions qui nous appartiennent », nommer une Cour de justice nationale, une chambre ardente, etc.

Le *Réveil* veut supprimer le Concordat et les lois qui s'y rattachent, fermer les couvents, supprimer le budget des cultes et faire déclarer que tout citoyen recevant des ordres étrangers est un traître.

Le *Rappel* voit partout des conspirateurs contre la République.

Le *Combat*, organe de Félix Pyat, notifie que l'on n'aura point de pacification pour les prêtres qui lanceront des anathèmes contre l'œuvre républicaine. Dans son numéro du 27 septembre, la *Patrie en danger*, organe de Blanqui, dénonce à tort et à travers et prêche la guerre civile : « La République est de tous côtés menacée, trahie par les uhlans et par les chouans, par Bismarck et par d'Orléans... Oui ! il faut que nous soyons sans pitié, que nous barbouillions de sang les traîtres et les lâches. Il y en a beaucoup... Silence à Mirabeau ! Vive Marat ! Si vous hésitiez, nous nous ferions justice nous-mêmes! » Le 1ᵉʳ octobre, le *Journal officiel* publie une longue déclamation de Louis Blanc, jaloux de Victor Hugo, et qui manifeste lui aussi, mais en s'adressant au peuple anglais. Le 3, le *Combat* vocifère : « Ne prodiguons pas notre poudre en attendant et sachons réserver les balles que nous n'aurions pas eu l'occasion d'utiliser aux remparts. L'ennemi — ne l'entendez-vous pas siffler ? — n'est pas tout hors Paris; lui aussi, il attend et dresse parfois la tête, et fait entendre son ricanement aigu. » Le *Siècle* dénonce les séminaristes qui, tout en servant d'infirmiers, ne veulent pas quitter la soutane. Bientôt, le fanatisme libre penseur se traduit par des mesures administratives. Le maire du XIᵉ arrondissement, un nommé Mottu, qui devait conserver une certaine notoriété pendant deux ou trois ans, prend l'initiative de faire enlever les crucifix des écoles. On se met à laïciser l'enseignement primaire. Pourtant, la libre penseuse *Opinion nationale* proteste. Le *Journal des Débats* se moque de Mottu, que le *Siècle* lui-même désavoue. Mais le *Réveil* dévoile « les crimes des Ignorantins ».

---

L'enthousiasme patriotique et l'exaltation haineuse, le délire d'insanités qui souvent procède de l'un et de l'autre ne sont pas seuls à déborder : voici un large courant putride ; et les obscénités s'étalent dans la ville assiégée. L'*Univers* réclame des mesures contre l'excès de honte et de péril. Louis Veuillot adresse à Jules Favre cette magnifique et terrible sommation :

22 novembre.

*A M. Jules Favre, ancien membre des Conférences de Saint-Vincent de Paul, ancien Bâtonnier des avocats, fondateur de la République parisienne (une et indivisible), vice-président de la Défense nationale, ministre des Affaires étrangères, ministre de l'Intérieur, l'un des Quarante de l'Académie française, etc., etc.*

Monsieur,

Malgré les graves occupations que tant de titres supposent, au fond, vous n'avez rien à faire, et je me permettrai de vous prendre un moment. J'ose dire que j'y mets le prix. Me trouvant déjà assez mal gouverné, je ne sollicitais pas l'honneur de votre tutelle. Vous me l'avez imposée, vous êtes cher, vous ne rapportez rien, ou plutôt vous emportez tout : je peux bien me passer la grande consolation du peuple souverain, qui est de houspiller ses intendants et de leur montrer à quel point ils savent mal leur métier. C'est stérile, mais cela soulage. Vous-même en avez pris le passe-temps toute votre vie, sans vous donner autant qu'il l'eût fallu le souci d'apprendre à mieux faire. Au surplus, ce que j'ai à vous dire ne saurait être indifférent ni au fondateur de la République, ni au vice-président de la Défense nationale, ni au ministre des Affaires étrangères, ni au ministre de notre petit intérieur : l'académicien et l'ancien bâtonnier peuvent s'y intéresser ; le ci-devant confrère de Saint-Vincent de Paul n'y restera pas insensible, pour peu qu'il se souvienne de ce premier et meilleur état. Vous m'avez souvent retenu jusqu'à l'ennui sur des objets moins importants.

Notre civilisation, vous le savez, est affligée de diverses espèces de goujats, toutes très viles et très insolentes. On a coutume de dire autour de vous que naguère les locaux officiels en étaient remplis, et il paraît à beaucoup de gens aujourd'hui que la pire n'y logeait pas. Quoi qu'il en soit, il y a une de ces espèces que votre avènement a débridée et qui pullule. C'est celle des caricaturistes démocratiques. Si elle n'est pas la plus vile et la plus insolente, il s'en faut peu...

... Le gouvernement de Napoléon III eut des complaisances pour la caricature. Il lui livra les mœurs. Par elle il donna droit de cité à la prostitution. La plus vaste monographie moderne est l'*album* des portraits, usages et bons mots de la fille publique sous le régime impérial. Durant vingt ans, la caricature y travailla de mille mains. Elle fut favorable à cette sœur bien-aimée et véritablement jumelle. Elle en fit une personne de la maison, et très écoutée dans la maison. Sa profession parut une profession comme une autre. Aidée du train général de l'école, du théâtre et de la presse à rire, ses maximes et ses manières de voir entrèrent pour beaucoup dans la composition de la morale commune, jadis fille du lieu saint, désormais fille de mauvais lieu.

..... Or, dans votre république, monsieur, l'espèce en question devra-t-elle s'imposer au moins quelque forme de respect envers les personnes, la religion et les mœurs, envers les droits de la pudeur et de la conscience d'autrui ? Si tel est votre dessein, il n'y paraît pas.

L'on vous a signalé le vomissement de caricatures qui depuis votre avènement n'a cessé de salir la ville. En fait d'art, la République de 1870 n'a pas produit autre chose ; et jamais rien n'a paru de plus sordidement barbare et bestial. C'est sanguinaire, c'est obscène et c'est bête abominablement. Ainsi l'abject forçat, le relaps condamné pour viol, dessine sur les murs du bagne avec la pointe d'un clou volé et divertit le reste de la chiourme. A voir ces turpitudes scélérates, on reconnaît une ville immergée dans ses cloaques ; on sent que l'infâme clou qui sert aujourd'hui de burin pourra demain servir de stylet. L'honnête homme dont on insulte ainsi le regard en a le cœur plus flétri que des succès du Prussien. Le Prussien n'a pas pris la ville et, s'il la prend, un intarissable flot de sang généreux le forcera de la rendre ; mais ces natifs et ces naturalisés de l'égout, ils l'ont prise ; et quand leur sera-t-elle vraiment arrachée ? Ils y possèdent leurs retraites inviolables, où l'esprit révolutionnaire les couve et les multiplie. Ils en sortent à l'heure opportune ; vous savez qui leur ouvre la porte !... Un jour l'ennemi du dehors viendra par ce chemin immonde sans cesse élargi. « Paris nous sera ouvert par votre populace, » vous disait M. de Bismark.

Vous avez répondu qu'il n'existait pas de populace à Paris. Le diriez-vous encore ? Et comment donc appelez-vous ceci ?.....

Vous faites écrire sur les murs : *République démocratique, indivisible, liberté, égalité, fraternité,* et sous ces mots vous laissez afficher ces œuvres de division, de li-

cence, d'oppression et de haine ! Je vois les traits de nos
concitoyens affichés au  pilori, dessinés sous  le couperet
de la guillotine « en attendant que ce soit pour de bon » ;
je vois l'image d'une femme qui a régné vingt ans et dont
la réputation  d'honneur n'a reçu nulle atteinte. Elle est
souillée des injures auxquelles toute femme préférerait la
mort.

Et il nous faut voir cela accroché sous les portiques du
palais où vous lui portiez vos  hommages, où habite aujourd'hui le chef de  votre gouvernement ! N'avez-vous
pas honte de vous laisser  dégrader ainsi vous-même ?
Car l'infâme affront fait à cette femme et à la pudeur re-
tombe plus encore sur vous. Vous vous  rendez complice
de cette sauvagerie lâche, corrompue et corruptrice. Ce
fut par ce procédé surtout qu'on assassina Marie-Antoinette, après avoir assassiné son honneur. Grâce aux dif-
famations de la caricature, le Paris de vos pères de 93 encourut cet irréparable opprobre. A travers les hurlées de
la canaille, en plein jour, une femme auguste et innocente fut traînée lentement au bourreau ; et il ne se
trouva pas un Français qui essayât au  moins de se faire
écraser sous les roues de la charrette ! Voulez-vous recommencer un tel peuple et de tels jours ? Vous n'avez
pas beaucoup à faire : leur caricature a déjà cet accent de
cannibales altérés [1]...


La police agit enfin et fait balayer une  partie des
ordures. Mais la *Cloche* se plaint de ce  nettoyage ou
du moins regrette qu'il ait été accompli par la police.
Dans le *Gaulois*, Francisque Sarcey relève les scrupules de la *Cloche*, scrupules à rebours :

« La crainte de la police est évidemment salutaire,
et c'est le commencement de la sagesse. Il faut pour-

1. *Mélanges*, troisième série, tome V, pages 304 et suivantes.

tant avouer qu'en proscrivant ces caricatures infâmes et ces cris éhontés, elle n'est point sortie de ses attributions. Son premier devoir est, ce me semble, de veiller à la propreté des rues qui appartiennent à tout le monde... Si l'on compte sur le mépris public, on compte un peu sans son hôte. La vérité est que les yeux se familiarisent assez vite avec les spectacles dégoûtants et que l'habitude dépouille bientôt de leur première horreur [1]. »

Il n'y eut pas que des déclamations. Les journaux s'occupèrent activement des ambulances, pour lesquelles le *Gaulois* recueillit un million, en quelques semaines.

Le désir des succès qui nous manquaient poussait une partie de la presse à les imaginer. Francisque Sarcey reprenant, pour en faire un volume, ses chroniques du *Gaulois*, a ravivé le tableau de la fermentation générale : « Le *Républicain*, les *Nouvelles*, la *Défense nationale*, le *Peuple souverain* se vendaient dans les rues, annonçant chaque matin ou chaque soir des événements fantastiques. Il fallut défendre aux crieurs d'annoncer tout haut des victoires qui n'existaient pas. »

Les tacticiens et les ingénieurs surgissaient dans la presse comme au sein du public. Le 11 octobre, le *Siècle* décrivait un système de nouvelles bombes

1. *Gaulois*, 18 novembre.

incendiaires au phosphore et indiquait cet autre moyen de destruction : « Semer sur les routes que doivent parcourir les Prussiens des morceaux de phosphure de calcium. Cette substance s'enflamme spontanément au contact de la moindre goutte d'eau, et en brûlant elle dégage des vapeurs délétères qui empoisonnent rapidement ceux qui les respirent. » En même temps, le *Pays* donnait la recette des bombes à pétrole et du « feu grégeois des fénians irlandais »!

La *Patrie en danger* exploitait les souffrances pour attiser les haines; et l'un de ses rédacteurs, Tridon, menaçant Paris d'une révolte populaire, fabriquait ce calembourg furieux : « La faim justifie les moyens. »

L'émeute vint, causée par l'affreuse nouvelle de la capitulation de Metz et provoquée directement par les journaux révolutionnaires. Quelle page que celle où Louis Veuillot a retracé la scène de frénésie !

« Donc, nos drapeaux sont aux mains de l'ennemi, l'ennemi cerne le dernier rempart, l'angoisse est dans les cœurs; et les séditieux, trouvant le moment favorable, se déclarent. La garde nationale court à l'Hôtel de Ville, sanctuaire de la République et maison mortuaire de la France. Elle y trouve M. Flourens, botté et éperonné, se promenant sur la table du conseil, entre deux gouvernements, l'un qui se décompose, l'autre en formation. Celui qui s'en va est le gouvernement régulier ; on y voit notre dernier soldat et notre dernière politique ; l'autre, celui qui vient, a pour bras ce fou botté qui pérore sur la table et ce vieux chicot de prison, Blanqui, occupé à signer papiers sur papiers afin de pourvoir aux emplois importants de la République. Blanqui nomme des généraux, des ministres, des maires, des commissaires de police. Il donne les clefs de la Banque, les clefs des forteresses, les clefs de nos maisons ; et toutes ces clefs peuvent se trouver bonnes, car Flourens et Blanqui ont avec eux des fusils et, dans la ville, la terreur. Ils semblent déjà maîtres ; leurs hommes de main hurlent, menacent, frappent, pillent ; tout à l'heure ils oseront assassiner, et tout sera perdu. Mais quelques-uns ont trouvé le chemin des caves ; et peut-être que tout sera sauvé. En effet, pendant que Flourens pérore, une partie de ses soldats glissent aux vignes, se saoulent, sont pris, prennent peur, et finalement s'en vont ou s'endorment. Le gouvernement régulier est tiré de peine ; les clefs de Blanqui ne valent plus rien, c'est à recommencer. O risée, ô douleur ! Et cela c'est la France ! L'ennemi regarde par-dessus les murs et voit cela dans Paris ! Et s'il se retourne, il voit Esquiros, un Blanqui plus grotesque régnant à Marseille ; et un autre de même espèce régnant à Lyon ; et le capitaine Keratry généralissime en Bretagne ; et à Tours, le vieux juif Crémieux et le vieux pantin Glais-Bizoin s'embrassant avec le vieux reître Garibaldi, tandis que le jeune avocat Gambetta tomba de ballon ministre de la guerre ! Regardons aussi, nous, regardons bien ! Regardons cette décadence abominable et cette foudroyante démence. Dans la nuit où nous descendons, emportons ces flétrissures. Ayons-les sur le front, ayons-les dans le cœur. Qu'elles ne nous laissent pas de repos, que la huée de l'Europe nous réveille, si nous voulions dormir ! Il faut que nous confessions la logique inexorable qui nous roule dans cette boue et que nous sachions à quels maîtres devra enfin obéir une nation qui s'est targuée de ne plus obéir à Dieu. France, France, nation de tant de siècles, de tant d'hommes et de tant de gloires, plie sous la botte de Flourens en présence du prussien [1]. »

Elles sont incomparables d'intensité d'émotion et

1. *Les Mélanges*, par Louis Veuillot, 3ᵉ série, tome V, pages 240 à 242.

de puissance expressive les cinq cents pages écrites
par Louis Veuillot à l'appel d'un courage indomp-
table, sous la secousse d'événements tragiques, dans
les étreintes de l'angoisse et de la douleur.


## La Commune.


Encore plus d'angoisse et de douleur, c'est la loi
du drame qui se déroule. Après la longue série des
défaites infligées à la France par les Prussiens,
l'heure de la guerre civile a sonné ; et Paris devient
la proie de la Commune, carnaval sanglant.

Dès le début éclate la dérision, dont la presse
fournit le sujet. Comme le général Vinoy, chef de
l'armée de Paris, usant des prérogatives conférées
par l'état de siège, supprime, le 11 mars, six journaux (le *Vengeur*, le *Cri du peuple*, le *Mot d'ordre*, le
*Père Duchêne*, la *Caricature*, la *Bouche de fer*) qui
provoquent à l'insurrection et au pillage, le Comité
central prend prétexte du fait pour se poser en défenseur de la liberté de la presse ; et il exhorte ainsi
le peuple parisien : « Nous avons fait sans coup
férir une révolution. C'était un devoir sacré, en
voici les preuves : le gouvernement de la Défense nationale a rétabli l'état de siège tombé en désuétude
et donné le commandement à Vinoy, qui s'est installé la menace à la bouche ; il a porté la main sur
la liberté de la presse en supprimant six journaux. »
Huit jours après cette pompeuse déclaration, le
Comité central fait, la nuit, envahir l'imprimerie
du *Figaro* et poser les scellés sur les machines. De

même au *Gaulois*. Le 20 mars, l'*Officiel*, devenu l'organe des insurgés, adresse aux journaux un avis comminatoire. Le 23, l'*Officiel* hausse encore le ton : « Des écrivains de mauvaise foi, auxquels seraient applicables en temps ordinaire les lois de droit commun sur la calomnie et l'outrage, seront immédiatement déférés au Comité central de la garde nationale. » Dans l'*Action*, le 3 avril, Lissagaray demande « la suppression sans phrase de tous les journaux hostiles à la Commune » ; et celle-ci se hâte de lui donner une première satisfaction : dès le lendemain les *Débats*, le *Constitutionnel*, *Paris-Journal* sont supprimés. Ils avaient courageusement protesté contre les débuts de la Commune ; le *Journal des Débats*, signalant la nouvelle de l'assassinat des généraux Lecomte et Clément Thomas, venait d'écrire : « Toute la France sera unanime à flétrir les auteurs de ces meurtres et les promoteurs de cette odieuse insurrection qui n'a ni prétexte avoué ni drapeau avouable. » Avec vingt-quatre autres journaux fidèles à la cause de l'ordre, ils avaient inséré une note qui déniait au Comité de la révolte le droit de convoquer les électeurs et qui était signé par : le *Journal des Débats*, le *Constitutionnel*, l'*Électeur libre*, la *Petite Presse*, la *Vérité*, le *Figaro*, le *Gaulois*, le *Paris-Journal*, le *Petit National*, le *Rappel*, la *Presse*, la *France*, la *Liberté*, le *Pays*, le *National*, l'*Univers*, la *Cloche*, la *Patrie*, le *Français*, le *Bien public*, l'*Union*, l'*Opinion nationale*, le *Journal des villes et campagnes*, le *Journal de Paris*, le *Moniteur Universel*, la *France nouvelle*, la *Gazette de France*. C'est contre cette déclaration collective que le *Journal officiel* fulminait. Le 18 avril, le *Soir*, la

*Cloche*, le *Bien public*, l'*Opinion nationale* ont l'honneur d'être condamnés, sans phrase, comme l'avait indiqué Lissagaray. Trois jours après, à l'Hôtel de Ville, Amouroux exprime la conviction qu'en temps de guerre « il ne devrait y avoir qu'un seul journal... l'*Officiel* ». Ensuite, le 5 mai, vient le tour du *Petit Moniteur*, du *Petit Journal*, du *Bon Sens*, de la *Petite Presse*, de la *France*, du *Temps* qui, dit le décret « excitent dans chacun de leurs numéros à la guerre civile (!) et sont les auxiliaires les plus actifs des ennemis de Paris et de la République ». Le 17 mai, sont frappés le *Moniteur Universel*, l'*Observateur*, l'*Univers*, l'*Étoile* et l'*Anonyme*, sans même l'indication des motifs. Comme plusieurs autres journaux, l'*Univers*, pendant la Commune, se publiait en même temps à Paris et à Versailles. Son édition parisienne était rédigée par MM. du Lac et Aubineau, de qui j'ai parlé, ainsi que par M. Rastoul, ancien officier, adonné aux travaux d'érudition. Le 18 mai sont interdits : la *Commune*, l'*Écho de Paris*, l'*Indépendance française*, l'*Avenir National*, la *Patrie*, le *Pirate*, le *Républicain*, l'*Écho de Ultramar*, la *Revue des Deux-Mondes*, la *Justice* ; et le décret qui les vise porte que « aucun journal ou écrit périodique politique ne pourra paraître avant la fin de la guerre » et que « les attaques contre la République et la Commune seront déférées à la Cour martiale ». Donc, en deux mois, trente-deux recueils périodiques sont supprimés, dit Maxime du Camp, qui a noté les détails de cet abatage successif et continu [1].

<hr>

1. *Les convulsions de Paris pendant la Commune*, par Maxime du Camp, tome IV, pages 164 à 171.

Dans le volume que j'ai cité déjà, M. Louis Teste a décrit le système d'opérations appliqué à la presse par la Commune :

« ... Le 15 mai 1871, à quatre heures et demie de l'après-midi, nous venions de terminer le journal (le *Journal de Paris*). Nous n'avions pas eu grand'-peine. Depuis le 20 octobre 1870, il avait réduit son format et avait tantôt quatre pages et tantôt deux, au hasard du papier qu'il pouvait se procurer. Ce jour-là, il en avait quatre, et il mesurait trente-deux centimètres de largeur sur quarante-cinq de hauteur. Il est assez curieux à relire, ce numéro du 15 mai.

» J'y trouve, d'abord, un manifeste du Comte de Chambord où je lis : « Ce que je demande, c'est, à la tête de toute la Maison de France, de présider aux destinées de la patrie, en soumettant avec confiance les actes du gouvernement au sérieux contrôle des représentants du pays. » J'y trouve ensuite, un arrêté du Comité de salut public prescrivant à tout citoyen, sous peine d'arrestation, de se munir d'une carte d'identité contenant ses nom, prénoms, profession, âge et domicile; ses numéros de légion, de bataillon et de campagne, ainsi que son signalement. Le 3 0/0 est à 53,40. On joue *les Idées et les Maris* au Gymnase ; les *Nuits de la Courtille*, à l'Ambigu ; l'*Ange de Minuit* au Château-d'Eau et la *Grâce de Dieu* à la Gaîté. Il y a, s'il vous plaît, une demi-page d'annonces : la dentilyne, le lait de camélia, l'oreiller hygiénique, la chemise-tunique ; les chaussures « pour hommes, dames et enfants », etc., font appel à la clientèle. Les commerçants ont parfois le diable au corps.

» ... Nous allions donc descendre, lorsque la

femme du concierge, qui ressemblait à une grosse grenouille gonflée mais qui était la bonté même, arriva hors d'haleine, toute bouleversée, criant :

» — On vient vous arrêter !

» Nous n'étions plus que deux ou trois, avec M. Edouard Hervé. Nous descendîmes sans ordre ni désordre, en fumant notre cigarette et en causant, comme si de rien n'était, pour ne pas attirer l'attention. Sous la porte cochère, un piquet de fédérés. Ne nous connaissant pas, ils nous laissent passer sans même nous regarder. C'était le commissaire de police Lemoussu, ou Le Moussu en deux mots, qui était venu, en leur compagnie, notifier au *Journal de Paris*, un arrêté de suppression. Vous voyez combien, alors, le régime de la presse était simple.

» Qu'un de ces fédérés se fût avisé de demander à l'un de nous la carte d'identité et nous étions vraisemblablement arrêtés, conduits à Mazas ou à la Roquette... »

Parmi les feuilles qui bravèrent audacieusement l'insurrection se distingua le *Bien public*, rédigé par Henri et Charles Vrignault. Tous les jours, dans des articles vibrants, Henri Vrignault affirmait l'illégalité et flétrissait les actes de la Commune. Décrété d'arrestation, il put se procurer dans Paris même une retraite, de laquelle il envoyait avec régularité des articles non moins courageux que les précédents. Ainsi, le 8 avril, il écrivait :

« *De ma retraite.* Me voilà proscrit ; proscrit, soit ; exilé, non. Je resterai à Paris, j'y resterai pour dire ma pensée, pour soutenir mes concitoyens, pour

1. *Notes d'histoire contemporaine*, par Louis Teste, pages 265, 267.

ouvrir les yeux des aveugles. Qu'auront gagné ceux qui me poursuivent? De m'obliger à quelques ruses faciles; en vérité, c'est peu. Ils n'auront même pas gagné de me mettre en colère contre eux. Je les blâmais, je les blâmerai; je les plaignais, je les plains encore. Je n'ai pas de colère, ce sont des fous. Ce soir, demain, ils me trouveront prêt à agir, à tout sacrifier pour les aider dans l'œuvre de conciliation, si la raison leur revient. » Le *Journal Officiel* du 19 avril publia la note suivante : « La Commune, considérant qu'il est impossible de tolérer dans Paris assiégé, etc., supprime le *Soir*, l'*Opinion Nationale*, le *Bien public*. » Réponse du *Bien public* : « La Commune ose ce que jamais l'Empire n'a osé. Elle supprime les journaux et ne daigne même pas leur en donner avis. Il nous plaît, devant cet étrange mépris de tous les droits et de toutes les lois, de ne point laisser croire que de telles tyrannies trouvent des servitudes à leur niveau. Nous ne nous dissimulons pas que la Commune a la force et qu'elle peut tout comme elle ose tout, mais pour l'honneur du journalisme, nous voulons qu'on sache que, si la presse a subi le joug du plus fort, elle ne l'a point subi sans protestation et ne l'a jamais accepté. » Le lendemain, 21 avril, le *Bien public* imprime encore un numéro, en tête duquel on raconte la visite faite dans l'imprimerie par le commissaire de police et la saisie d'une partie des exemplaires ; le même numéro, par la plume de Charles Vrignault, stigmatise la Cour martiale qui fusille les gens qui lui sont dénoncés. Le *Bien public* interdit fut remplacé par la *Paix* : elle dura quatre jours. Le 3 mai les frères Vrignault publiaient l'*Anonyme*, frappé trois jours plus tard et remplacé par le *Républicain,* qui parut cinq fois.

Enregistrons les dissidences qui se produisaient parfois entre les éditions d'un même journal. Ainsi, à la date du 5 mai, le *Temps* éprouvait la nécessité de donner des explications comme celles-ci : « Le *Temps* de Saint-Germain croit que les gardes nationaux de Paris, reconnaissant spontanément l'impossibilité de leur entreprise, peuvent et doivent déposer les armes ; et il a même déclaré dans un récent numéro que le gouvernement était tenu, dans l'intérêt de la paix publique, de désarmer les insurgés. Le *Temps* de Paris, étant et jugeant à Paris, pense que le désarmement volontaire des gardes nationaux est en ce moment une chimère ; que ces gardes nationaux, quoique destinés à une défaite inévitable, peuvent se défendre encore longtemps et se défendront en effet, si on ne leur ouvre pas une voie de conciliation raisonnable ; que cette persistance de la lutte accumule les ruines, aggrave les discordes et prépare peut-être le terrain d'une restauration bonapartiste. » Le jour même, malgré la concession faite aux fédérés et qui consistait à supposer la possibilité de l'événement le plus invraisemblable, le *Temps* est supprimé.

Bientôt, les imprimeurs ayant été menacés, il ne reste plus dans Paris de presse modérée ni même simplement radicale ; mais les feuilles survivantes vocifèrent aussi bien les unes contre les autres que toutes ensemble contre Versailles. Du commencement à la fin, on les voit en polémique, réalisant pour leur compte la discorde telle que la dépeignait Rochefort (*le Mot d'ordre*), aux prises avec Paschal Grousset, (*l'Affranchi*) : « Ce qui ronge la Commune, désagrège le Comité central, énerve la garde nationale et finalement dissout la République, c'est la défiance... L'Hôtel de Ville se défie du ministère de la guerre ; le ministère de la guerre se défie de la marine ; le fort de Vanves se défie du fort de Montrouge, qui se défie du fort de Bicêtre. Raoul Rigault se défie du colonel Rossel et Vésinier se défie de moi. »

Pour varier un peu sans doute, le *Mot d'ordre* et le *Cri du Peuple* imaginent de dénoncer les horreurs des couvents et ils divulguent le résultat d'une prétendue enquête qui aurait révélé chez les Religieuses de Picpus l'existence de cachots souterrains, d'appareils de torture et de monceaux d'ossements !

Dans le *Vengeur* (qui a remplacé le *Combat*) Félix Pyat demande la destruction et prépare le pillage de la maison de Thiers :

« Au nom de Paris, au nom de la France, au nom de l'humanité, que son nom parricide soit trois fois maudit ! Le jour de sa naissance maudit ! Le jour de sa mort fêté. Que sa maison tombe à l'heure même où tombera cette colonne qu'il a célébrée et dépassée en crimes ! Qu'il n'en reste qu'une pierre avec cette inscription vengeresse : — Là fut la maison d'un Français qui a brûlé Paris ! »

Cette emphase mélodramatique, délirante, poétique souvent, découlait de l'exaltation littéraire et vaniteuse. Déclamer et fuir, ce furent les deux grands soucis du personnage. Cependant, quelque soin qu'il eût de se mettre à l'abri, il semble avoir manqué une fois de prudence, puisque, le 8 juillet 1871, lorsque les conseils de guerre fonctionnaient, on l'aperçut se promenant tranquille en fiacre [1] ; mais peut-être savait-il qu'il ne serait pas emprisonné. Pour compléter la liste des fantaisies du démagogue lettré, sans oublier le toast *à la petite balle* qui assassinerait Napoléon III, notons qu'un de ses premiers actes, aussitôt élu membre de la Commune, fut de prendre un abonnement à ... l'*Univers*.

L'esprit de révolte s'incarnait particulièrement bien, ou mal, en Jules Vallès, dont M. Jules Claretie a tracé ce portrait : « Apre et rude caractère de révolté et d'affamé en quête, depuis des années, de la réputation et de la fortune, demandant le succès au paradoxe et au hurlement, faisant le coup de feu et le coup de poing littéraire dans des journaux qu'il improvisait, qui paraissaient, disparaissaient, s'éteignaient comme des pièces d'artifice dont la poudre est éventée, plus archarné après tout nouvel échec, continuant avec un rire creux et sceptique l'œuvre de démolition entreprise et s'acharnant contre le passé avec des rages de collégien que le pensum écrase et des haines d'envieux que le sentiment de l'impuissance condamne à l'éternelle paresse et à l'éternel courroux. Dans son enfance, pliant sous le fardeau des études classiques, bourré de latin et de grec, cheval de concours et d'examen, il avait dû ressentir, contre toute cette érudition dont on voulait l'accabler, un courroux profond et farouche. Il en était sorti tout hérissé de colère ; de l'antiquité, de tout ce qui est la grâce ou la mâle fierté de la langue latine, de ce qui fait l'élégance charmante

----

1. *Les convulsions de Paris pendant la Commune*, par Maxime du Camp, tome IV, page 283.

du génie grec, cet homme n'avait gardé qu'une sorte
de pédantisme grognon qu'il appliquait, comme une
machine de guerre, à la démolition de l'antiquité
détestée. Il appelait l'antiquité la servitude. Il était
envieux, disait-il de voir « dans l'incendie du bom-
bardement flamber tout l'héritage du génie ». Il
s'écriait : « On mettrait le feu aux bibliothèques et
aux musées qu'il y aurait pour l'humanité, non pas
perte mais profit et gloire. »

Maroteau sut se faire distinguer parmi les bêtes
fauves. Il choisissait ses victimes. L'un de ses articles de la *Montagne* est demeuré un exemple de férocité : « ... C'est au nom de Dieu que Guillaume a bu
à plein casque le plus pur de notre sang. Ce sont les
soldats du Pape qui bombarbent les Ternes. Nous
biffons Dieu. Les chiens ne vont plus se contenter de
regarder les évêques, ils les mordront ; nos balles ne
s'applatiront pas sur les scapulaires, pas une voix
ne s'élèvera pour nous maudire le jour où l'on fusil-
lera l'archevêque Darboy. Il faut que M. Thiers le
sache ; il faut que M. Favre le Marguillier ne l'ignore
pas. Nous avons pris Darboy comme otage, et si l'on
ne nous rend pas Blanqui, il mourra. La Commune
l'a promis ; si elle hésitait, le peuple tiendrait le serment pour elle. Et ne l'accusez pas ! — Que la justice
des tribunaux commence, disait Danton le lendemain des massacres de septembre, et celle du peuple
cessera. — Ah ! j'ai bien peur pour Monseigneur
l'archevêque de Paris !... »

En pleine bataille des rues, les proclamations abon-
daient. « Citoyens, hurlait le *Paris-libre*, citoyens, les
Versaillais doivent comprendre à l'heure qu'il est que
Paris est aussi fort aujourd'hui qu'hier... L'armée

de Thiers se trouvera réduite à ses gendarmes. »
Entouré d'un décor d'incendies, le *Père Duchéne* ressentait l'inspiration de la muse :

> Paris est mort ! et sa conscience abîmée
> A tout jamais s'évanouit dans la fumée !
> Eh bien ! quand l'incendie horrible triomphait,
> Une voix dans mon cœur criait : « Ils ont bien fait. »

Le 28 mai 1871, la Commune expirait, vomissant, dans le dernier hoquet, toutes les clameurs de haine qu'avaient proférées l'*Action* (Lissagaray, 6 numéros); l'*Affranchi* (Paschal Grousset, 30 numéros) ; l'*Ami du peuple* (Vermorel, 6 numéros) ; le *Bonnet rouge* (Secondigné, 13 numéros) ; le *Bulletin communal* (Organé des Clubs, 1 numéro) ; la *Caricature* (Pilotell, 6 numéros); la *Carmagnole* (6 numéros) ; le *Châtiment* (22 numéros); la *Commune* (Millière, 60 numéros); le *Cri du peuple* (Vallès, 83 numéros) ; les *Crimes des Congrégations religieuses* (2 numéros) ; le *Drapeau rouge* (1 numéro) ; le *Faubourg*, le *Fédéraliste*, la *Fédération communale*, le *Fédéré des Batignolles*, le *Fils du Père Duchéne*, l'*Homme*, l'*Homme libre*, le *Journal officiel*, le *Livre rouge*, les *Mémoires du Père Duchéne*, le *Mont-Aventin*, le *Mot d'Ordre*, l'*Ordre*, *Paris-libre*, le *Pirate*, le *Prolétaire*, la *Régénération sociale*, le *Réveil du peuple*, la *Rouge*, le *Salut public*, la *Sociale*, le *Vengeur*, la *Vérité*, d'autres encore, noyés dans les ténèbres de l'oubli, après avoir été consumés par les flammes.

Un cri d'horreur et d'épouvante sort de la presse qui avait perdu l'habitude de regarder plus haut que le théâtre des combinaisons politiques. Dans les *Débats*, John Lemoinne s'écrie : « En présence des convulsions du genre humain, la vengeance humaine en vient à confesser sa propre impuissance, elle attend que *le feu du ciel* remplace le sien et que la puissance divine revendique le châtiment d'abominations qui sont en dehors de la nature... Ils sont venus les dévastateurs, de tous les points de l'horizon, portés sur les ailes de la tempête... C'étaient des sauvages sans patrie, sans feu ni lieu, ni Dieu... Le jour de l'explosion est venu, *dies iræ*. Puisse du moins, la flamme allumée par l'ange exterminateur avoir purifié à la fois l'air et les cœurs. » Le *Temps* (de Saint-Germain) s'élève presque au même ton : « La main d'une Némisis implacable s'appesantit sur notre pays. Les forcenés qui se sont emparés, il y a deux mois, de Paris, en abandonnent aujourd'hui les ruines fumantes aux défenseurs de la loi. Nous ne nous sentons pas la force d'échapper à notre douleur, à notre indignation et à nos angoisses et de parler librement de ces désastres inouïs. Avec tous nos concitoyens nous demeurons accablés sous le poids d'une *malédiction que nous avons avec eux*. Quel Français peut, en effet, *se dire entièrement innocent de ces crimes abominables?* Les conservateurs hébêtés qui ont cru que l'Empire était une société d'assurance contre le désordre, exigeant pour prime la lâcheté civique et l'abandon de tous les droits ; les fonctionnaires pétrifiés pendant vingt ans dans un mandarinat civil et militaire, qui faisait de la France une Chine privée de traditions ; une opposition sans consistance gouvernementale, mettant en lumière, au jour du péril, un personnel ignorant ou sénile, et, pendant cinq mois de siège, versant à la population la plus impressionnable de l'univers la liqueur capiteuse d'une *rhétorique frelatée ;* un prolétariat, *avide de jouissances en face d'une bourgeoisie avide de repos ;* une presse *faisant commerce de frivolités, pour ne pas dire de scandales,* et, par-dessus tout, la plate indifférence d'une population qui, considérant l'accomplissement des devoirs politiques comme une charge, a livré tour à tour *les clefs de son forum, de ses trésors et de ses libertés,* aux conspirateurs du trône ou de la rue. Perdue par l'universelle infatuation, la France ne peut se relever que dans l'effort du *repentir* commun. Les prières de la droite y seront utiles peut-être ; mais à coup sûr la bonne volonté de tous y est à présent indispensable. » Francisque Sarcey, qui, autrefois, s'était fait un plaisir de se poser en athée gémissait dans le *Soir* et se repentait presque, lui aussi : « C'en est fait de Paris ! de ce Paris que nous avons tant aimé ! J'en pleurerais d'indignation, de douleur et de rage ! Pourvu qu'au moins ce ne soit pas le dernier jour de la France ! Qui sait si ce n'est pas là le commencement d'une immense Jacquerie ! Oh ! que l'avenir est triste et que nous avons besoin de tout notre sang-froid pour conjurer des éventualités si redoutables !... De grands devoirs nous restent à remplir ; haussons notre cœur. *C'est une de ces occasions où l'on est bien fâché de ne pas croire ;* on se réfugierait au moins dans un *recours consolant* vers une *puissance supérieure.* Fions-nous au bon sens et à la raison. O raison, s'écriait Fénelon, n'es-tu pas le Dieu que je cherche ? » Et Louis Veuillot [1], qui enregistrait ces aveux en constatant

---

1. *Mélanges (Paris pendant les deux sièges),* 3ᵉ série, tome V, page 644.

que M. Thiers n'éprouvait pas la « douloureuse sensation du vide » dont se plaignait Sarcey, appelait
encore à l'espérance les âmes terrifiées : « Devant
Dieu, le recours en grâce demeure toujours ouvert,
même lorsque la terrible sentence est déjà en cours
d'exécution. C'est la raison chrétienne qui a dicté
cette ancienne devise qu'on lit au fronton d'une
église de Rome : *Dum spiro, spero ;* tant que je vis,
j'espère. »

# CONCLUSION

I

Encore dix années de combats ; et la presse a renversé les derniers obstacles qui retardaient son entière expansion.

En pleine lutte contre la Commune, une loi libérale, soutenue par le duc de Broglie, commença de réorganiser le régime de la presse ; mais, dans vingt-neuf départements subsistait l'état de siège qui laissait les journaux à la discrétion du pouvoir militaire. L'état de siège aboli (le 29 décembre 1875, sauf pour la Seine, la Seine-et-Oise, les Bouches-du-Rhône, le Rhône, rendus au droit commun quatre mois plus tard), on resserra en partie les liens qui venaient d'être détendus ; mais ce fut l'application de la nouvelle loi, bien plutôt que la loi elle-même, qui réveilla l'ère des conflits. Suivant le flux et le reflux des crises ministérielles, se succédaient les circulaires en sens opposé. L'interdiction du droit de vente

sur la voie publique parut au cabinet du Seize-Mai la
ressource suprême, fut employée avec acharnement,
n'intimida personne, exaspéra les républicains coalisés. L'amnistie annula les 2.700 condamnations
prononcées du 16 mai au 14 décembre 1877 ; et enfin
la loi du 29 juillet 1881, terminée après trois ans de
labeur, fit table rase des anciennes réglementations
enchevêtrées. Plus de brevet d'imprimeur ; plus de
cautionnement ; et bientôt, comme conséquence de
cette dernière mesure, suppression de l'impôt sur le
papier, impôt qui avait remplacé le droit de timbre ;
enfin les délits politiques relèvent des jurés, lesquels,
simples citoyens, satisfaits de voir morigéner et
braver l'autorité, n'éprouvent nulle envie de condamner les écrivains qui ont pour fonction de leur procurer ce plaisir.

Ainsi, après deux cent cinquante ans, la modeste
création de Théophraste Renaudot s'est changée en
une puissance de premier ordre, victorieuse de toutes
les hostilités. Elle s'est imposé aux gouvernements ;
elle en a renversé ; elle en a fondé. De loin en loin,
enfermée dans des limites étroites, elle les a fran-
chies, infatigable à démolir l'enclos dans lequel on
croyait la parquer et à conquérir l'espace qu'on lui
refusait. Oublié depuis longtemps, Renaudot continue de vaincre ; et non seulement il l'emporte, mais
la formule même indiquée par lui dès le début demeure une des maximes favorites de la politique
moderne. En 1633, avertissant certains « princes
étrangers », qui voulaient « fermer le passage », à
ses « nouvelles », il écrivait : « C'est une mar-
» chandise dont le commerce ne s'est jamais pu dé-
» fendre et qui tient de la nature des torrents qu'il

» *se grossit par la résistance.* » L'inventeur a été prophète.

Mais il n'a pas tout prophétisé. Il ne s'attendait pas à ce que la presse fût frappée et punie par elle-même ; ce qui pourtant s'est vu pendant la Révolution et sous la République de 1848 et de quoi est témoin la génération présente. A peine le triomphe de 1881 était-il proclamé, qu'un honteux phénomène en troublait l'épanouissement. Des bas-fonds de la société où règne le vice montait à la surface un courant de pornographie. De nouveau, les thuriféraires de la pleine liberté durent avouer qu'elle a des inconvénients désastreux. La pauvre morale criait au secours. On combina des moyens de répression, détournés, peu efficaces.

Puis il apparut que, devant les partis d'opposition, le parti au pouvoir se trouvait désarmé. Le prince Jérôme Napoléon et le comte de Paris faisaient afficher des manifestes ; bientôt après, les journaux boulangistes secouaient l'opinion et jetaient la terreur dans le monde parlementaire. Le Sénat résolut de restituer aux tribunaux correctionnels la connaissance des délits d'outrage et de diffamation politiques ; mais d'abord la Chambre laissa traîner ou rejeta les mesures restrictives. Elle ne voulait pas toucher à la loi de 1881... Elle y toucha cependant, épouvantée par les rapides progrès de l'idée anarchiste, qui, munie d'une presse, répandait la théorie du pillage et du meurtre. Les exploits de Ravachol, de Vaillant de Caserio entraînèrent la majorité.

De nombreux projets, plus ou moins élaborés ou même votés en partie, attendent qu'une crise les remette à l'ordre du jour. Les principaux ont pour

but de protéger les fonctionnaires et les hommes
publics. C'est le vieux et sans doute éternel souci,
qui ne s'endort, bercé par la chanson de l'aveugle
confiance, que pour se réveiller aux accents plaintifs
de la déception, aux stridentes clameurs de la colère.
Combien de fois les préfets et les députés, les autres
agents du Pouvoir et les autres représentants des
Corps constitués, combien de fois furent-ils, pour la
défense de leur honneur, ballottés entre les deux
systèmes de justice? Les tribunaux correctionnels,
qui s'imposent volontiers le devoir de condamner la
presse, font d'elle une victime et augmentent son
prestige. Ordinairement absoute par le jury, elle
affronte la Cour d'assises et se retire avec des allures triomphantes, quitte à passer le lendemain pour
un fléau.

----

En attendant d'avoir trouvé le principe de son
équilibre, elle s'accroît, elle grossit, elle s'allonge,
elle envahit, elle absorbe. Qu'un pareil effort et un
régime pareil produisent beaucoup de modifications
dans l'aspect et dans le tempérament de la presse,
c'est assez naturel.

Le goût des informations a pris tant d'ampleur
qu'il a fait naître une multitude de procédés nouveaux, lesquels ont engendré des professions inconnues de l'ancien journalisme. Deux catégories
d'informateurs sont apparues, bien tranchées : ceux
qui pratiquent l'*interview* et ceux qui courent la

ville en quête de renseignements quelconques; le
grand et le petit *reportage*. Chaque feuille a des
collaborateurs dont la spécialité consiste à se mettre
en rapport avec les personnalités politiques ou
littéraires et à les interroger sur leurs travaux, sur
leurs actes, sur l'incident qui surgit. L'auteur d'un
livre intéressant et spirituel, M. Dubief, a tracé ce
portrait de l'*interviewer* :

« Il est entré comme un coup de vent ; il parle
comme un sifflet de locomotive, par mots hachés,
haletants. Habillé à la dernière mode, il s'agite et
fait sonner son importance. C'est lui qui va chez
tous les personnages en vue, grands ou petits: tel
que vous le voyez, il sort de chez le ministre, à
moins qu'il ne sorte de chez la diva ou de chez l'assassin du jour.

» Qu'est-ce là ? demandez-vous. Importation
étrangère, s'il vous plaît. En France, on se bornait
à visiter les gens, à solliciter, à attendre un entretien ; là-bas on les *interviewe,* verbe actif. En
d'autres termes, on pénètre chez eux bon gré mal
gré, on s'impose à eux de vive force. [1] »

Si l'Angleterre est le pays classique du reportage,
l'*interviewer* a poussé en terre américaine, dit
M. Dubief. Oui, mais le rejeton a enfoncé de fortes ra-
cines dans la terre de France et s'y est accru comme
dans son milieu naturel. Saisir quelqu'un au passage ou à domicile, lui arracher un entretien, qui
est rédigé en hâte et assez correctement, puis imprimé tout chaud, cette fonction compte chez nous
de vrais artistes. Ils sont moins audacieux ou moins

---

1. Le *Journalisme,* par M. Eugène Dubief, ancien secrétaire
général de la direction de la presse au ministère de l'intérieur.

ingénieux que les Américains. Pourtant ils font de beaux tours de force et ils sont en progrès.

D'autres reporters guettent les incendies, les explosions, les rencontres de voitures, les écrasements, les effondrements, les assassinats. Ils chassent le fait divers comme on chasse la perdrix ou le sanglier; et toute saison leur est bonne. Ce n'est pas un métier que le premier venu puisse exercer aisément et utilement. Il faut une initiation et des habitudes. Où chercher les nouvelles? Pour Paris, à la préfecture de police et dans les commissariats sans doute, mais ce n'est pas le tout de savoir où prendre communication des procès-verbaux; la besogne bien faite impose d'autres moyens d'information. Il est nécessaire d'avoir accès près des chefs et des sous-chefs, près d'humbles secrétaires qui détiennent les renseignements convoités, qui n'ont ni la charge ni le droit de les transmettre et qui les transmettent tout de même. Les gens qui circulent pour leurs affaires ou pour leur agrément croient discerner le spectacle de la rue: le reporter leur dirait qu'ils ne savent pas regarder. Lui, le regard tendu et mobile, saisit le détail qui ce soir ou demain intéressera la foule, qu'elle a aperçu et qu'elle n'a pas compris. Certains semblent avoir un flair particulier pour passer là où quelque chose de curieux vient de se produire, s'accomplit, se prépare. Leur intérêt est de se concerter tout en se faisant concurrence. Il y a entre eux échange de menues récoltes. A Paris, dit M. Dubief, l'opération a lieu chez un marchand de vins du boulevard du Palais, près de la préfecture. Cet endroit a reçu le nom de *Halle aux faits divers.*

Autrefois, on devait avoir lu tout le numéro pour
en connaître le contenu. A présent, nous sommes
trop impatients et le temps fait défaut. Abrégeons:
des titres et des sous-titres sont combinés de manière
que d'un coup d'œil nous distinguons le sujet et
même le sens de l'article, la signification et l'importance de l'événement raconté. Certains sous-
titres valent un résumé, comme les *headings* des
feuilles américaines; et des discours et des documents se présentent ainsi par morceaux, judicieu-
sement découpés, précédés d'une ligne imprimée
en caractères saillants qui fournit d'avance l'analyse,
parfois le commentaire et même la réfutation ! Pour
la rapidité de la lecture encore, le classement des
matières est méthodique.

Il semble que le journal soit de plus en plus modelé sur l'ensemble et sur les détails d'une société
organisée et doive exhiber, pour chaque catégorie, un abrégé de la vie quotidienne. Villemessant
eut, à sa manière, la conception de ce système.
Dans ses *Mémoires,* il a indiqué le plan tracé par lui
pour le *Figaro* et que beaucoup de feuilles ont imité.
Comparant le journal à une grande maison de commerce, il observait que le lecteur a d'abord besoin
de savoir où trouver la Causerie, les Échos de Paris,
ceux de la Chambre, les articles Variétés, les Tribunaux, le « rayon » des Faits Divers et celui des
Théâtres. A cet ordre matériel correspond un autre
cadre où sont classées les différentes espèces de
lecteurs. Villemessant disait :

« J'accorde la plus grande confiance aux avis :
1° d'un de mes amis de province, homme fort instruit, grand amateur de revues, de bons livres,

gourmet littéraire ; 2° d'un ex-viveur de Paris, toujours à l'affût d'un cancan, d'un petit scandale, d'une nouvelle à la main ; 3° d'une brave petite fermière de mon pays, à qui j'adresse mon journal gratis ; 4° d'un curé [1]. »

La règle de Villemessant a prévalu, en se modifiant suivant les cas ; par exemple, en donnant la place du curé à quelque pontife de l'administration ou de la Loge. L'article politique, l'article sur les affaires étrangères, le bulletin de la politique intérieure, la question économique, le compte rendu des Chambres, les échos, les informations, le feuilleton, la bibliographie, les nouvelles diverses, la Bourse, les annonces, aucun journal ne se passe de ces éléments. Et les *mondanités !* « Il ne se donne pas un dîner au faubourg Saint-Germain ou au parc Monceau que, le lendemain, le public n'en connaisse les invités et le menu, ne sache tout ce qui s'y est dit ou murmuré ; il ne se donne pas un bal sans qu'on chante en dix journaux les grâces de la délicieuse comtesse X..., sans qu'on décrive les diamants de la richissime américaine, M$^{me}$ Z...[2] » La Chronique non plus ne saurait manquer ; mais elle a plusieurs fois changé de forme. Sous le troisième Empire, elle se composait de faits et de détails variés, que des transitions plus ou moins artificielles rattachaient les uns aux autres : c'était la série des impressions recueillies dans un jour, ou plutôt en une heure. Ensuite, elle a tourné à l'article sur un sujet fourni par les circonstances ; souvent elle a

1. *Souvenir d'un Journaliste,* par Villemessant, troisieme série, page 45.

2. Le *Journalisme,* par M. Dubief, page 246.

pris le caractère d'une thèse ; enfin elle s'est transformée en *nouvelle*, c'est-à-dire en un roman, expéditif comme un proverbe et qui remplit environ deux colonnes. Il y a de vrais écrivains qui pratiquent ainsi le conte ou la narration et dont le talent original sait s'assujettir à l'espace restreint de la chronique. Elle fut une ressource précieuse lorsque les lois sur la presse faisaient de la politique une sorte de privilège pour les journaux qui pouvaient verser un cautionnement considérable ; elle donnait le moyen de faire comprendre par allusions ou par insinuations ce qu'il n'était pas permis de dire. Maintenant elle a repris la vogue pour une raison contraire. L'extrême violence, fruit de l'extrême liberté, a fatigué le public. Il retrouve du charme aux choses dites avec délicatesse ; délicatesse littéraire, car la pauvre morale, l'austère vérité et le simple bon sens n'ont guère de recours contre le chroniqueur qui éprouve le besoin de les sacrifier.

Si nous avons le journal d'un homme, l'*Intransigeant*, de M. Rochefort ; le journal d'un homme et d'une cause, la *Libre Parole*, de M. Drumont, nous avons encore celui qui sert d'organe à des opinions diverses ; et tels sont notamment l'*Éclair* et le *Matin*. Là, le rédacteur en chef ou bien le directeur politique ne dispose que d'un petit compartiment où se traite la question du jour et où l'idée qui inspire le journal est distribuée à doses concentrées. L'*Éditorial*, emprunté à l'Angleterre, fut introduit chez nous par Francis Magnard, dont le nom lui est resté. On dit *le Magnard* pour désigner le morceau qui est absorbé en deux minutes et qui doit, pendant vingt-quatre heures, servir de nourriture au public. Cinquante lignes ne sont pas faciles à écrire quand elles doivent avoir de la précision et du relief. Magnard leur donnait un tour qui a fait leur succès.

En dehors des cinquante lignes destinées à rappeler le programme et le genre du journal, se succèdent des articles dont les tendances sont opposées. Une pareille méthode aurait vivement choqué les lecteurs et la presse d'autrefois. Elle s'accorde aujourd'hui avec l'état variable et flottant des esprits. On a demandé jadis, assez malicieusement, si les lecteurs ont l'opinion de leur journal ou le journal de leur opinion. La question pouvait alors admettre deux réponses, mais, souvent, elle n'aurait plus lieu d'être posée ; ou bien elle ne comporterait plus une formule catégorique. Un très grand nombre de gens lisent des feuilles tout à fait dissemblables; et voilà pourquoi ils ne se formalisent ni ne s'étonnent de voir leur journal préféré offrir lui-même une égale diversité. Ils tiennent à savoir ce qui se dit chez les voisins et parmi les adversaires.

On est embarrassé pour définir la presse populaire, puisque, de plus en plus, la feuille *à un sou* devient le type prédominant.

Voici vingt années que le *Petit Journal*, fondé par Millaud en 1863, puis, en 1873, conduit par la main fébrile de Girardin, puis perfectionné encore par Marinoni (le célèbre inventeur de machines à imprimer), a dépassé le tirage quotidien d'un million d'exemplaires. Là, M. Ernest Judet dirige un service dont les informations sont puisées aux sources de la politique intérieure ou étrangère. Ce n'est pas assez, pour le *Petit Journal*, de tirer tout le parti possible de la mécanique, du téléphone et du télégraphe : les horaires de chemins de fer sont étudiés de près afin que l'édition de la province, imprimée le soir, soit distribuée dès le matin dans un rayon de cent lieues et au delà. Le *Petit Parisien* déploie une égale activité. La *Croix*, œuvre due aux Pères de l'Assomption, a réalisé un développement inconnu aux entreprises catholiques dans le domaine des procédés modernes ; elle emploie de nombreux moyens de diffusion ; elle a des publications annexes et des suppléments illustrés.

Pour les 2.000 journaux qui existent à Paris, le nombre des rédacteurs, des informateurs, des reporters, des employés d'administration, des typographes, des fondeurs de caractères, des plieuses, des porteurs, des vendeurs, etc., est évalué à 125,000 personnes.

Et ce chiffre ne représente qu'une petite partie du peuple de la presse ; car les rapides progrès de la correspondance télégraphique ont amené chez nous comme ailleurs, un important résultat : la décentralisation du journalisme. En beaucoup d'endroits, la province a vu créer des feuilles à fort tirage, depuis que M. Gounouilhou, moyennant une dépense de 72,000 francs par an, dota de fils spéciaux la *Gironde* et la *Petite Gironde*. Imité en bon nombre de villes, ce procédé hardi a fait naître ou a transformé le *Petit Marseillais*, le *Lyon-Républicain*, la *Dépêche* de Toulouse. Des organes catholiques ont adopté le système nouveau; ainsi, entre autres, la *Dépêche* et le *Nouvelliste*, de Lille ; le *Journal de Roubaix*; le

*Nouvelliste*, de Bordeaux ; le *Nouvelliste*, de Lyon ;
le *Nouvelliste*, de Nantes ; l'*Eclair*, de Montpellier ;
l'*Expres du Midi*, de Toulouse, etc. Le fil aboutit au
local même du journal ; et l'appareil télégraphique,
voisin de la salle de rédaction, complète le nouvel
outillage.

La concurrence faite à la presse de Paris est devenue redoutable. A six heures du matin, les journaux de Lyon, de Bordeaux, de Marseille, de Toulouse, circulent dans la région, répandant le compte
rendu parlementaire de la veille et les informations
de la nuit, tandis que les feuilles de Paris ont à
peine commencé de se mettre en route pour voyager
huit, dix ou douze heures. En arrivant à destination,
elles sont vieilles déjà. D'anciens journaux, tels que
le *Salut public*, de Lyon, ont su se rajeunir et se
moderniser, sans rien abandonner de leurs fortes
traditions.

---

Malgré cette activité qui nous étonne et nous enor-
gueillit, nousne sommes encore que des traînards en
comparaison des Anglais et des Américains. De bonne
heure ils nous avaient devancés, puisque c'est John
Walter, le deuxième de la dynastie des Walter du
*Times*, qui eut l'idée d'appliquer et qui appliqua la va-
peur à l'imprimerie. Rendu, par surcroît, indépendant
des pouvoirs politiques et administratifs et stimulé par
la nécessité et l'avantage de donner des nouvelles de
la guerre européenne, le *Times* posséda tout de suite

ses courriers, ses malles-postes, ses navires. Il eut
des rédacteurs choisis entre de nombreux écrivains,
souvent cherchés parmi des anonymes dont une
lettre avait révélé l'originalité et le talent. Stoddart,
Barnes, Sterling sont demeurés célèbres. Avec
M. Delane, qui l'a dirigé depuis 1841 jusqu'à 1879 [1],
le *Times* a réalisé des perfectionnements qui ont
triplé son expansion. Celle-ci dépend de la méthode
autant que de l'esprit d'initiative. L'organisation du
grand journal anglais est réglée comme celle d'un
gouvernement et elle constitue d'ailleurs un gouvernement véritable. L'*éditeur* et les *sous-éditeurs* dis-
posent d'un personnel nombreux et varié parmi
lequel sont répartis tous les genres de travaux et
d'informations. On sait que la signature n'existe pas
dans la presse anglaise ; il y a même une sorte de
mystère qui entoure les rédacteurs principaux. Leur
nom est inconnu du public et en général de leurs
collaborateurs. Ils ne viennent pas faire leur besogne
au bureau. Le caractère impersonnel est une des
différences bien accusées qui existent entre le journal
anglais et le journal français : ici, une part considérable est accordée au style, au raisonnement, à l'art
de la démonstration ; là, les faits priment tout. Les
faits sont recherchés avec une activité infatigable et
souvent géniale. Les seize grandes pages du *Times*,
admirablement imprimées sur un très beau papier,
enferment une énorme quantité de matières. Le
reportage s'exerce par les procédés les plus expé-
ditifs, sans nul souci de la dépense. M. Cucheval-
Clarigny notait, en 1857, que le malle de l'Inde, une

---

1. De tout temps, M. Delane surveilla chaque jour en entier la
correction des quarante-huit colonnes du *Times*.

des plus lourdes charges des journaux anglais, leur coûtait 250,000 francs par an. Bien d'autres frais leur incombent depuis. Dans l'intéressant volume que M. Max Leclerc a écrit sous le titre : *L'Éducation en Angleterre*, nous trouvons des chiffres qui indiquent le progrès croissant de la télégraphie à l'usage de la presse. Pendant la crise économique, financière et politique de Buenos-Ayres, l'agent du *Times*, qui envoyait de longues dépêches cinq ou six fois par jour, dépensa ainsi 37,500 francs en quarante-huit heures. L'ensemble des transmissions représentait, en 1871, 21 millions de mots ; en 1891, 600 millions. Le *Times* a établi des agents à poste fixe dans les grandes villes du monde : à Paris, à Berlin, à Vienne, à Rome, à Naples, à Madrid, à Hambourg, à Constantinople, à New-York, à Bombay, à Hong-Kong, à Singapore, etc. Ils emploient le télégraphe presque tous les jours et souvent à la façon de la correspondance ordinaire. En 1870, Archibald Forbes télégraphiait heure par heure les incidents de la guerre franco-allemande. La principale ressource vient des annonces. Elles encadrent les pages et les articles et sont distribuées en catégories afin d'être trouvées rapidement par les nombreux lecteurs, dont aucun n'a le temps de tout lire. Elles rapportent au *Times* 10 à 15 millions. Les abonnés sont relativement peu nombreux : c'est par la vente au numéro (30 centimes) que se fait la diffusion. Le *Daily News*, qui, en 1846, engagea par l'abaissement du prix une lutte épique contre le *Times*, le *Daily News*, qui donne pour 10 centimes quatre pages et de volumineux suppléments, tire à 300,000 exemplaires. Le *Daily Telegraph*, le *Standard*, le *Morning*

*Post*, l'*Evening News*, l'*Observer* et une dizaine
d'autres sont maîtres de la place. Remarquons ce
chiffre restreint en comparaison de ce qui se
voit à Paris, où foisonnent les journaux politiques
quotidiens. Il existe là une œuvre dirigée par
M. Diamond, appelée *The Catholic Press Company
of Great Britain and Ireland*, et qui est le centre de
plus de vingt journaux catholiques édités dans les
villes principales d'Angleterre.

En Amérique, la presse s'est multipliée à mesure
que se formait la nation et que se fondaient les nouveaux États. Selon le mot de M. Cucheval-Clarigny,
le journal était jadis le seul lien qui rattachât au
monde le colon isolé. Dans les cités construites au
milieu d'immenses étendues désertes, il devint tout
de suite l'organe des intérêts communs, politique,
commerce, enseignement. En 1800, on comptait
déjà aux États-Unis deux cents journaux, dont dix-
sept quotidiens. Cette presse, d'abord rude et emportée, fut civilisée par Robert Walsh. En dirigeant
la *Gazette nationale*, il créa le type d'une feuille qui
avait souci de littérature et de science non moins
que d'affaires. Il fut imité par Charles King, James
Hamilton, Verplank (le *New York American*), par
Bryant (l'*Evening Post.*) Depuis, le progrès ne s'est
pas ralenti ; et les résultats obtenus depuis dix ou
quinze années ont, pour les Européens, un aspect
fantastique. Dans *Jonathan et son continent*, l'auteur,
M. Max O'Rell, estime que, parmi les choses extraordinaires dont est remplie l'Amérique du Nord, la
plus étonnante c'est le journalisme. Tous les Français qui ont noté leurs impressions sur les États-
Unis ont parlé avec stupeur de ces journaux gigan-

tesques qui ont seize, vingt-quatre, quarante,
soixante pages grand format. M. Bourget définit
ainsi les efforts qui ont créé l'œuvre étonnante :
« Ampleur énorme de la conception, emploi constant, minutieux, sans cesse éveillé, des moyens nouveaux. » Là, le journal est un monde où l'on trouve
groupés l'usine et le restaurant. Les machines employées pour le tirage sont capables d'exécuter des
besognes qui autrefois eussent voulu des équipes de
plusiers centaines d'hommes, dit M. Bourget. En
maint endroit on a, le dimanche, pour *quinze centimes*, un numéro qui contient au moins trente pages
(et souvent le double) remplies de dépêches, articles,
essais, nouvelles politiques, dramatiques, artis-
tiques et littéraires, causeries, anecdotes, entrevues,
histoires pour les enfants, morceaux de poésies,
biographies, articles scientifiques, articles de
modes; elles sont illustrées de cinquante à cent portraits, croquis de lieux intéressants mentionnés
dans le texte, caricatures, etc. En dressant cette
liste, M. Max O'Rell constate les procédés hardis
grâce auxquels on jette dans la circulation une
pareille masse imprimée : le *New York Herald* et le
*New York World* ont des trains spéciaux. La vente
est énorme, mais le profit principal vient des annonces, qui occupent trente ou quarante colonnes.
Résumons les indications récemment fournies par
un distingué confrère de Philadelphie, M. Oberholtzer : en 1890, on comptait aux États-Unis 1,731
journaux quotidiens, 12,721 hebdomadaires, 2,247
mensuels, d'autres encore publiés à des intervalles
plus étendus. Sur 17,616 organes, l'immense majorité (16,457) est imprimée en anglais. Vient ensuite

l'allemand. Parmi les journaux de premier ordre, tels que le *New York Herald*, le *Tribune*, le *Sun*, le *New York Times*, celui où prévaut davantage la partie littéraire est sans doute l'*Évening Post*, de New-York aussi, et qui a certaines analogies avec le *Journal des Débats*. Lesquels citer ensuite? A Philadelphie, le *Public Ledger*, la *Press*, l'*Evening Telegraph*, le *Times*, le *Record*; à Boston, le *Transcript Advertiser*, le *Herald*, le *Globe*; à Chicago, le *Times Herald*, la *Tribune*, le *Record*; à Washington, le *Star* et la *Post*; à la Nouvelle-Orléans, le *Times Democrat*; à Saint-Louis, le *Globe Democrat*; à San-Francisco, la *Chronicle*, la *Call*; à Baltimore, le *Sun* et l'*Américan*, etc., etc. Mentionnons encore le *Républicain* de Springfield (Massachusets), qui exerce en littérature et en politique une influence considérable. Au Canada, sept cents journaux, dont les trois quarts rédigés en Français. Dans l'Amérique du Sud, notamment au Brésil et au Chili, deux ou trois cents.

Pour l'Allemagne, nous emprunterons des renseignements précis à M. Reichenbach [1]. En 1897, la presse de l'Empire se composait de 3,405 publications, quotidiennes ou périodiques. Observons qu'elle offre le caractère d'une force politique décentralisée, puisque ses organes principaux ne sont pas à Berlin. Ajoutons qu'elle réalise un programme de bon marché que nul pays d'Europe n'a pu imiter. La *Gazette de Cologne*, dont le prix d'abonnement est de 8 fr. 75 pour la ville et 11 fr. 25 pour toute l'Alle-

---

1. *Presse périodique, spécialement la Presse catholique en langue allemande*, par Cornelius Reichenbach. Paris, Société bibliographique.

magne, a trois éditions par jour. On connaît l'importance de ses informations, utilisées dans le monde
des journaux comme parmi les diplomates. On sait
sa participation à toutes les entreprises dirigées
contre la liberté des catholiques. Ceux-ci, à leur
tour, ont fondé une feuille qui possède une organisation complète et, par suite, une influence puissante. La *Gazette populaire de Cologne* a chaque jour
deux éditions alimentées par des nouvelles variées
et par des correspondances faites avec soin et avec
autorité. Elle pratique en de larges proportions le
système des suppléments hebdomadaires, si répandus parmi les Allemands. Ramifiée à une foule de
sociétés professionnelles[1], la *Gazette populaire de Cologne* a efficacement combattu l'arbitraire gouver-
nemental et la passion socialiste. La *Germania*, de
Berlin, le *Vaterland*, de Munich, le *Messager de Fri-
bourg* (en Brisgau), la *Feuille* populaire allemande,
de Stuttgart, sont au premier rang de la publicité
catholique. Un journal hebdomadaire, l'*Allgemeine
Zeitung*, tire à 300,000 exemplaires; chiffre étonnant
étant donné que la plus répandue des feuilles quotidiennes, le *Berliner Tagblatt,* ne dépasse pas 70,000
exemplaires, dit M. Dubief[2]. L'influence de la *Gazette
de Francfort* s'étend au delà du public allemand. Le
*Vorwaerts* est l'organe socialiste le plus important
d'Europe; et d'autres journaux du même genre ont

1. Dans son remarquable ouvrage *l'Allemagne religieuse*
(Paris, Perrin), M. Georges Goyau, en parlant de tant de *Vereine*
qui ont contribué au mouvement social, politique et religieux,
signale l'important échange de services qui existe entre ces asso-
ciations et la presse.

2. *Le Journalisme.*

grandi, malgré la lutte engagée contre eux par le gouvernement, ou plutôt à cause même de cette lutte [1].

## II

Le 8 mars dernier, combattant le projet de réduire de 4 à 1 centime la taxe postale des journaux français, le ministre du commerce indiquait ce qu'ils coûtent aux contribuables et à l'État. En 1898, il y a eu 527 millions de numéros dont le transport a coûté environ 15 millions. « Les contribuables ont donc supporté 15 millions en 1898 pour les dépenses de transport des journaux. Combien ont-ils encaissé ? 8 millions. Qu'est-ce à dire ? C'est que vous avez donné, — et vous avez eu raison, — une subvention de 7 millions par an pour le transport des journaux. Je dis : Vous avez eu raison. Mais la question qui se pose à vous est celle-ci : Faut-il augmenter cette subvention, et cela sans savoir au-devant de quelles charges nouvelles vous courez ? Car, de deux choses l'une : remarquez bien que pour obtenir, je ne dis pas le même bénéfice — vous n'en avez pas — mais pour obtenir que le déficit qui vous est créé de ce chef n'augmente pas, il faut que vous doubliez le nombre des journaux transportés... Pouvez-vous avoir l'espérance que vous verrez rapidement doubler le nom-

1. Un opuscule de M. Oberholtzer a exposé les rapports entre l'État et le journalisme en Allemagne. (*Die Beziehungen zwischen dem Staat und der Zeitungpress in Deutschen Reich.* Berlin, Mayer et Müller.)

bre de 527 millions de journaux transportés en une
année? Sincèrement, je ne le crois pas. Mais le jour
où ce résultat sera atteint, vous ne vous étonnerez
pas si le ministre des postes se présente devant vous
la main ouverte, pour vous demander des crédits supplémentaires pour le personnel et pour le matériel.
Il n'est pas douteux, en effet, que nous ne pouvons
pas, sans augmenter notre personnel et notre matériel, voir croître la marée des imprimés de toute sorte
— journaux compris —; que l'administration plie déjà
sous le faix et que, si vous voulez donner des faci-
lités nouvelles, il faudra que les contribuables les
payent. »

Donc, si retardataire qu'elle soit en comparaison
de celle des Anglais et des Américains, nous voyons
notre presse gagner continuellement du terrain.
Jugée longtemps intruse, suspecte, usurpatrice, elle
s'est, de plus en plus, mêlée aux influences et aux
mœurs sociales et s'en est emparée.

Que penser d'elle, non pas telle qu'elle était à l'origine ou bien il y a soixante ans, mais de la presse
d'aujourd'hui?

Dans la préface du volume où il a réuni ses souvenirs, M. Maurice Talmeyr s'écrie tout d'abord :
« Quel livre on ferait sur la Presse! » ; et il ajoute
aussitôt que cependant « on ne le fait pas » ; et même
il conclut qu'un travail de ce genre, exact, complet
et nécessairement très hardi, manquerait au moins
d'un éditeur. Un roman, dit-il encore, resterait trop
inférieur à la vérité et la vérité crue serait invraisemblable, insupportable, partant inutile. Là-dessus,
il présente une vingtaine de tableaux où se dessinent
de nombreuses physionomies, singulières, étranges,

banales, repoussantes, comiques, piteuses, tracées avec un art du relief qui transforme la peinture en modelage. C'est moins violent que le *Bel-Ami* de Maupassant; mais, depuis *Bel-Ami*, jamais le monde des gens de plume n'avait offert un aspect si peu imposant. Le vigoureux auteur déclare que « les deux vices » de la presse actuelle sont « d'être une presse d'argent et une presse de licence ». Il l'adjure de veiller à ne pas perdre pour toujours l'indépendance et la dignité [1].

L'éminent directeur de la *Quinzaine*, M. Fonsegrive, a eu l'originale pensée de montrer *comment il faut lire les journaux;* et il a éclairé le sens caché de bien des articles qui remplissent leurs colonnes: « Puisque le journal n'est plus qu'un organe de publicité, tout ce qui peut se vendre et s'acheter doit payer pour être signalé dans le journal; et, comme tout, ou à peu près, peut se vendre ou peut s'acheter, il s'ensuit que l'idéal du journal affaire doit être de ne pas imprimer une ligne, même de la rédaction ordinaire, qui n'ait acquitté à la caisse des annonces un droit de péage proportionné à sa place et à son importance [2] ».

Dans ses études approfondies et souvent bien curieuses sur le *Mécanisme de la vie moderne*, M. d'Avenel évalue à 4 millions la publicité « non classée », autrement dit celle qui s'ajoute aux annonces. Elle se complète elle-même par la publicité « dissimulée », qui vient des « grandes compagnies », des « établissements en vue », des « casinos » et d'autres entreprises.

1. *Souvenirs de journalisme,* par Maurice Talmeyr, pages 42, et 290.

2. *La Quinzaine,* 16 décembre 1900.

Pour les émissions publiques, les annonces « bien-veillantes », dans les Bulletins de Bourse, représentent chaque année un chiffre d'environ 5 millions. Quant aux réclames d'un autre genre, qui ont pour but de satisfaire la vanité ou bien encore de favoriser des intérêts financiers, elles sont parfois payées d'autant plus cher qu'elles prennent des airs plus innocents : « récit d'une fête publique, d'une visite officielle, glose avantageuse sur un particulier ou sur une usine ». Il est de ces articles « cotés 5.000 francs [1] », dit M. d'Avenel : oui ; et même au delà.

L'élévation des chiffres et la variété des procédés résument peut-être la différence entre la presse d'aujourd'hui et la presse d'autrefois. Dès 1839, dans les *Guêpes*, Alphonse Karr se plaignait que, par suite des « conditions fiscales », la presse eut été « retirée des mains des écrivains » et livrée aux « spéculateurs » et aux « entrepreneurs » et qu'elle fût « gouvernée, dirigée, par d'anciens bonnetiers, d'anciens pharmaciens, d'anciens avoués, etc. ». Vers la même époque, Sainte-Beuve, dénonçant le pitoyable progrès de la « littérature industrielle » en rendait surtout responsable M. de Martignac qui, disait-il, en allégeant les journaux « à l'endroit de la police et de la politique, accrut en leur sein la charge industrielle ». Pour « subvenir aux frais nouveaux », ils étendirent la part des annonces ; et « toute indépendance et toute réserve cessèrent [2] ». Peu après (1843), Balzac se donnait le plaisir de composer la *Monographie de la presse parisienne*, pourvue d'un tableau synoptique

1. *Le mécanisme de la Vie moderne, la publicité*, par M. d'Avenel. *Revue des Deux-Mondes* du 1ʳ février 1901.
2. *Portraits contemporains*, tome Iᵉʳ, pages 484 et suivantes.

où étaient classés, en ordre de genres et de sous-genres, « le Publiciste », le « Faiseur d'articles de fond », le « Ténor », le « Maître Jacques », le Pamphlétaire », le « Critique », le « Thuriféraire », le « Rienologue», le « Monobible »; chaque série étant ornée d'une maxime péremptoire et nullement flatteuse pour la corporation; ainsi: — Plus un homme politique est nul, meilleur il est pour devenir le Grand-Lama d'un journal. — Moins on a d'idées, plus on s'élève. — Si la presse n'existait pas, il faudrait ne pas l'inventer. — La critique aujourd'hui ne sert plus qu'à une chose, à faire vivre le critique. — On tuera la presse comme on tue un peuple: en lui donnant la liberté.

———

Lorsque parut le premier volume de l'*Histoire politique et littéraire de la Presse en France,* par Eugène Hatin (1859), Barbey d'Aurevilly en parla très sévèrement à certains égards et non pas sans quelque justice, même dans les reproches. Il se plaignait que l'auteur n'eût pas écarté les *Mazarinades* et surtout qu'il n'eût pas, faute d'un « principe souverain » fait jaillir de cette étude « de vigoureuses conclusions ». *Gesta diaboli* bien plus souvent que *Gesta Dei per Francos* tels furent, disait Barbey, les faits et gestes du journalisme, « ce tard venu, qui n'est pour ainsi parler que d'hier dans le monde » et qui n'est « pas dégrisé des fautes qu'il a commises [1] ».

1. *Les Œuvres et les Hommes; journalistes et polémistes; chroniqueurs et pamphlétaires,* par Barbey d'Aurevilly, pages 2 et 3.

En effet, si Eugène Hatin a raconté avec exactitude, il a jugé timidement. Cette réserve ne pouvait
contenter Barbey.

Mise à part la question de tempérament, le grief
du critique se conçoit ; et on trouve plus loin, provoqué par les souvenirs de Fervaques et Bachaumont
(1874), une observation qui explique un peu le continuel changement de la presse et qui suggère une
explication plus complète : « Le journalisme doctrinaire et endoctrinant qui, à propos de tout, faisait
son petit *cours* à la Guizot ou à la Royer-Collard, a
produit cet autre-là, qui ne fait pas le fier, ni de
cours, lui, et qui ramasse tout, petits faits, commérages, cancans, anecdotes, le diable et son train [1] ».
Irrité encore contre les « endoctrinants » qui ne surent pas l'endoctriner et qui l'ennuyèrent beaucoup,
le critique se réjouissait d'être vengé par leurs fils
délurés. Petit et dangereux dédommagement. La remarque de Barbey va plus loin qu'il ne dit, et il a dû
s'en rendre compte : les anciens journalistes, outre
qu'ils préparaient une réaction contre leurs manières, donnaient bien aussi un exemple contagieux. Si
autoritaires qu'ils fussent, ils apprenaient le public
à braver et à morigéner tout pouvoir. Gardaient-ils
donc eux-mêmes tant de scrupules sous leur maintien empesé et gourmé ? Ils ne se privaient pas d'attiser les passions, ils parlaient avec colère, et, sans
pudeur, ils pratiquaient la coalition scandaleuse les
Guizot, les Cuvillier-Fleury, les Saint-Marc-Girardin.
Les doctrinaires aimaient la presse réglée sur leur
mesure et sur leur goût. Comment ne devinèrent-ils

_______________

1. Barbey d'Aurevilly, *id.*, pages 220, 221.

pas qu'une autre mesure et un autre goût pouvaient prédominer après eux? Ils eurent toute l'imprévoyance qu'ils devaient ensuite reprocher à leurs continuateurs, à leurs héritiers, à leurs élèves.

———

Il est évident que, mêlée à tous les intérêts matériels et à tous les penchants vulgaires, la presse s'est plus ou moins laissé gagner par eux. On s'en aperçoit ailleurs que chez nous. Un sociologue et un statisticien, M. Wilcox, signalait, il y a deux ans, l'instinct d'avidité et le furieux amour de la sensation florissant dans le journalisme américain [1]. Un publiciste belge, M. Passelecq, rédacteur du xx° *Siècle*, de Bruxelles, étudie avec grande sagacité cette tendance qui devient européenne et il réclame le retour à la commandite simple afin de rétablir parmi les gens de presse le sentiment de la responsabilité [2].

Que pourront faire de nouvelles lois, toujours en perspective? Quelles influences particulières réussiront à corriger les mœurs? En 1871, peu après la Commune, Louis Veuillot écrivait : « J'ai pratiqué la presse toute ma vie et je ne l'aime pas ; je pourrais dire que je la hais : mais elle appartient à l'ordre respectable des maux nécessaires. Les journaux sont devenus un tel péril qu'il est nécessaire d'en créer beaucoup. La presse ne peut être combattue que par

1. *Annals of the American Academy of Political and Social Science*, Juillet 1900.

2. *Presse américaine et presse moderne*, par M. Passelecq. Louvain. Bruxelles, extrait de la *Revue sociale catholique*.

elle-même et neutralisée que par sa multitude. Ajoutons des torrents aux torrents et qu'ils se noient les
uns les autres en ne formant plus qu'un marais ou,
si l'on veut, une mer. Le marais a ses lagunes et la
mer ses moments de sommeil. Nous verrons si là-
dedans il sera possible de bâtir quelque Venise... »
Si l'on se pénétrait de cette idée : que le journalisme
doit servir à organiser comme il a servi à détruire,
on utiliserait pour le bien la plupart des énergies
détournées ou gaspillées par les trafiquants de publicité, par les sectaires, par les corrupteurs, par
les politiciens. Le journal, c'est l'expression de la société : or, malgré les égarements où elle s'agite, la
société a foi dans la vérité, dans le progrès, dans la
morale. Plus le journalisme lui expliquera ces mots
dont elle s'étourdit, que souvent elle dénature et
qu'elle aime pourtant, plus il possédera de réelle
puissance et plus il aura de dignité.

Enseigner, alors ? Bah ! si le mot est impopu-
laire, la chose ne contient aucune des difficultés
qu'on lui attribue. Lorsqu'en 1861, Sainte-Beuve
analysait les *Mélanges* de Louis Veuillot et qu'au milieu d'éloges sincères il blâmait le grand écrivain de
malmener les incroyants, il s'écriait : « M. Veuillot
« nous croit-il donc si frivoles, parce que nous ne
« préchons pas ? » Singulière inadvertance. Le sceptique, Sainte-Beuve comme un autre, préche le doute
dont il est fier et qu'il tient pour une sorte de vérité,
voire pour la seule vérité pratique. Les objections
qu'il oppose au dogme et même aux principes naturels, il entend qu'elles soient reconnues valables et
il en construit une doctrine et il veut que la société
prenne pour règle l'indifférence. Quant aux in-

croyants de l'autre espèce, épris de la matière stupide ou de l'indéfinissable idéal, ils se chargent de n'importe quel enseignement: comme ils réforment la famille, comme ils justifient la passion, comme ils légitiment le droit de déraisonner et de s'avilir! Observez le ton de la presse socialiste, à présent répandue dans tout le pays: voyez si elle se passe de théories sur la morale, sur le droit, sur la justice, sur la liberté et même de conceptions philosophiques sur la vie individuelle et sur la vie collective !

Des journalistes voués à cette besogne ! Eh ! l'on en a bien fait des députés ou des ministres ! Bientôt sans doute, le parti républicain aura conduit à la Chambre autant de journalistes que d'avocats et de médecins. N'oublions pas que le premier personnel de la République s'est formé en grande partie dans la rédaction du *Temps*, où régnait la philosophie allemande, une fausse philosophie, mais une philosophie enfin. De la Restauration jusqu'à l'époque présente, maintes fois la presse approvisionna la tribune de pensées et d'arguments. Bonne ou mauvaise, médiocre ou détestable, cette influence enveloppe et remue le peuple. Or, les peuples vivent d'idées ; et aujourd'hui c'est surtout au sein de la presse que les idées bouillonnent et de là qu'elles jaillissent, comme une eau portant la dévastation ou la fécondité.

# INDEX ALPHABÉTIQUE DES NOMS CITÉS

# TABLE DES MATIÈRES

Châteauroux — Typ et Stéréotyp. A. MELLOTTÉE.

www.ingramcontent.com/pod-product-compliance
Ingram Content Group UK Ltd.
Pitfield, Milton Keynes, MK11 3LW, UK
UKHW020722120726
13693UKWH00001B/126